神田孝治・遠藤英樹・高岡文章・
鈴木涼太郎・松本健太郎 編
Koji Kanda, Hideki Endo, Fumiaki Takaoka,
Ryotaro Suzuki, & Kentaro Matsumoto

Tourism in the Era of Mobilities

移動時代の
ツーリズム

動きゆく
観光学

ナカニシヤ出版

目　　次

『移動時代のツーリズム』とは
「動きゆく観光学」の姿とその探究

神田孝治

「ツーリズム・モビリティーズ」について我々が言及するのは、明白なこと（観光が移動の一形態であること）を単に述べるためではない。たくさんの多様な移動が、観光を特徴づけていること、観光がなされる場所を形づくっていること、そして観光地を創ったり壊したりしていることに焦点をあてるためなのである。人やモノ、飛行機やスーツケース、植物や動物、イメージやブランド、データシステムや人工衛星の移動は、すべて観光という「出来事」に関与している。(Sheller & Urry eds. 2004：1)

　これは、M. シェラーと J. アーリが編集した書籍 *Tourism Mobilities* の序章における一節である。この文章を書いたシェラーとアーリは、観光について考えるにあたり、さまざまな移動に焦点をあてて検討することを提起している。編者の１人であるアーリは、観光客のまなざしの社会的な組織化について論じる書籍 *The Tourist Gaze*（アーリ 1995）を 1990 年に発表し、社会科学における観光研究を牽引した人物である。その彼が 2004 年に編集したこの書籍では、移動に注目した観点から観光について考察を行ったのである。
　こうした移動に焦点をあてた研究で重要なものとして、2000 年にアーリが著した *Sociology beyond Societies*（アーリ 2006）がある。アーリは 2006 年２月に同書の日本語版に序文を寄せ、それを「現に社会科学の諸分野にひろがり、それらの性質を変えつつある新しい「移動論的転回」の初期段階にあらわれた作品」であると述べている（アーリ 2006：vi）。また、当該書籍を社会科学の内部に「「新しい移動」パラダイム」が出現したことをあらわす「最初の意義深い著作」であったと位置づけている（アーリ 2006：vi）。この序文寄稿と同月にシェラーとアーリは The New Mobilities Paradigm

と題した論考を発表し (Sheller & Urry 2006)、新しい諸移動 (new mobilities) についての新しいパラダイムの出現について論じている。こうした移動に注目した研究潮流は、2000 年に発行された先のアーリの書籍を重要な契機とし、2006 年にそれがパラダイムとして提起されたのである。

アーリらの移動研究で注目された社会的状況は、グローバル化の進展である。そうしたなかで、「世界はすべて動いているように見える」(Sheller & Urry 2006：207) とされる時代になったのである。こうした様相は 1990 年代に前景化しており、2000 年発行の *Sociology beyond Societies* の副題が *Mobilities for the Twenty-First Century* であるように、さらにその 21 世紀のあり方に関心が寄せられた。アーリおよび彼の共同研究者たちは、グローバル化が進行するなかでさまざまな移動が激しくなった新しい時代、すなわち「移動時代 the era of mobilities」の考察を行ったのである (Halfacree 2012)。

アーリはこうした移動に関する研究をさらにすすめ、2007 年に *Mobilities* と題した書籍 (アーリ 2015) を発表したが、同書を含めて移動に注目する彼の著作では観光（客）がしばしば検討の俎上にあげられている。なかでも冒頭で紹介した 2004 年の *Tourism Mobilities* は、移動時代の観光について考察するという、観光学の新しい移動パラダイムを象徴する研究であるといえるであろう。

『移動時代のツーリズム』と題した本書は、アーリらの移動に関する議論やそこで指摘された移動の特徴をふまえつつ、移動時代の観光（ツーリズム）について考えるものである。そうしたなかで、現代観光の様相を捉え、それを新しい視座から考察しようとする「動きゆく観光学」のあり方を示すことにしたい。序章の本章では、移動に注目した観光学の特徴を概説するとともに、本書を構成する各章の内容について紹介する。

1　移動に注目する観光学

まず、アーリらの移動に注目した研究の特徴について、ごく簡単にではあるが紹介する。アーリは先の移動論的転回の初期の研究とされる 2000 年発行の書籍において、「適切なメタファーをとおして、均衡状態や構造、社会

秩序ではなく、動きや移動性、偶発的な秩序化に焦点をあてた社会学を発展させる」(アーリ 2006：33) ことを同書の主たる目的として挙げている。さらにそこでの議論を発展させた 2007 年に著した書籍では、「「移動論的転回」は社会科学にあまねく広がっており、何よりも非空間的な「社会構造」に注目してきた歴史的に静態的で固定的な分析を動態化させて」(アーリ 2015：16) いると述べている。社会学、さらには社会科学全体の発想のあり方を、静的なものから動的なものへと変えていく動きが、彼にとっての移動に注目した研究であったといえる。

　すでに指摘したように、こうしたアーリの研究はグローバル化と密接に結びついており、それは先の 2000 年の著書における前提となっている。例えば、メタファーに関する検討においても、グローバル化は、領域としての社会のメタファーを、移動に関連するグローバルなもののメタファーに置き換えるものとして論じられている (アーリ 2006)。このように領域ではなく移動に注目した発想は、さらに社会学という領域そのものも切り崩し、「学問を分野ごとに切り分けてきた動きの先を行くもの」(アーリ 2015：16) である移動論的転回へと展開していったのである。

　脱領域的なこうした考え方は、同時期の社会科学における知的潮流と連動したものであり、アーリによる議論も関連する研究を参照しつつ、極めて多岐にわたっている。ここではそのうち、特に注目された観点である非人間に関するものを紹介したい。彼は先の 2000 年に発行された書籍の第 1 章で、「非人間的なグローバル化」という項目をたてている。そこでアーリは、「人間の能力の大部分が非人間的な構成要素との相互接続によって現実化されうるもの」であるといい、人間とモノを分離して考えるのではなく、「複合的かつ可動的なハイブリッド」を問うことの重要性を説いている (アーリ 2006：25)。また、同書では人間ばかりでなく、モノ、イメージ、情報などのさまざまな非人間の移動が論じられるとともに、グローバル化の文脈ばかりでなく、移動における人間と非人間のさまざまなハイブリッドが論じられている。このような人間と非人間の境界を越えようとする発想をもとに、移動のあり方が多角的に検討されたのである (神田 2013)。

次に、アーリによるいくつかの研究を軸として、移動に注目した観光研究の視座の変化について確認しておきたい。冒頭で紹介した 1990 年発行の *The Tourist Gaze* において、アーリはすでに観光が空間的な移動の実践である点に言及している（アーリ 1995：5）。この当時のアーリの主たる関心としては、観光客のまなざしによる、観光という移動の社会的組織化にあったと考えられる。ただし、境界の融解や脱分化を特徴とするポストモダンについて論じた章で、そうした組織化とは異なる傾向についても言及していることが認められる。1995 年発行の *Consuming Places* 所収の 1991 年発表の論考でも、近代的主体について終始移動する主体であるといい、旅行の社会的組織化についてまず言及しているが、脱組織化資本主義の状況下で観光と他の実践の境界が融解していることも指摘している（アーリ 2003：231-249）。そして 1992 年の講演に基づく論考では、旅行の組織化とともに、グローバル化による国境などの境界の融解とフローとしての観光客が論じられている（アーリ 2003：269-283）。こうした研究から、観光の組織化に言及しつつも、グローバル化が進行するなかで生じる脱組織化傾向に関心が強まっていることが見て取れる。そしてこれまで言及してきた 2000 年発行の著書においては、観光客は規則性のない移動を行うポストモダン時代のメタファーに位置づけられるようになるのである（アーリ 2006：51）。

　こうした脱領域的で非組織化された観光への関心の延長線上で、そして移動と関係するさまざまな議論と連動して、書籍 *Tourism Mobilities*（Sheller & Urry eds. 2004）は編まれている。グローバル化、インターネットの発達といった移動時代の様相を背景としつつ、冒頭で引用した一文にあるように、人間とともに非人間も含めた多様な移動との関係で観光を捉えることを提起している。また同書では、副題を *Places to Play, Places in Play* としているように、場所そのものの動きにも関心を寄せる。この点については、場所の時間的な変化ばかりではなく、場所それ自体が空間的に動いていることが指摘されている。さまざまな観点から、多様な移動に焦点をあてて観光を理解することが試みられているのである。

　ただし、同書では移動ばかりでなく、それと関係する多様な視座について

も言及している。例えば、冒頭の引用文に続き、以下のような一節が記され
ている。

> 観光はまた、記憶やパフォーマンス、ジェンダー化され人種化された身
> 体、感情や雰囲気といったものの相関的な動きとも関わっている。場所
> には競合する多様な意味があり、それがしばしば混乱や分断を生じさせ
> る。ツーリズム・モビリティーズには、移動と静止、現実と空想、遊び
> と仕事の複雑な結合がある。(Sheller & Urry eds. 2004：1)

「記憶やパフォーマンス、ジェンダー化され人種化された身体、感情や雰
囲気」に関しては、先述の2000年発行の書籍などで、移動について考察す
る際に検討された論点である。そうしたものとも関連する多様な場所の意味
のなかで、「混乱や分断」などという固定的でない動的な様相が生じるので
ある。さらに、そこでは「移動と静止、現実と空想、遊びと仕事」という対
立的な概念の結びつきが論じられている。これも観光について考えるうえで
重要な観点であるが、特に「移動と静止」への関心は興味深い。2007年の
著書において移動と不動の関係を強調しているが（アーリ 2015）、移動を軸
にした考察から再帰的に不動の問題が問われるようになったのであり、この
Tourism Mobilities においてもシステムや秩序などの静的・固定的なものと
の関係が論じられている。移動に焦点をあてつつ、観光についての多角的な
視座による考察がなされているのである（神田 2023）。

2　本書の目的と構成

本書は、先述のように、アーリらが検討した移動時代における観光のあり
方を考察するものであり、それは彼らの移動に関する議論やそこで指摘され
た移動の特徴をふまえてなされるものである。ただし、アーリの研究がさま
ざまな社会的な変化と連動しつつ展開されているように、その背景となる状
況は動いている。移動に関連するテクノロジーは発展し続けており、また
2020年から感染が拡大したCOVID-19（新型コロナウイルス感染症）の影

響を受けて不動という点もより前景化した。加えて、知の移動や、調査地への移動という観点をふまえれば、本書を執筆する日本人の研究者、さらには日本語で執筆される本書独特の違いも生じる。とりわけ多くの執筆者が関わる本書では、論者によって観光と移動についての関心や視座のあり方が異なっており、アーリらの議論と密接に結びついたものから、彼らが指摘した特徴の一部に焦点をあてたものまで、そこでなされる考察は多様である。そのようななかで本書は、移動時代とされる現代における観光学のさらなる新しい展開を志向するものである。

　本書は2部各10章で構成されており、それぞれの章のあとに関連するコラムが1つ附されている。第Ⅰ部の「キーポイントから読み解く移動時代のツーリズム」は、観光学の重要な視座から移動時代の観光を考察するものである。第1章から第10章の主タイトルに掲げたキーポイントは、日本の観光学に関する書籍でしばしば取り上げられる視座であるが、本書を通じてそれからのさらなる観光の理解に資することを目指したい。第Ⅱ部の「移動時代におけるツーリズムの諸相」は、移動時代の観光を考えるうえで重要な事象について論じるものである。第11章から第20章でテーマとしたものも、日本の観光学に関する書籍でよく検討されるものであるが、移動に注目して考察するなかでそのさらなる理解につなげたい。なお、この第Ⅰ部と第Ⅱ部で取り上げた視座・テーマの境界は必ずしも厳密ではない。あくまで便宜的なものであり、例えば第Ⅱ部の各章が掲げるテーマは、移動時代の観光を読み解くうえでの重要な視座にもなりえるものである。

　次に、本書を構成する各章について簡単に紹介しておきたい。第1章の「観光客のまなざし」は、すでに示した観光学の基軸となる概念であるが、インターネットとの関係に注目しつつ、観光客のまなざしと観光地の動的な様相について論じたものである。第2章の「テクノロジー」では、モバイル・テクノロジーのスマートフォンに焦点をあて、『Pokémon GO』というソフトウェアが顕在化させた観光の新しい姿について検討している。第3章「コンテンツ」は、現代の技術環境をもとにしたコンテンツツーリズムの様相について、ハローキティを題材に述べたものである。第4章の「パフォーマンス」

は、虚構と現実のあわいでなされる2.5次元のパフォーマンスに注目することで、現代的な観光移動のあり方を描き出している。第5章「真正性」は、観光学の重要な概念である真正性を、移動に注目して問い直すとともに、それを現代の身体的な移動をともなわない旅についての考察に繋げている。第6章の「記憶」は、記憶と移動の関係を、現代の産業観光に注目して検討している。第7章の「ジェンダー」では、男性によるセックス・ツーリズムと対比される女性のロマンス・ツーリズムを取り上げ、移動を通じたジェンダー関係の逆転について論じている。第8章「エスニシティ」は、さまざまな移動のなかで生じる現代のエスニック・タウンの観光資源化について、地域住民の対応に注目しつつ考察している。第9章の「ホスピタリティ」は、現代もなされるイスラームの歓待を取り上げ、不確実性を減衰させる歓待の条件が観光移動においていかに重要であるかを浮き彫りにする。第10章の「リテラシー」では、21世紀において観光とその教育に対するクリティカルな問い直しが必要であることを述べつつ、移動する主体であるツーリストのリテラシーについて論じている。

　第11章の「ガイドブック」からは第Ⅱ部となる。同章では、SNSが隆盛する現代における観光ガイドブックの新しいかたちについて、現地の物質とのネットワーク化に注目しつつ検討している。第12章「おみやげ」は、マトリョーシカに焦点をあて、移動するおみやげの様相を描き出す。第13章「乗り物」は、乗り物によって演出される移動経験のあり方を考察したものである。第14章「都市」は、デジタルテクノロジーが発達したモビリティ3.0時代の都市と観光について論じている。第15章「テーマパーク」では、リアルとバーチャルを結びつける位置情報ゲームに焦点をあて、テーマパーク的空間の拡張について検討する。第16章「まちづくり」は、移動に注目した視座から観光まちづくりについての問い直しを図っている。第17章「アート」では、地域芸術祭と移動の関係について、ネクサスという概念を用いて考察している。第18章「宗教」は、宗教のさまざまな移動について、観光との関係も含めて論じたものである。第19章「ダークネス」では、インドネシアのムラピ山噴火の被災地を事例として、そこでなされるダーク

ツーリズムを移動に注目して検討を行っている。第20章「リスク」では、COVID-19 が生じさせた移動状況を示しつつ、観光を通じた「リスクの贈与」と「歓待の贈与」について考察する。

3　動きゆく観光学

　アーリの観光研究は、その考察の観点が変化している動的なものである。そして彼が主導した移動に注目した研究は、観光学に新しい動きを生じさせるものであった。また、本書に収録されている章・コラムは、アーリらが現代の特徴として注目した移動の問題について考えるなかで、各執筆者がそれぞれの観光研究の新しい展開を志向した成果である。まさに本書も、動きゆく観光学（tourism studies on the move）の姿を示しているといえるだろう。読者の皆様には、本書を契機としてさらに関連する書籍・論文を読むとともに、変わりゆく観光の様相について調査・研究するなかで、観光学のさらなる新しい動きの探究へと向かっていただけたら幸甚である。

参考文献

アーリ、J.（1995）『観光のまなざし――現代社会におけるレジャーと旅行』加太宏邦訳、法政大学出版局。
アーリ、J.（2003）『場所を消費する』吉原直樹・大澤善信監訳、法政大学出版局。
アーリ、J.（2006）『社会を越える社会学――移動・環境・シチズンシップ』吉原直樹監訳、法政大学出版局。
アーリ、J.（2015）『モビリティーズ――移動の社会学』吉原直樹・伊藤嘉高訳、作品社。
神田孝治（2013）「文化／空間論的転回と観光学」『観光学評論』1-2。
神田孝治（2023）「観光学 3.0 の探究へ向けて――ツーリズム・モビリティーズの再考を通じた展望」『観光学評論』11-1。
Halfacree, K.（2012）"Heterolocal Identities? Counter-Urbanization, Second Homes, and Rural Consumption in the Era of Mobilities," *Population, Space and Place*, 18-2.
Sheller, M. & Urry, J.（eds.）（2004）*Tourism Mobilities : Places to Play, Places in Play*, London : Routledge.
Sheller, M. & Urry, J.（2006）"The New Mobilities Paradigm," *Environment and Planning A*, 38-2.

第Ⅰ部

キーポイントから読み解く
移動時代のツーリズム

1 観光客のまなざし
インターネットが関与する動的な観光地の様相

神田孝治

　社会学者の J. アーリは、1990 年発行の書籍において「観光客のまなざし」という概念を提起している（アーリ 1995）。彼は「まなざし」に注目するにあたり、M. フーコーが『臨床医学の誕生』（フーコー 1969）においてなした、医学的なまなざしが個々の観察者によるものではなく、制度によって支えられ正当化された、組織化されたものであるという指摘を紹介する。そして観光客のまなざしは、この医学的なまなざしと同様、それを構成し発展させることを後押しする多くの職業専門家がおり、社会的に組織化されていると述べている。このように、まなざしに注目することで、観光現象の社会的組織化について考察するという観点を示したのである。

　そしてアーリは、観光客のまなざしは、社会や時代によって多様であるが、社会的な行為や記号のシステムを前提として、社会的体験・意識の非観光的な形態から創り出されていると指摘する。そうしたなかで、観光客のまなざしの対象とされるのは、日常との対称性を有する非日常のものであり、通常は労働と明確に対比されるものであって、強烈な楽しみが期待されるものであると論じている。彼は観光客のまなざしについてこうした二項対立的な観点をもとに考察したのであり、その研究の意義についても、「正常な社会」で何が生起しているのかを理解するのに優れた方法であると、逸脱論を引き合いに出しつつ言及している。

　アーリはその後、観光客のまなざしについての議論をさらに展開している。彼は 2002 年に *The Tourist Gaze* の第 2 版を発表し、「まなざしのグローバル化」という章を追加している（Urry 2002）。アーリは、1990 年段階では不明瞭であったグローバル化の影響が大きくなるなかで、それと観光客のまなざしとの関係を問うようになったのである。そしてこの認識から浮上したのが

移動への注目であり、序章で紹介した 2000 年発行の書籍（アーリ 2006）も引用しながら、グローバル化の問題に限らず、観光客のまなざしの動的な様相を浮き彫りにしていく。これは、「まなざし」の概念が静的で受動的であるという批判に応えそれを刷新していくものであり、視る側だけでなく視られる側、視覚だけでなくそれ以外の感覚、断続的な身体的移動、そして自動車や自転車といった移動に関するテクノロジーとの関係などを論じるなかで、多角的にその動的なあり方を示していくものであった。そしてこうした観点は、J. ラースンとともに著した 2011 年発行の *The Tourist Gaze 3.0*（アーリ＆ラースン 2014）と題された第 3 版でさらに精緻化されていくことになる。

　このような動的な観光客のまなざしの様相について、本章は特に、1990 年代半ばから多くの人々が利用するようになったインターネットに注目して検討したい。インターネットは、先に紹介した 2002 年発行の第 2 版における「まなざしのグローバル化」の章でまず言及された新たなる事象であり、第 3 版においてもそれが重要なものとして取り上げられている。インターネットを用いることで、観光事業が以前よりも簡単にグローバルに展開できるようになったり、ユーザーが航空券や宿泊の予約を自らの手で行えるようになったりと、その観光への影響は大きなものがあるからである。とりわけ第 3 版では、ブログや SNS などの登場により生じた、観光事業者ばかりでなくユーザーも情報発信するようになった、より開放的・協同的で参加型のあり方が注目されている。2000 年代半ばに Web2.0 と呼ばれるようになったこの状況は、インターネットを通じた観光客のまなざしの移動やその生成をより動的にしたのである。

　こうしたことをふまえ本章では、インターネットが密接に関わることで生じたいくつかの観光地を取り上げ、観光客のまなざしの動的なあり方に注目するなかで、その対象となる場所の動的な様相について論じることにしたい。

1　変わりゆく観光客と観光地の関係性

　インターネットが重要な役割を果たしている観光現象の 1 つに、「アニメ聖地巡礼」がある。これは「アニメ作品のロケ地またはその作品・作者に関

連する土地で、かつファンによってその価値が認められている場所」（山村
2008）を訪れることをいうとされている。その端緒は 1990 年代初頭であり、
この意味の「聖地巡礼」は 2000 年代に入って定着し始め、2007 年放映のア
ニメ『らき☆すた』でブームに火が付いたとされる。またこうしたアニメ聖
地巡礼が盛んになった背景としては、2000 年代半ばに SNS やブログなどの
ファンの交流インフラが整ったことが指摘されている（今井 2020）。

　ここでは、2006 年にテレビ放送されたアニメ『ひぐらしのなく頃に』と
そのシリーズ作品が生じさせた聖地巡礼について考えてみたい。2002 年に
始まる同人ゲームを原作とするこの作品は、都会から遠く離れた小さな村の
「雛見沢」を舞台としており、そのモデルは岐阜県大野郡白川村であった。
筆者が 2010 年に現地調査した際には、白川村がモデル地であることは正式
に発表されてはいなかったが、ブログなどのインターネット上では、関連す
る情報が文字に加えて写真・地図などを用いて発信されており、それをもと
に聖地巡礼者が同地を訪れていることが認められた（神田 2012）。

　このアニメ作品では、白川村のなかでも合掌造り民家で有名な荻町地区の
風景を象徴的に取り上げていた。そこは 1995 年に世界文化遺産「白川郷・
五箇山の合掌造り集落」のコアゾーンに登録され、多くの観光客を集める場
所であった。2010 年当時の観光パンフレットでは、同地は「日本の原風景」
などと紹介されていたが、『ひぐらしのなく頃に』はそこに惨劇の村として
のイメージを付与するものであった。現地の観光関連事業者らに話を聞くと、
同作品が喚起するイメージに忌避感を抱く意見がみられ、コスプレを行う聖
地巡礼者に対する違和感を述べる者もあった。否定的な意見ばかりでなく、
寛容に受け入れたいという声もあったものの、積極的に歓待しようという動
きは生じておらず、現地では関連する土産物も取り扱われていなかった。さ
らに白川郷観光協会は、アニメの聖地巡礼者も歓迎するが、そうした観光客
は現地が騒ぐと冷めてしまうと考え、アニメ聖地としては宣伝していなかっ
た。『ひぐらしのなく頃に』に関する観光客のまなざしは、既存の観光客の
それとは違い、インターネット上においてファン主導で編成されたものであ
り、現地からの組織化が実質的に行われていなかったのである（神田 2012）。

　しかしながら、2015 年に原作者が白川村
村長を表敬訪問したことを契機として、同作
品と白川村役場に協力関係が生じるようにな
る。特に、2020 年 10 月から放送された同ア
ニメの新シリーズは、COVID-19 の影響で
白川村の観光業が大きな打撃を受けるなかで
始まったため、白川村役場はそれを活用した
観光振興に前向きになった。こうしたなかで、
新シリーズの『ひぐらしのなく頃に　業・卒』
のモデル地として、一般社団法人アニメツー
リズム協会の「訪れてみたい日本のアニメ聖
地 88（2022 年版）」の 1 つに白川村が選定され、

図 1　荻町地区の土産物店で強
調される『ひぐらしのなく頃に
業・卒』（2022 年 7 月 18 日筆者撮影）

その情報は白川村役場のウェブサイトでも発信されている。また、一部の土
産物店ではこの新シリーズにあわせて積極的に同作品を押し出すようになっ
ており（図 1）、Twitter（現 X、以下同）で同作品と関わる情報を紹介するとと
もにファンとの交流もなされている。『ひぐらしのなく頃に』に関連する観光
客のまなざしは、観光客と観光地の関係性の変化と連動しつつ、インターネッ
トが介在するなかで、その移動や組織化のあり方が変容しているのである。

2　流動的な観光客のまなざしと観光地の創造

　アニメ聖地のうち、「一般にいわれる「聖地巡礼」行為の目的地」は「作
品の舞台（ロケ地）」であるとされる（山村 2008）。『ひぐらしのなく頃に』
における白川村がまさにこれにあたるが、こうした典型的な聖地を前提とし
て、インターネットが介在するなかで、新たなタイプの聖地も生じている。
　ここで注目するのは、2016 年に連載が始まった漫画を原作とし、2019 年
にテレビ放送が開始されたアニメ『鬼滅の刃』である。人間と鬼との戦いを
描いたこの作品は、ファンが容易に訪問できる場所にロケ地が存在していな
かった。こうしたなかで、アニメで描かれた風景に似ているなど、作品と何
らかの関係が見出された場所が聖地とみなされ、インターネット上で情報が

流通するようになった。また、インターネット上のさまざまな記事で紹介される同作品の聖地は数・場所ともに多様であり、観光客のまなざしの組織化はゆるやかであった。このような状況のなかで、インターネットを活用した『鬼滅の刃』の聖地創造が各地で積極的に試みられることになった。

　興味深い事例として、ここでは奈良市柳生町を取り上げたい。2020年2月24日の『産経新聞』（Web版）では、「奈良市の柳生地区が、アニメのコスプレイヤーたちの注目を集めている。縦に真っ二つに割れた直径約7メートルの巨石「一刀石」が、人気アニメ『鬼滅の刃』の名シーンを再現できる撮影スポットとして会員制交流サイト（SNS）や口コミで広まったためだ」[1]などと記されている。またこの記事では、一刀石の前に立ち、刀で岩を切るポーズをとったコスプレイヤーの写真も掲載されている。

　こうした状況は、2019年末から「コスプレイヤーの撮影観光」をすすめた柳生観光協会の取り組みで生じたものである。同観光協会では、ホームページやSNSを通じて、コスプレイヤーの受け入れに関する情報を積極的に発信していた。先の記事の指摘のように、『鬼滅の刃』の撮影スポットとしてSNSで情報が流通したのも、こうした活動によるものである。さらに、この新聞記事そのものも同観光協会の仕掛けで実現しており、同記事の内容はTwitterなどを通じてインターネット上で拡散し、一刀石を『鬼滅の刃』の聖地に仕立て上げるとともに、そこに多くの観光客を集めることになった。

図2　一刀石の前の観光客
（2020年12月6日筆者撮影）

　柳生観光協会・事務局長によれば、コスプレイヤーは写真を通じて同地の魅力を創造できるとのことであったが、その意義は聖地が流動的な『鬼滅の刃』においては特に大きなものとなる。また、コスプレイヤーはパフォーマンスの型をつくるということも同事務局長は指摘していたが、2020年12月に現地を視察したところ、多くの観光客が一刀石を刀で切るパフォーマンスをしていた（図2）。インターネット上のコ

スプレイヤーの写真が大きな役割を果たすなかで、同地を聖地化する観光客のまなざしが創り出されるとともに、そこがアニメと同様のパフォーマンスの場になったと考えられる（神田 2021）。

3 SNS と観光資源の動的な様相

これまで紹介した事例にもあるように、インターネットを活用したサービスのなかでも、SNS が近年の新しい観光地化に重要な役割を果たしている。ここでは、観光客のまなざしと SNS の関係について、花手水が有名となった長岡京市の柳谷観音・楊谷寺を事例に考えてみたい。

旅行雑誌・ことりっぷ編集部によるウェブメディア「ことりっぷ　CO-Trip」では、「京都・長岡京市「柳谷観音　楊谷寺」の花手水でこころ華やぐひとときを」と題した 2021 年 6 月 19 日の記事において、「色とりどりの花が手水鉢に浮かぶ「花手水」。手水鉢の中で繰り広げられるその美しい景色は、近年 SNS を中心に話題となっています」[2] と述べ、その先駆的存在として楊谷寺を取り上げている。この記事では、「若い女性を中心にたちまち話題」となったとされる同所の花手水の写真を複数掲載しているが、Twitter や Instagram で花手水を検索すれば、それらに多数の類似した画像を確認することができる。こうしたなかで楊谷寺には、花手水の写真を撮影しようとする多くの観光客が集まっている（図 3）。楊谷寺は、SNS 上にある花手水と同様の「インスタ映え」する美しい写真が撮影できる場所として、観光資源化しているのである。

筆者は 2020 年 6 月から幾度か楊谷寺で調査を実施したが、関係者の話によれば、同寺院の持続的な運営のために、2014 年頃から主に 40 代から 50 代の女性をターゲットとした集客を考えるようになり、そうした活動の一貫として SNS での情報発信を始めたとのことであった。そして、

図 3　楊谷寺の花手水を撮影する観光客（2020 年 6 月 29 日筆者撮影）

2017 年 6 月以降に手水舎や手水鉢に花を入れた写真を投稿し始め、2018 年 5 月にはそれを独自に「花手水」と名付けてハッシュタグもつけるようになっている。その後、2018 年 11 月にある人物が、楊谷寺で撮影した花手水の写真を Twitter に投稿し、それが多数のリツイートを記録することになる。こうした花手水への注目により、当初の想定とは異なり若い女性の観光客が増えたという。その結果、2018 年の休日時で 1 日約 700 人であった参拝客が、2020 年段階では 1 日約 3000 人にまで増加し、そのうち女性が約 8 割であり、特に 20 代とみられる女性が 6 割程度を占めているとのことであった。まさに、SNS が密接に関わるなかで、若い女性向けの新しい観光資源が創造されたのである。

　この花手水への観光客のまなざしには動的な特徴がある。花手水についての情報は、SNS を中心とするさまざまなインターネット・メディアを通じて、多様な主体により複合的・多方向的に移動している。楊谷寺のみでも、ホームページのほかに Facebook・Twitter・Instagram といった複数の SNS で花手水を紹介している。写真が前景化している Instagram に限ってみても、楊谷寺や一般のユーザーに加え、日本政府観光局や JAL をはじめとするさまざまな観光関連の主体などによって、花手水の情報が発信されている。SNS を中心とするこうした複雑な情報の流れを通じて、観光客のまなざしは移動し、動的に組織化され、変化し続けているのである。

　また、SNS 上で花手水が注目を集めるなかで、全国の多数の寺社で同様の取り組みが行われたことも興味深い。筆者と同様に花手水に注目した金山智子らの研究（金山ほか 2022）では、この楊谷寺のほかに岐阜県の南宮大社を調査しているが、そこでは SNS で見た別の神社をきっかけに花手水を始め、それが観光資源化している。SNS を通じた情報の複雑な移動を通じ、観光資源になる花手水そのものが各所に生じているのである。そして楊谷寺は、花手水を展開する一部の寺社と SNS 上でつながりを持ち、そこを契機に花手水をモチーフにしたコラボ御朱印を授与したりしている。花手水に関する観光客のまなざしや観光資源は、SNS がさまざまな形で関与するなかで、変化し続けているのである。

4　動的な観光客のまなざしについて考える

　観光客のまなざしの動的な様相は、当然ながらインターネットとの関わりだけで論じられるものではない。本章で取り上げた事例でも、インターネット以外のメディア表象のあり方、観光客のさまざまな行為、関連事業者の取り組み、関係する多様なモノなどとの関係性に注目し、多角的に捉えることで、その動的な様相がより浮かび上がってくる。このように、観光客のまなざしの動的なあり方についてさらに探究し続けることで、観光現象、とりわけ現代のそれについての理解を深めることができるであろう。

注

1) https://www.sankei.com/article/20200224-ZZGBBH4VIZNNNHP6CWBJTPDUII/［最終閲覧日：2022 年 12 月 20 日］
2) https://co-trip.jp/article/527942/［最終閲覧日：2022 年 12 月 20 日］

参考文献

アーリ、J.（1995）『観光のまなざし——現代社会におけるレジャーと旅行』加太宏邦訳、法政大学出版局。

アーリ、J.（2006）『社会を越える社会学——移動・環境・シチズンシップ』吉原直樹監訳、法政大学出版局。

アーリ、J. & ラースン、J.（2014）『観光のまなざし［増補改訂版］』加太宏邦訳、法政大学出版局。

今井信治（2020）「アニメ『聖地巡礼』の生成と展開——『らき☆すた』と『君の名は。』をメルクマールに」山中弘編『現代宗教とスピリチュアル・マーケット』弘文堂。

金山智子・工藤麻里・小林玲衣奈（2022）「花手水が生みだす新たなコミュニティ——アクターネットワーク理論から考察する異種混交的なネットワーク」『情報科学芸術大学院大学紀要』13。

神田孝治（2012）「白川郷へのアニメ聖地巡礼と現地の反応——場所イメージおよび観光客をめぐる文化政治」『観光学』7。

神田孝治（2021）「『鬼滅の刃』が生じさせる新たな聖地——「境界の融解」と「移動」に注目した考察」『立命館文學』672。

フーコー、M.（1969）『臨床医学の誕生』神谷美恵子訳、みすず書房。

山村高淑（2008）「アニメ聖地の成立とその展開に関する研究——アニメ作品『らき☆すた』による埼玉県鷲宮町の旅客誘致に関する一考察」『国際広報メディア・観光学ジャーナル』7。

Urry, J.（2002）*The Tourist Gaze : Second Edition*, SAGE Publications Ltd.

コラム❶　インスタグラムとフォトスポット

　レフ・マノヴィッチは「インスタグラムと現代イメージ」と題された論考において、つぎのように問いかける——「この論考で調査している期間の、インスタグラムが必然的に持っている単純な構造〔中略〕は、私たちがしばしば、単一のものとして議論している古いメディアによって歴史化された想像力が、いかに架空のものであったのかを認識させてくれる。実際、「写真」というものなど存在していたのだろうか？　タルボットの1830年代の塩化銀の写真、レンズを使わなかったマン・レイの1920年のフォトグラム、そして動いている被写体に自動的に焦点を当てるカメラが1/8000秒で撮影した現代の〔中略〕写真の間に、何か共通のものはあるだろうか？」（マノヴィッチ2018：31-32）。彼が洞察するように、しばしば不変のものとしてイメージされがちな「写真」というメディウムは、それが発明された19世紀前半から今日へと至るまで、歴史を通じて変容してきた。

　ロラン・バルトは1980年の著作である『明るい部屋』において、写真の本質を「それは＝かつて＝あった」という言葉によって表現したが、つまるところその映像とは被写体の過去の現実を切り取って保存したものであり、ゆえに写しだされた光景の存在証明になりうると捉えられていたわけである。その彼が考察の俎上に載せたのは、あくまでもフィルムを前提とするアナログ写真であるわけだが、従来そう把捉えたこのメディウムも、アナログからデジタルの段階へと移行するにつれてその特性が大きく変化したといえるだろう。

　昨今、デジタル化された写真はソーシャル・メディアに取り込まれることで、単なる「記録」というその機能のみならず、他者との「共有」という機能が前景化しつつある。そして、それを実現しているのはFacebookやInstagramなどのソーシャル・メディアであり、それは角田隆一がプリクラを起点に言及した「写交性」（角田2016：109）の発展形をもたらしつつある。それは、むろん観光地における人びとの行動——すなわち、ある場所で写真を撮り、それを他者と共有するというそれ——にも認めることができる。天野彬が端的に表現するように、観光地においても、あるいは飲食店においても、私たちは「誰もがシェアするような瞬間を探しながら生きている」とさえいえるのかもしれない（天野2017：14）。

　観光地における写交性は、デジタル化／ソーシャル化された写真に加えて、その撮影を惹起するための各種の仕掛けによって実現されている側面もある。ここではその一例として「フォトスポット」に目を向けてみよう。図1にあるのは、ワイキキのインターナショナルマーケットプレイスの「セルフィスポット」である。ここにはFacebookおよびInstagramのロゴが併記され、撮影した写真をシェアするよう指示書きが付されている。またその右の図は、サンリオピューロランド周辺に設置されたフォトスポットだが、そのテーマパークが所在する多摩

松本健太郎

センター界隈には常設型／仮設型のフォトスポットが点在しており、それらを背景にした撮影へと人びとを誘導する役割をそなえている。ちなみにサンリオピューロランド内のショップで販売されているグッズをみてみると、来場者たちにちょっ

図 1 インターナショナルマーケットプレイスの「セルフィスポット」／サンリオピューロランド付近のフォトスポット（筆者撮影）

としたコスプレを促すためのモノが多いことに気づく。例えばキャラクターのデザインを模したカチューシャなどはその一例だが、それらはゲストを「見られる客体」もしくは「撮影される被写体」へと変換するための装置だといえるだろう。これらのグッズとは、一定のロールプレイのもとで望ましい現実を写真として切り取るための小道具であり、これに対してフォトスポットとは、それをプロデュースするための舞台でもある。そして撮影とは、ゲストがテーマパークの世界観に入り込むための媒介行為として機能するのだ。

ピューロランドの来場者に期待されているのは、上記のカチューシャのような「エンジョイグッズ」なるものを買い、それをロールプレイの道具として装着し、友人やキャラクターとコミュニケートしながらセルフィや記念撮影を行い、さらにその画像データを友人と共有したり、SNS にアップロード＝発信したりする、というその一連の営為である。そして、それを誘発するためにデザインされた「撮影中心」の空間構成のなかで、人々の多くは定められたパフォーマンスを繰り広げながら、デジタル写真を介した映像コミュニケーション、すなわち「写交性」を享受することになる。

参考文献　天野彬（2017）『シェアしたがる心理——SNS の情報環境を読み解く 7 つの視点』宣伝会議。

ソンタグ、S.（1979）『写真論』近藤耕人訳、晶文社。

角田隆一（2016）「コミュニケーションをつくる映像文化」長谷正人編『映像文化の社会学』有斐閣。

ブルデュー、P. ほか（1990）『写真論——その社会的効用』山縣熙他訳　法政大学出版局。

マノヴィッチ、L.（2018）『インスタグラムと現代視覚文化論——レフ・マノヴィッチのカルチュラル・アナリティクスをめぐって』久保田晃弘＋きりとりめでる共訳・編著、ビー・エヌ・エヌ新社。

2 テクノロジー

モバイル・テクノロジーと変わりゆく観光の姿

神田孝治

　観光は、鉄道や航空機などの交通機関、テレビやパーソナルコンピューターのような電子器機、電話やインターネットなどの通信環境といった、テクノロジーの発達によりもたらされた産物と密接に関係するなかでそのあり方が形づくられてきた。そして今日の観光を考えるうえで重要なテクノロジーに、2007年に発売された「iPhone」に代表される、スマートフォンがある。現在、多くの人々はスマートフォンとともに移動しており、これは観光する際も同様である。そしてこのモバイル・テクノロジーが、観光のあり方に大きな変革をもたらしているのである。

　スマートフォンは、パーソナルコンピューターと同様、さまざまなソフトウェアによっていくつもの機能を高度に実現できるとともに、インターネットを介して外部の情報と迅速につながることが可能である。さらにこのテクノロジーは、単にパーソナルコンピューターが可動的になったのではなく、GPSなどのGNSS（全球測位衛星システム）を活用した位置情報の取得など、移動を前提にした新しい機能も備えている。こうしたスマートフォンは、観光客がしばしば携行していた、カメラ、地図、ガイドブックが有する役割を集約するとともに、それらの機能を連携させつつより高度化することになった。スマートフォンで撮影した写真は、Instagramなどのソフトウェアを用いることで、インターネットを通じてすぐに公開することができる。Googleマップなどのデジタル地図において、現在の位置情報を確認できるだけでなく、目的地までのルートも検索可能である。観光地の情報は、InstagramやGoogleマップなどのソフトウェアを用い、さまざまなものが現地で取得できる。

　このようなスマートフォンを活用した観光客の移動を考えるうえで、アッ

センブリッジ（集合体）が1つの重要な概念となる。J. アーリは人の移動がモノとハイブリッド化するなかで実現していることを論じたが（アーリ 2006）、T. ダントはハイブリッドという用語を厳密に使うと「同種類のモノの恒久的な組み合わせからなる統一体」を意味することを指摘し、アッセンブリッジという語を使うことが望ましいと論じている（ダント 2010：97）。なぜなら、自動車の移動を考えると、「自動車−運転者は運転者が車を降りると互いに分離」するようなアッセンブリッジだからである（ダント 2010：97）。ここでの言及にあるように、観光客とスマートフォンの関係も、単に「観光客−スマートフォン」のハイブリッドとして固定的に解釈するよりも、それらの関係性が動的に変化するものとして捉えることで、その様相がより理解できるであろう。

　さらに、M. フェザーストンは、ダントの論考が収録されている自動車と移動に関する書籍において、ソフトウェアの重要性を認識することを主張し、「自動車−運転者−ソフトウェア」のアッセンブリッジを理解すべきだと提起している（フェザーストン 2010）。スマートフォンを活用する観光客についても、ソフトウェアを介して多様な機能の恩恵に浴しているのであり、こうした観点は重要であろう。とりわけスマートフォンでは、いろいろなソフトウェアを通じ、スマートフォンに搭載された数々の機能がアッセンブルされ、ユーザーにさまざまな形で利用されている。まさにスマートフォンは、ソフトウェアが重要な役割を果たすなかで、現代社会における象徴的なモバイル・アッセンブリッジを生じさせているといえるだろう。

　本章では、こうしたスマートフォンと観光の関係を考えるうえで、2016年7月にリリースされ、世界的に人気を博することになった『Pokémon GO』というソフトウェアが生じさせる移動に注目したい。『Pokémon GO』は、GNSS による位置情報や、AR（拡張現実）技術といった、スマートフォンで利用可能なテクノロジーの組み合わせによってもたらされる新しい移動のあり方を、多くの人々に知らしめたり体験させたりすることに成功するとともに、さまざまな影響を各所に与える社会現象となったからである。

1　『Pokémon GO』が生じさせるモバイル・アッセンブリッジ

　『Pokémon GO』は、ナイアンティック（Niantic, Inc.）と株式会社ポケモンが共同開発したスマートフォン向けのゲームアプリである。『Pokémon GO』というソフトウェアが描く世界は、現実世界をトレースした Google マップをもとにした地図上に、架空の生物である「ポケモン」が生息する虚構の世界が描かれたものである。このゲームで遊ぶ人（プレイヤー）は、現実世界に虚構の情報を加えた拡張現実の世界の中を、ゲーム上の主人公であるポケモントレーナー（トレーナー）となり動き回ることができる。そしてこの虚構世界におけるトレーナーの移動は、GNSS による位置情報を活用することで、現実世界におけるプレイヤー自身の移動によって実現される。スマートフォンに搭載された種々のテクノロジーを利用することで、『Pokémon GO』は現実と虚構の移動を結びつけているのである。

　こうした移動は、『Pokémon GO』が描く虚構の世界によって促進されている。定期的に出現するさまざまなポケモン、アイテムの補給拠点である「ポケストップ」、自身のポケモンと他のポケモンを戦わせる「ジム」といった同ゲームで接近する必要がある対象物は、地図上の特定の位置に固定されている。そのためプレイヤーは、トレーナーをそれらの場所に近づけるため、スマートフォンとともに移動する必要がある。さらに、移動距離に応じてポケモンが誕生する「タマゴ」という存在も、プレイヤーの移動を促している。

　この『Pokémon GO』のプレイヤーの動き方にはいくつかの特徴がある。プレイヤーは、画面上のトレーナーと同様に、自らの足で移動することが想定されている。そしてプレイヤーは、手に持ったスマートフォンの画面に視線を落とし、画面を指でなぞったりタップしたりすること、そしてポケモンの捕獲やジムにおける戦闘などのためにしばしば停止することが求められている。このように、プレイヤーの移動には独特の行為とリズムが生じるのであり、またそれがために、歩くことが前提となるのである。そしてこのような移動は、画面上の視覚情報に加え、音楽やバイブレーションといった、スマートフォンを経由した他の感覚からの情報も用いてなされている。

　こうした『Pokémon GO』が生じさせる移動は、関係する要素もそれらの関係性も動的である。『Pokémon GO』の安全なプレイのためには、スマートフォンの画面を注視するだけでなく、そこから視線を外して周囲の状況を把握しつつ移動する必要がある。また『Pokémon GO』のプレイヤーは、スマートフォンの画面を操作して遊ぶばかりでなく、「Pokémon GO Plus」という別のデバイスを無線で接続して画面を見ずに遊んだり、タマゴの孵化などのために「いつでも冒険モード」で単に移動して距離を稼いだりする。さらに、『Pokémon GO』で遊ぶにあたっては、電車、バス、自動車、自転車などといった歩行以外の逸脱した移動手段を用いるプレイヤーも存在している。そもそも、『Pokémon GO』は、スマートフォンばかりでなく、「iPad」などのタブレットでもプレイ可能なのであり、機器の組み合わせは多様なのである。また、『Pokémon GO』のプレイヤーはしばしば他のプレイヤーともつながっており、2017 年 7 月にはレイドバトルというシステムが新規に導入され、トレーナーが協力してポケモンと戦闘することが求められるようになり、2018 年 6 月にはトレーナー同士でポケモンを交換したりギフトを贈りあったりすることができる「フレンド機能」が実装されている。

　そしてこの『Pokémon GO』が生じさせるモバイル・アッセンブリッジの構成要素で重要なものに、プレイヤーが遊ぶ「場所」がある。『Pokémon GO』は、ナイアンティックが 2013 年に正式運用を開始した『Ingress』というスマートフォン向けゲームのシステムを基盤としているが、ポケストップやジムはこの先行するゲームのポータルと呼ばれるものが存在している場所に置かれることになった。この『Ingress』のポータルは、現実世界の特徴的な場所に設置されている。そのため『Pokémon GO』のプレイヤーは、社会的に創り出された重要な場所を訪れることになったのである。また、ポケストップやジムが置かれた現実の場所には、『Pokémon GO』のプレイヤーを惹き付ける新たなる価値が付与されることになる。そのため、一部の民間企業は、スポンサー企業となることで店舗にポケストップやジムを設置し、『Pokémon GO』を集客のために活用している。

　ただし、『Pokémon GO』のプレイヤーは、視線を主にスマートフォンの

画面に向けつつ独特の動きを行う存在であるため、衝突のリスクなどが問題視されるようになった。この点は、ポケストップやジムの密集地、そして特定のポケモンが大量に出現する場所である「ポケモンの巣」や、珍しいポケモン（レアポケモン）が出現しやすい場所である「ポケモンの聖地」といった、多くのプレイヤーが集まる場所で顕在化することになった。こうした場所を中心に、『Pokémon GO』のプレイヤーに対する注意やマナー遵守の呼びかけや、プレイの禁止、ポケストップの削除といった対応がとられるようになったのである。

　また、『Pokémon GO』のプレイヤーが集まる場所は、短期間に移動するという点も重要である。この契機と考えられるのが、東京都の世田谷公園で生じた状況である。日本においては 2016 年 7 月 22 日から『Pokémon GO』の配信が開始されたが、その後すぐに同公園が「ミニリュウ」というレアポケモンを容易に捕獲できる場所として多くのプレイヤーを集めることになった。そしてこうしたプレイヤーの、大量のゴミ放棄、ジョギングコース内での滞留、他の公園利用者の撮影などが問題視されるようになり、地元自治体は、園内に注意喚起の掲示などを行うとともに、ゲームの配信会社に事態を改善するよう要請することになった。そして、同公園は 7 月 30 日にはミニリュウの巣から別のポケモンの巣への変更がなされ、普段の状態に戻っていった。その後、ポケモンの巣は定期的に変更されるようになり、各地の公園を移動するようになった。この事例に象徴的にみられるように、多くのプレイヤーが集まる場所は、特定の境界内・位置に固定されているのではなく、一時的で可動的な特徴を持っているのである（神田 2018a；2018b）。

2　『Pokémon GO』のリアルワールドイベントとその影響

　『Pokémon GO』のプレイヤーは、同ゲームで遊ぶ人であるとともに、時として遊歩者であったり、通勤者であったり、観光客であったりする、社会的な位置づけが流動的な移動体である。そして、観光客とみなされる『Pokémon GO』のプレイヤーのあり方は、通常想定される観光客とは異なっている。このゲームのプレイヤーがまなざすのは、現実の観光資源ではなく、

スマートフォンのディスプレイに描かれた、ポケモンが生息する虚構の世界だからである。そのため、『Pokémon GO』を活用した観光振興とそれが生じさせる課題には、特徴的な様相が認められることになった。

　この点を考えるにあたり、『Pokémon GO』を活用した象徴的な観光振興の取り組みであるリアルワールドイベントに注目したい。こうしたイベントの発端は、2016年11月12日から22日まで開催された、『Pokémon GO』最初の公式イベントである「ポケストップ追加企画 Explore Miyagi」である。2011年3月11日に発生した東北地方太平洋沖地震の被災地域を復興することを目的としたこの企画は、宮城県と宮城県観光連盟の主催によってなされた、宮城県石巻市・東松島市・女川町・南三陸町を対象として新たなポケストップを申請することができるものであった。同イベントの公式ページでは特別なポケモンの出現がないとされたが、イベント開催の前日に『Pokémon GO』の公式 Twitter において「ラプラス」というレアポケモンが宮城県を含む東日本の被災地エリアにおいて出現することが告知された。その結果、この地域を多くのプレイヤーが訪れることになり、特にラプラスが大量に発生した石巻市には期間中に約10万人が集まり、約20億円の経済効果が発生することになった。『Pokémon GO』のリアルワールドイベントは、観光客の集客に有効であり、経済的な利益をもたらすものなのである。

　一方で、こうしたプレイヤーの集中は、交通渋滞、危険をもたらす歩きながらのスマートフォンの操作（歩きスマホ）、信号無視、民家への不法侵入、路上駐車といった問題を引き起こし、開催期間中に宮城県観光課の職員が注意喚起のチラシ配布などで対応する事態になった。このような問題が生じた背景として、ラプラス出現の企画がナイアンティックから宮城県にも石巻市にも通知されておらず、市街地においては事前の受け入れ態勢の整備ができなかったことが指摘されていた。地元自治体が連携した受け入れにより、上記の課題に対応することが求められたのである。

　行政が積極的に関わりながら実施された『Pokémon GO』のリアルワールドイベントのうち、観光振興の可能性とその課題解決の困難さがよく理解できるものとして、2017年11月24日から26日までの期間に、鳥取県が主催

し、株式会社ポケモンとナイアンティックが協力して開催した、「Pokémon GO Safari Zone in 鳥取砂丘」がある。鳥取砂丘は、鳥取県知事主導で『Pokémon GO』のプレイヤーの集客が企図され、2016 年 7 月 25 日には「鳥取砂丘スマホ・ゲーム解放区宣言」が発表されていた。『Pokémon GO』がもたらすさまざまな社会的問題が世間の耳目を集めるなかで、広大な砂丘の空間を使うことで安全性を担保しつつ観光振興を図ることが目指されたのである。ただし、こうした取り組みは一定程度の効果はあったものの、レアポケモンの不在などの理由で、多くの観光客を集めることができていなかった。こうしたなかで、鳥取砂丘では市街地と比べて歩きスマホによるトラブルが起きにくいという点がナイアンティックにも注目され、上述のリアルワールドイベントが実現したのである（図1）。このイベントでは鳥取県東部全体で約 12 万人のプレイヤーが訪れ、経済効果も 24 億円にのぼったと算出された。

　しかしながら、初日には例年の 5 倍以上の観光客が鳥取砂丘に訪れ、砂丘近くの道路は大渋滞となり、違法駐車が横行した。こうした問題に対応するために、鳥取県は翌日に開催範囲を砂丘以外にも拡大したが、その結果、市街地での歩きスマホの増加、ゴミの放置問題、線路へのプレイヤーの立ち入りといったさらなる問題行動を招くことになり、鳥取県や県警に苦情や通報が相次ぐことになった。『Pokémon GO』で遊ぶ観光客は、虚構の世界に魅惑されているため、集客の場所と範囲は同ゲームにおいてコントロール可能である。しかしながら、期間限定の過剰な集客により、同ゲームのプレイヤーがしばしば引き起こす現実社会における問題行動が前景化する事態となったのである。『Pokémon GO』を活用した観光集客には、レアポケモンの出現といったイベントが効果的ではあるが、その期間が限定的であるとともに、こうした諸問題の発生という課題がつきまとってきたのである（神田 2019）。

図1　「Pokémon GO Safari Zone in 鳥取砂丘」開催時の鳥取砂丘
（2017 年 11 月 24 日筆者撮影）

3　モバイル・テクノロジーから観光を考える

　ここまで論じた『Pokémon GO』が生じさせる移動のあり方は、現実社会の状況に対応しつつ、システムを変化させるなかで変わり続けている。例えば、2018 年に横須賀市で実施された「Pokémon GO Safari Zone in YOKO-SUKA」では、事前応募抽選制をとるなどの対策で、プレイヤーの集中などにより生じてきた既存の課題の多くの部分を解消している（神田 2020）。また、感染症の COVID-19 の流行時には、不動もしくは限定的な移動でプレイできるシステムを導入し、プレイヤーの移動のあり方を変更している。『Pokémon GO』が生じさせる移動のあり方は、まさに動的なのである。

　本章で紹介した『Pokémon GO』というソフトウェアやスマートフォンを用いたものばかりでなく、モバイル・テクノロジーが生じさせる移動は、さらなる技術革新や新たなるソフトウェアによって、社会的状況に対応しつつ、変わり続けていくと考えられる。こうした変容するモバイル・アッセンブリッジの様相を捉えるなかで、観光客や観光地についての理解を問い直し続けていく必要があるだろう。

参考文献

アーリ、J.（2006）『社会を越える社会学——移動・環境・シチズンシップ』吉原直樹監訳、法政大学出版局。

神田孝治（2018a）「新たなるモバイル・ハイブリッド——ポケモン GO が生みだした虚構と現実の集合体」神田孝治・遠藤英樹・松本健太郎編『ポケモン GO からの問い——拡張される世界のリアリティ』新曜社。

神田孝治（2018b）「『Pokémon GO』が生みだした新たなる観光客についての考察」『立命館文學』656。

神田孝治（2019）「『Pokémon GO』が生じさせる移動と観光振興」『立命館文學』656。

神田孝治（2020）「『Pokémon GO』のリアルワールドイベントと地域——2018 年の横須賀市における事例に注目した考察」『立命館大学人文科学研究所紀要』119。

ダント、T.（2010）「運転者−自動車」M. フェザーストン、N. スリフト & J. ラーソン編『自動車と移動の社会学——オートモビリティーズ』近森高明訳、法政大学出版局。

フェザーストン、M.（2010）「イントロダクション」M. フェザーストン、N. スリフト & J. ラーソン編『自動車と移動の社会学——オートモビリティーズ』近森高明訳、法政大学出版局。

コラム2　メディアとテクノロジー

　現代におけるモビリティの潮流を現出させていくうえで、「デジタル革命」を経たメディアが果たしている役割は大きいと言える。「デジタル革命」とは、メディアの仕組みがデジタルテクノロジーを用いた仕組みに移行することを意味するにとどまらず、メディアがデジタルテクノロジーを用いることによって、そのテクノロジーを支えていた社会システムを大きく変えてしまうことをも意味している。

　例えば音楽を例に挙げるならば、現代の音楽聴取のしかたはスマートフォンから音楽配信アプリにアクセスし、ストリーミング配信されたデジタル音源を聴取するという方法が一般的になっている。こうしたテクノロジーが音楽市場を変え、人々のライフスタイルにもインパクトを与え、ウォーキングやランニングをしたり、飛行機、電車、自動車に乗って移動したりしながら、〈モバイルに聴取するもの〉へと音楽のあり方そのものを変えてしまっているのである。

　映像においても同様である。かつてアナログ・テレビによって放映されビデオテープに録画されていたものが、デジタル・テレビによって放映されDVDやBlu-rayに録画されるようになった。そして現在では、ウェブを通じてスマートフォンなどでモバイルに動画を視聴できるようになっている。これによって映像ビジネスも影響を受け、そうしたビジネスを通して私たちのライフスタイルそのものも大きく変容するようになっている。モバイル決済などに用いられるテクノロジーも金融市場を変えると同時に、それによって人々のライフスタイルをよりモバイルなものへと促し誘導している。

　メディアがデジタル革命を経ることで、情報、イメージ、データのモビリティを大きく変え、そのことによって、人、モノ、資本等のモビリティをすさまじいほどの速度で日々更新している。それが、社会のあり方そのものを規定するようにもなっているのである（Endo 2020）。その際、デジタル・メディアが有する「プラットフォーム」の要素に着目することが重要となるだろう。

　メディアは、①コンテンツ、②デバイス、③インフラストラクチャー、④プラットフォームの4つの要素で成立している。まず「コンテンツ」とは、メディアによって受発信される情報の内容をいう。次に「デバイス」とは、テレビ受信機、スマートフォンといったメディアのマテリアルな装置のことを意味する。そして「インフラストラクチャー」とは、新聞や雑誌などを輸送する交通機関、光ケーブル、衛星回線、Wi-Fiをはじめとする、情報を流通させる装置のことをいう。最後に「プラットフォーム」とは、メディアのコンテンツ、サービス、商品が集積され、やりとりされる枠組や土台となる環境を指す。Googleなどのウェブサービスも、FacebookやInstagramなどのSNSも、Amazonなどのネットショッピングサイトも、ウェブ上のプラットフォームに位置づけられる。

遠藤英樹

　私たちはメディアについて考えようとするとき、そこで表現されているコンテンツに目を向けてしまいがちである。そのコンテンツの背後にあるメディアそのものには、あまり目を向けようとはしない。しかしながら、たとえ同じコンテンツであっても、メディアそのものは情景、風景、雰囲気といった、コンテンツ以上の何かをメッセージとして伝えている。待ち合わせの情景もそうである。待ち合わせも、携帯電話が登場することによって、「いまどこ？」とお互いに携帯電話でやりとりしながら居場所を確認しあうかたちへ一変し、私たちもそれをとりたてて意識することなく当たり前だと思うようになった。メディアは人間の無意識レベルにまで深く入り込み、コンテンツ以上の何かをメッセージにして、私たちにもたらすのである。このように主張したのが、カナダ出身のメディア研究者マーシャル・マクルーハンである。

　恋愛の情景としては同じであっても、公衆電話でやりとりされる情景と、スマートフォンの LINE などでやりとりされる情景ではまったく違うものにみえる。そのことをとらえて、マクルーハンは「メディアはメッセージである」と主張する（McLuhan 1964 = 1967）。コンテンツ以上にメディアそのものの特性に着目しようとする、彼の議論は非常に示唆に富むものであろう。

　だが、その場合、彼はメディアの「デバイス」や「インフラストラクチャー」などの側面に目を奪われ過ぎているように思える。私たちの思考やふるまいに大きな影響を与えると同時に、それらを表現している、デジタル・メディアのあり方を考えるうえで、AI テクノロジーを利用した Google のウェブサービスや、Facebook、Instagram などの SNS といった「プラットフォーム」が、「デバイス」や「インフラストラクチャー」以上に重要となりつつあるのではないか。それは物理的な実体を伴っているわけではないものの、そこを舞台に無数の人々がつどい相互作用を行なっている。これに着目することが、「モビリティの時代」における社会空間を考えるうえで必要不可欠になっているのだといえよう。

参考文献　Endo, H. (ed.)（2020）*Understanding tourism mobilities in Japan*, London : Routledge.

　　　　McLuhan, M.（1964）*Understanding media : The extension of man*, New York : McGraw-Hill（『人間拡張の原理——メディアの理解』後藤和彦・高儀進訳、竹内書店新社、1967 年）

3　コンテンツ
観光に憑依するハローキティ

松本健太郎

　福冨忠和によると、「「コンテンツ」という語は、技術やインフラ上の違いを超えて流通する情報の内容を、横断的に示す概念として1990年代から使われ始め、日本でもこの用法が定着するに至った」（福冨 2007：4）と説明される。こんにちにおいて「コンテンツ」がさまざまに語られるようになった背景には、その循環をめぐる技術的文脈の変容が介在しているといえるだろう。例えば映画のコンテンツであれば、それは従来なら映画館やレンタルビデオ店といった物理的な場所、あるいは、フィルムやVHSといった物質的なモノと不可分に結びついていたわけであるが、現代においてそれらはフィジカルな次元から遊離してデータ化され、インターネットを介して流通し、例えばNetflixやHuluのようなサブスクリプションサービスを通じて受容される。そしてそこでは、いかにモノをもつかという「所有権」ではなく、いかにデータにアクセスするかという「アクセス権」が前景化される。

1　現代の技術的環境における「コンテンツ」の位置

　振り返ってみれば、1990年代にインターネットと携帯電話が普及し、さらに2010年代に入ってからスマートフォンやSNSなどが人々の生活に浸透した。情報を伝えたり共有したりするためのメディアが技術的に革新されたことにより、それを介した「コミュニケーションの形態」や「コンテンツの循環」をめぐる図式が大きく更新されることになったのである。とりわけ後者に関して付言しておくと、それは「UGC」（User Generated Contents）というかたちで、一般の人びとがコンテンツの産出へと積極的に関与しうるようになったこと、そして「UDC」（User Distributed Contents）というかたちで、人々がソーシャル・メディアを経由してコンテンツを拡散しうるよ

うになったことを指摘できるだろう（金 2021：35-37）。それは旅／観光をめぐるコンテンツに関しても例外ではなく、現在では旅行系ユーチューバーや旅行系インスタグラマーがいわゆる「インフルエンサー」として、各種メディアのプラットフォームを通じて自作のコンテンツを拡散し、旅をめぐる人々の想像力へと働きかけている。

　現代では、より多くの人々がインターネットを経由してコンテンツの産出へと関与し、また、それがソーシャル・メディアを経由して拡散されていく。そして観光に関連したものを含め、娯楽の対象となるコンテンツが過剰に氾濫する社会のなかで、近年では「コミュニケーション」もまたそのコンテンツ化の対象となっている。例えば「握手券」により媒介されたアイドルとのコミュニケーション、テーマパークにおけるキャラクターとのグリーティング（いわゆる「キャラグリ」）、ニコニコ動画を通じて配信されるゲーム実況プレイなどをその例として想起することもできよう。それらは人々を「満足（content）」（岡本 2016：4-5）させる商品としてプログラムに組み込まれ、コンテンツとして消費の対象となる「パッケージ化されたコミュニケーション」とも位置づけうる。

　むろん「コミュニケーションのコンテンツ化」は何も目新しい現象ではなく、観光領域では従来からゆるやかに存在したものと理解しうる。例えば旅館における「おもてなし」、ゲストハウスにおける「交流」などといったコミュニケーションは、それぞれ宿泊施設の価値を高めるための魅力的な要素として、あるいは観光客が欲望するコンテンツとして表象されうる。そして昨今では、旅における「おもてなし」や「交流」の様相が多種多様なメディア——テレビ番組のみならず、YouTube や Instagram、あるいは TikTok——を通じて紹介されることで、旅に随伴する「コミュニケーション」がさらに派生的なコンテンツを産出し、社会的に流通しうるのである。

2　観光に憑依するハローキティ

　さて、前節では「キャラグリ」について言及したが、コミュニケーション自体の商品化を企図する「コミュニケーション指向のコンテンツ」は、実在

の人物とのコミュニケーションのみならず、架空のキャラクターとのそれを題材として構築されることも少なくない。そしてそのような観点からすれば、本章で考察の俎上に載せるハローキティなどはその最たる事例を提起するものとして理解しうるだろう。

　いうまでもなくハローキティとは、株式会社サンリオが手掛けるキャラクター群のうち、もっとも知名度の高いキャラクターである。まさに「kawaii」の代名詞であり、国内外に多数のファンをもつキティは、さまざまなものとコラボすることでも知られている。例えばガンダム、エヴァンゲリオン、貞子、デヴィ夫人など……世間を驚かせるそのコラボレーションは枚挙に暇がない。

　ハローキティは観光領域においても、独特の存在感を放ちつづけている。昨今、彼女はユーチューバーとして活動するなかで、各地の土産物とのコラボレーションを念頭において自らをそれらにとりつく「憑依型女優[1]」と位置づけている。たしかにサンリオが産出するキャラクターイメージはさまざまなモノや場所へと憑依し、国内外のあらゆるところに遍在している印象がある。もはやキティとはメディアミックス社会である日本を象徴する記号と化している感すらあるが、それは各種の媒体を通じて商品展開されるのみならず、観光領域に限って考えても、さまざまなモノ（グッズ、電車、飛行機）や場所（空港内の施設、公共施設、テーマパーク）と組み合わされて人々に認知され、そのイメージが消費される傾向にある。

　サンリオは自社開発した400種を超えるキャラクターをもとに、数多くのグッズの企画・販売を手掛けている。またテーマパーク事業のほかにも、映画製作、出版事業、外食産業などにも参入しており、多様な経路を通じて無数のキャラクターたちのイメージを社会的に流布している。それは、ある作品やそのキャラクターをさまざまなメディアを通じて流通させる戦略、いわゆる「メディアミックス」の現代的な事例を供するものといえよう。

3　現代のコンテンツ世界における「キャラクター」の位置

　マーク・スタインバーグによると、メディアミックスとは「表現の形式で

あり、複数の異なる断片からなる、より大きなメディアの世界を構築するための方法」（スタインバーグ 2015：43）だとされる。また、それは「ある特定のキャラクターや物語や世界観を中心とするメディア上のモノや要素のシステムとして現れ」、また、「メディアの周辺に構築された社会的関係のネットワークであり、それゆえキャラクターの周辺に発生するある種の社会性の土台になる」とも指摘される（同書：35）。

　ポケモン、ミッキー、マリオなど、それこそ多種多様な事例がありうるが、現代においてあるキャラクターやそれに付随する物語は、各種メディウム——例えば漫画、アニメ、ゲーム、グッズなど——の差異を越境しながら流通し、それをもとにした「社会的関係のネットワーク」を構築しうる。そしてそのようなネットワークが顕著にあらわれる場として、既存のコンテンツをもとに形成されたテーマパーク、例えばディズニーランドやユニバーサルスタジオなどを思い浮かべることもできるだろう（基本的にいって、前者のアトラクションは、ディズニー・アニメーションの世界観を物理的空間のなかでシミュレートしたものであり、後者のアトラクションは、ハリウッド映画の世界観を物理的空間のなかでシミュレートしたものである。それらはともにパーク内を飾る多様なモノとの関係性のなかで、ゲストの身体をメディアミックス的なネットワークへと組み込むために設計されているのだ）。来場者たちはテーマパークにおける「モノ＝イメージ」のネットワークを基盤としながら、友人やキャラクターとコミュニケートしながらセルフィや記念撮影を行い、さらにその画像データを（別のネットワークであるところの）インターネット経由で友人たちと共有したり、SNSにアップロード＝発信したりする。テーマパークとは、そのための「舞台」として機能しうるのである。

　ともあれキャラクターのイメージは、例えばグッズなどのモノを通じて拡散されて「社会的関係のネットワーク」を構築しうるわけだが、むろんそのような作用はハローキティにおいても認められる。既述のとおり、キティは極めて強い憑依力をもち、「コミュニケーション指向のコンテンツ」を産出するためのネットワークの結節点となるのである。

　サンリオはもともと、独自のキャラクター商品やプレゼント用品、グリー

ティングカードの企画・販売を手掛けており、それを「ソーシャル・コミュニケーション・ビジネス」と命名してきた。サンリオの公式ホームページによると、「これらの事業を通して私たちがめざしているのは、心を贈り、心を伝えるビジネスです[2)]」とも解説される。つまるところサンリオはみずからのビジネスの中心に「コミュニケーション」という概念を据えているのである。

　付言しておくと、その「コミュニケーション指向」という特徴は、まさにハローキティという看板キャラクターを通じて顕在化している。「友情のメッセンジャー」とも表されるキティについてしばしば言及されるのが、その「口が描かれていない」という特徴である。ファッション・ジャーナリストの宮田理江はそのキャラクターデザインにおける意味について、「キティには口が描かれていない。口は「ない」のではなく、意図的に「描かれていない」。その理由は「見る人と感情を共有できるように」。口がなければ、表情が限定されにくく、見ている人の気持ち次第で、笑っているようにも、さびしげにも見える。気持ちを分かち合うという発想は、表情やポーズをあらかじめお仕着せで決めてかかる外国キャラとは全く異なる発想だ。自在に空気を読んでくれて、どんなムードにもなじむキティの「無口」は、言葉抜きで私たちに語りかける[3)]」との解説を加えている。他方、大木裕子はブランド・マネジメントの観点から、キティのキャラクターとしての特性を次のように分析している——「キティは、静的な顔で、他の定番キャラクターのようにストーリーがないため、あくがないキャラクターと言える。このため、嬉しい時は嬉しく、悲しい時は悲しく見ることができ、物語を自分で遊ぶことが可能である。このキャラクターの薄さの特性により、ライセンシー商品の幅を文具から生活雑貨、家電、コンピューターに広げることができた」（大木2004：67）。宮田と大木がそれぞれ論及するように、キティはそのキャラクターデザイン上の特性により、人々による感情移入の対象、もしくはコミュニケーションの参照点として機能しうるのである。

4 キャラクターによる意味空間の再編

クリスティン・ヤノはその著書『なぜ世界中が、ハローキティを愛するのか？』のなかで、キャラクターを用いた街のテーマパーク化、すなわち「〈キャラクター〉によってこの世のすべてがテーマパークのように目に映ってしまう事態」について言及している（ヤノ 2017：448）。その彼女によると、「サンリオは実際にハローキティのテーマパークを運営している。〈キャラクター〉による生活環境のテーマパーク化のメカニズムが、そのまま本当にテーマパークとして成り立っている」と述べられている（同書：449）。なお、ここでヤノが念頭に置くのはサンリオが運営する2つのテーマパーク、すなわち東京都多摩市に所在するサンリオピューロランド、および大分県速見郡日出町に所在するハーモニーランドであるが、いずれにせよ、彼女はここで「〈キャラクター〉によってこの世のすべてがテーマパークのように目に映ってしまう事態」に目を向けているのである。

ときにキャラクターは、ある場所に随伴する意味空間を再編する役割を果たす。例えば京王線のどこかの駅のホームにいて、目の前をサンリオキャラクターのフルラッピングトレインが通過するとしたら、それを目の当たりにする人はその瞬間、キャラクターの「イメージ」とそれを運ぶ車両という「モノ」の複合によって、京王多摩センター駅の近くにピューロランドがあることを想起するかもしれない。あるいは、京王多摩センターの改札付近にいて、目の前にサンリオキャラクターを模したカチューシャをかぶった人物がいるとしたら、それを目の当たりにする人はその瞬間、当該人物を地域住民ではなく、ピューロランドを訪れるゲストなのだろうと推測するかもしれない。これらの例を想起してみた場合、キャラクターのイメージはテーマパークの内外で、ある場所やそこを訪れる人間を「テーマ化」し、それらを含んで構築される意味空間を組み替える役割を果たすのである。

5 キャラクターによる意味空間の再編

キャラクターがもつ作用——モノとモノとのネットワークを紡ぎ、意味空

間を組み替えうるその作用——を把捉するにあたって、スタインバーグによる主張が参考になると考えられる。彼は『なぜ日本は〈メディアミックスする国〉なのか』と題された著作において、キャラクターがモノとモノとを相互に「つなげる力」（スタインバーグ 2015：130）をそなえると指摘したうえで、次のような考察を展開するのだ。

> モノとモノとのコミュニケーションを媒介するのはキャラクターのイメージであり、それが人とのコミュニケーションをも可能にしていく。〔中略〕人間同士のコミュニケーションは、ハローキティグッズを介したコミュニケーションが作る土台の上に築かれている。（同書：132）

この引用に付随してスタインバーグが言及するのは、親が子に対して、「今日はキティちゃんの歯ブラシで歯を磨きましょうね！」と話しかける例である。ここでは「歯ブラシ＝モノ」を介した親子間コミュニケーションが成り立っているわけだが、より注意深くみてみると、その前提として介在しているのは「靴やノートやぬいぐるみなどの、ハローキティグッズのネットワーク」なのである（同書：131-132）。つまり「キティちゃんの歯ブラシ」が単体として価値をおびるというよりも、むしろ「モノとモノとのコミュニケーション」の次元として、キティちゃんの「歯ブラシ＝靴＝ノート＝ぬいぐるみ」などによるネットワークが基盤として介在することによりはじめて、人間同士のコミュニケーションが成立しうるのである。

　このような構図は、本章のテーマである「観光に憑依するハローキティ」においても認められる。既述のとおり、そのキャラクターのイメージは観光領域のさまざまな対象、すなわち土産物や乗り物、さらには駅や空港の施設など、物質的なモノや物理的な場所と結びついて拡散される傾向にある。あるいはピューロランドのようなテーマパークであれば、キャラクターを中心に形成された「モノ＝イメージ」のネットワーク（それは「カチューシャ＝アトラクション＝フォトスポット＝案内板」などが連結されることで形成される）を基盤とし、人々がそれに依拠して友人やキャラクターとコミュニケートし

ながらセルフィや記念撮影を行い、さらにその画像データによって自己をコンテンツ化してそれをインターネット経由で友人たちと共有したり、SNSにアップロード＝発信したりする。そのときキャラクターは、人々によるコミュニケーションやコンテンツ化の営為を下支えするための土台もしくはインフラとして、「モノ＝イメージ」のネットワークを紡ぐものとなる。

注

1）https : //www.youtube.com/watch?v=bKYlD40ohtY&feature=emb_logo［最終閲覧日：2021 年 1 月 23 日］
2）https : //www.sanrio.co.jp/corporate/about/spirit/［最終閲覧日：2020 年 1 月 7 日］
3）http : //mediasabor.jp/2009/11/post_715.html［最終閲覧日：2020 年 1 月 7 日］

参考文献

大木裕子（2004）「ブランド・マネジメント——定番キャラクターの共通要因」尚美学園大学芸術情報学部『尚美学園大学芸術情報学部紀要（3）』。
岡本健（2016）「メディアの発達と新たなメディア・コンテンツ論」岡本健・遠藤英樹編『メディア・コンテンツ論』ナカニシヤ出版。
金暻和（2021）「ソーシャル・メディアと「関心の経済学」——メッセージの制作から流通の時代へ」小西卓三＋松本健太郎編『メディアとメッセージ——社会のなかのコミュニケーション』ナカニシヤ出版。
スタインバーグ、M.（2015）『なぜ日本は〈メディアミックスする国〉なのか』大塚英志監修・中川譲訳、株式会社 KADOKAWA。
福冨忠和（2007）「コンテンツとは何か」長谷川文雄＋福冨忠和編『コンテンツ学』世界思想社。
ヤノ、C.（2017）『なぜ世界中が、ハローキティを愛するのか？』久美薫訳、作品社。
Barthes, R.（1994）*Roland Barthes, Œuvres completes, Tome II 1966-1973*, Éditions du Seuil

コラム3 「精神的な移動」とアニメ・マンガ・ゲーム

　2019年11月以降、世界的に拡がった新型コロナウイルスの感染抑止のために、人の「移動」や「集まり」は忌避されるべきこととされた。そのため、物理空間上で行われる「観光」や「イベント」は自粛の対象になったが、そうしたなかで、むしろ以前よりも活性化した移動があった。それは、ネットを通じて接続できる「情報空間」や映画やアニメ、ゲーム、マンガ等の「コンテンツ」の世界である「虚構空間」への「精神的な移動」だ（岡本2018b）。観光関連産業や飲食業が大打撃を受けるなか、定額制のコンテンツ配信サービスである「サブスクリプション」や、デジタルゲーム、アナログゲーム、プラモデルなどは数多く利用された。身体の物理的移動を伴わずに新たな刺激を得られる遊びが楽しまれたのだ。

　コロナ禍のなかで、2020年に『鬼滅の刃』（吾峠呼世晴、集英社）が大ヒットした。本作は2016年から2020年にかけて『週刊少年ジャンプ』誌で連載され、テレビアニメ版が2019年4月から9月に放送、サブスクリプションサービスでも配信された。さらに、ミュージカル『舞台 鬼滅の刃』（Blu-rayとDVDでパッケージ化）や展示会「全集中展」など、各種メディアに展開し、アニメの主題歌である『紅蓮華』も大ヒットして、歌手のLisaは令和元年第70回NHK紅白歌合戦に出場した。以下では、本作が人々にどのように体験されたかをみていくことで、空間や移動を考えてみたい。

　2020年10月16日にはアニメ映画『劇場版「鬼滅の刃」無限列車編』が公開された。コロナ禍に見舞われるなかでの公開にもかかわらず、爆発的な人気を得て、公開から73日間で、観客動員数の累計が2404万人、興行収入が324億円を超えて、国内で上映された映画の興行収入の歴代1位となった。この間、商品化もさかんになされた。コンビニエンスストアやスーパーマーケット、ショッピングモール、ゲームセンターなどでは、フィギュアやガチャガチャ、文房具等の各種グッズがみられ、『鬼滅の刃』のキャラクターがあしらわれた菓子や食品が販売されていた。子どもたちがする布マスクに登場人物の羽織柄が使用されている光景もよくみられた。『鬼滅の刃』で現実空間が彩られていったのである。

　情報空間上では、個人によるさまざまな発信がみられた。連載中は毎週発売される『少年ジャンプ』の読者がハッシュタグ「#鬼滅本誌」をつけて、読後の感想をtwitterにアップして盛り上がった。「診断メーカー」によって「おもしろ診断」が多数作られ、出力結果がtwitterなどで拡散されたり、著名人がInstagramなどでコスプレを披露し、TikTokでは「#柱チャレンジ」というハッシュタグがつけられた動画が大量に投稿された。

　こうして情報空間で拡散されていった『鬼滅の刃』は物理的移動も促すことになった。主人公である竈門炭治郎の名字である「竈門」が名称に入っている宝満宮竈門神社（福岡県）や八幡竈門神社（大分県）にファンが訪れたのである。ま

岡本 健

た、さまざまな公式タイアップ企画も実施された。劇場版で描かれる物語の舞台が蒸気機関車のなかであることから JR 九州や SL ぐんま、京都鉄道博物館とのコラボイベントが開催され、人々が訪れた。これらはオーソドックスなアニメ聖地巡礼行動（岡本 2018a）とは異なり、作中に現実の風景が描かれたわけではなく、作中のモチーフに関連付けられた場所を訪れるものになっている。

　こうした展開を経て、本作のコミックスの売り上げは 2020 年 10 月 2 日に発売された第 22 巻（初版部数 370 万部）をもってシリーズ累計 1 億部を突破した。「オリコン年間コミックランキング 2020　単巻別」では『鬼滅の刃』の既刊 22 巻が 1 位から 22 位を独占し、同時に、「年間 BOOK ランキング 2020」によると、小説版の 3 作品『鬼滅の刃　しあわせの花』（1 位）、『鬼滅の刃　片羽の蝶』（2 位）、『鬼滅の刃　風の道しるべ』（5 位）が 10 位以内にランクインした。『鬼滅の刃』は、さまざまなメディアを介して多くの人が訪れて楽しむ広大な虚構空間を形成したということができよう。

　メディアのデジタル化、モバイル化、パーソナル化、ネットワーク化が進んだ情報社会において、人々の移動はどのような経験になっているのか、つぶさに研究していく必要がある。それは、この短い文章で少しみただけでもわかるように、単にデジタル／アナログの二項対立的な現象ではなく、それらが複雑に絡み合って構成されるものだ。こうした複雑な移動経験を詳細に記述し、解きほぐし、そこで人々が感じるリアリティについて論じていくことで、新たな知見が得られる。

　最後に、さらに考えを進めてみよう。少なくとも現状では、身体的移動を精神的移動が完全に補えるわけではない。重なりつつも異なるところのある体験だと考えたほうがよい。しかし、この先、例えば VR 技術の精度がさらに高くなっていき、物理的身体は動かないまま移動する感覚を不足なく感じられる日が来るかもしれない。それでも物理的移動や身体的にその場にいる感覚は、何か別なものであり続けるか否か。あるいは、そうなったとき、我々の前にまた新たな移動が姿をあらわすのか。現実社会で起こる事象や理論から、今後も向き合っていきたい。

参考文献　岡本健（2018a）『アニメ聖地巡礼の観光社会学──コンテンツツーリズムのメディア・コミュニケーション分析』法律文化社。

　岡本健（2018b）『巡礼ビジネス──ポップカルチャーが観光資産になる時代』KADOKAWA。

4　パフォーマンス
2.5次元文化とツーリズム

須藤　廣

　元来観光文化は、コンテンツの持っている虚構的「世界」と現実の「世界」との相互作用、およびそれに生気を与える社会関係のあり方に支えられてきた。そして今日、観光をめぐる移動、メディア、情報に関するテクノロジーの発展は、マンガ・アニメ・ゲーム文化起源の「2.5次元」的観光の虚構世界が、地域の現実へと入り込み、また地域の現実が「二次、三次創作的」観光の虚構へと滑り込む相互浸透性を持った独特の状況を作り出している。またそれは、個人化したポストモダン社会における消費者の文化生産へのボトムアップ的パフォーマンスを促している。私たちは、観光をめぐるこのような状況を、文化創造へと向かう道であり、リキッド化する社会における社会統合の切り札と捉えることができる。一方で、その背後には隠れた陥穽があり、参加型の文化創造エネルギーも新たな観光的ビジネスや観光を使った政治へと回収されようとしていると捉えることもできる。

　オーバーツーリズム、COVID-19 の蔓延等、観光はさまざまなリスクをもたらすことも明らかとなっている現在、観光をめぐる状況は単純ではない。観光（移動）学には、以上のような二元論的視点を通り抜け、複雑性に立ち向かう想像力が求められている。

1　観光文化の虚構性

　観光は元来、虚構性に満ちている。D. J. ブーアスティンが近代の旅を「われわれは現実によってイメージを確かめるのではなく、イメージによって現実を確かめるために旅行をする」（ブーアスティン 1964：127）と批判したが、イメージが現実を塗りかえるという意味においては、このことは前近代の日本人の旅にも当てはまる。前近代の旅における目的地や目的地での行動は、

定番をなぞるものであった。同時に、江戸時代の旅日記等からは、旅に付随する偶有性こそが「道中記」の面白さであり、趣であったこともわかる。虚構と現実の相互作用こそ観光の快楽の源なのである。

移動と情報の伝達に関するテクノロジーが発展する近代になってからは、観光から虚構と現実のギャップ、すなわち冒険（あるいはリスク）という要素が欠落していく。こういった意味においては、ブーアスティンの指摘もあながち間違ってはいない。当然ではあるが、ブーアスティンの一方的な視点は、観光学のなかではあまり評判が良くない。D. マキァーネルが批判しているように、近代以降の観光においても、虚構と現実の相互浸透は頑強に存在している（マキァーネル 2012）。観光の快楽とは、通時的に虚構と現実との重なり合う経験の効果として立ち現れるものであることを確認しておこう。

近代になると、旅は観光体験として大衆消費の対象となり、サービス商品へと格上げされる。旅のイメージは商業的、人工的に創作されるものとなっていく。重要なことは、観光が創り出す「虚構性」がなくなったのではなく、それが限られた伝統のイメージによって担保されるものから、無限に創り出せる商品へと変容していたことである。

この章の冒頭で述べているように、文化生産への「参加」は現代観光の特徴である。それはまた、伝統的な旅が元来強く持っていたものでもあった。江戸時代の大衆の多くは定期的「参詣」を習慣としていたのであるが、1830年「文政のお蔭参り」の際には年間約 400 万人（当時の人口が約 3000 万人）もの参詣者が伊勢神宮に押し寄せたという。参詣の旅（特にお蔭参り）そのものも庶民の並々ならぬエネルギーが巻き起こしたものである。

そもそも観光とは人々のエネルギーの発動と大きく関わる活動である。I. コンドリーは、現代におけるファンカルチャーの集合的沸騰が自然発生的に下から湧き上がってくる文化によって加速すると述べ、これを「ダークエネルギー」と名づけている（コンドリー 2014）。そもそも観光は、「ダークエネルギー」的要素を持つものである。特に、ポピュラーカルチャー文化を流用した観光文化には、その輪郭がはっきりとみられる。

2　虚構の個人化

　近代になると観光は、労働秩序の裏側を担保する余暇活動として、産業社会の秩序形成に寄与するようになる。戦後、少なくとも 1960 年代までのマスツーリズムは、観光の虚構性は労働秩序を担保するものであり、そのエネルギーは原則的に、個人的趣味やライフスタイルへと向かうものではなかった。

　しかし、1970 年代以降の日本の観光には個人化した趣味世界（あるいはそれによる「私さがし」）を背後に持つものが現れてくる。このことは、1970 年に始まったディスカバージャパンキャンペーンで使われた山口百恵が歌うテーマソング「いい日旅立ち」（1978 年）の歌詞を聞くとわかりやすい。1970 年代後半からは、観光は労働を支える単なる余暇を抜けだし、個人のライフスタイル創造、あるいは「私」創造のツールへと変貌していく。

　観光から離れて広く余暇文化の文脈でも、個人の趣味的意味の集合体が支える文化が台頭している。このなかのマンガ、アニメのような 2 次元作品をオリジナルとする 3 次元の舞台（ストレートプレイとミュージカル）による表現には、主な作品を上げれば、1970 年初演の舞台『あしたのジョー』『サインは V』、1974 年の宝塚歌劇団によるミュージカル『ベルサイユのばら』等があった。その後もマンガやアニメ原作の舞台化は 1987 年初演のミュージカル『タッチ』、1991 年のミュージカル『聖闘士星矢』、1993 年のミュージカル「美少女戦士セーラームーン」へと続く。

　マンガやアニメの虚構世界を、舞台を超えた現実へと移し代えようという試みの筆頭は、1983 年に開園された東京ディズニーランドであろう。いうまでもなく、ディズニーランドのキャラクターはディズニーアニメの 3 次元版である。1990 年代にはマンガやアニメではないが虚構の外国の町を現実に表象するというテーマパーク（「外国村」ともいう）が、日本中に出現している。これらの観光地も、ディズニーランドに顕著なように、単なる労働の裏側の余暇の域を超えて、主にリピーターたちの、趣味とライフスタイルとアイデンティティ構築の場となっていった。

3　2.5次元文化と虚構世界

　以上取り上げたような、1970年代から1980年代までの2次元オリジナル作品の3次元表現は、2.5次元文化表現といえるのだろうか。そもそも、「2.5次元」なる言葉は、須川亜紀子によれば1970年代からのアニメファンのジャーゴンであり、それは「声優」のパフォーマンスを意味していたという。また、おーちようこは、この用語が現在のように2次元作品の3次元化を意味するものとして流通するようになったのは2010年に雑誌『Otome continue』V.1.3が2.5次元舞台を特集した時からであるという（おーち2017：20-21）。現在流通している意味から、須川亜紀子はこれを「マンガ、アニメ、ゲームなどの視聴覚情報が優先される二次元の虚構世界と、身体性を伴う経験を共有する三次元の"現実"世界のあいまいな境界でおこなわれる文化実践」と定義するが、そこには「制作者、アクター、そしてそれを消費・利用するオーディエンス／ファンの積極的な関与によって生じる相互作用が不可欠である」という（須川2021：16）。さらにいえば、単に2次元作品の3次元表現にファンによる参与と、何らかの創造行為（多くは二次創作的な形をとる）が加わることだけではなく、それに加えてそれらのコンテンツを多重に生産するメディアミックス文化産業が背景にあることが、2.5次元文化の条件であろう。

　2000年以前には、この用語が声優のパフォーマンスを示していたことからわかるように、2.5次元文化は、2次元キャラクターの3次元における再現、すなわちそこから立ちあらわれる「虚構的身体」を前提としている。身体が見えない声優から、身体をともなった声優のイベント、舞台へと「虚構的身体」表現は、2次元を超えて3次元へと広がっていく。その先にあったのが、「虚構的身体」の「3次元」表現を意図して作り上げたミュージカル『テニスの王子様』（2003年初演）であった。

　数多くのミュージカルの制作に関わり、さらに『テニスの王子様』をプロデュースした松田誠は「ムーブメントとして2.5次元ミュージカルが認知されたのは『テニミュ』が最初だった」（門倉2018：16）という。このミュー

ジカルでは、マンガのキャラクターたちを忠実に再現する容貌とアウラを
持った役者が抜擢され演じている。松田は、2.5次元舞台のオーディション
では選抜の条件として「その人が持っている種みたいなものを見る」（門倉
2018：25）という。すなわち、キャラクターの持っている本質（アウラ＝オー
ラといってもよい）を体現することができるかをみているのである。2.5次
元舞台の要諦は、あくまでもオリジナルに「寄せる」ことにある。『テニス
の王子様』以前の宝塚歌劇団等既存の劇団によるミュージカルと、マンガ、
アニメの原作を演じた2.5次元舞台との違いはここにある。宝塚や東宝の
ミュージカルでは、役者のスター性が前面に出てしまうが、2.5次元の役者
の個性は「白紙」であり、個性にかわって「虚構的身体」を徹底させる。ま
た、観客も同様にオリジナルのリアリティを再現しようとコスプレ（『鬼滅
の刃』の舞台等）やチームカラーの服装（『テニスの王子様』等）で舞台を応援
し、原作に「寄せ」つつ「世界」制作へと参加する。

　こういった「虚構的身体」の徹底化は、それが物理的現実に置かれるなか
で、一定のノイズが発生する。「虚構的身体」を強調すればするほど、そこ
から漏れ出るノイズも含めた「現象的肉体」が虚構の「記号的身体」と緊張
関係を持ってあらわれる（フィッシャー＝リヒテ 2013：53）。「客席降り」や
観客とのハイタッチを多用するのも、観客が「リアルな身体」という0.5の
部分を、「ダークエネルギー」として感じ取っているからであろう。

　2.5次元舞台に特徴的な2次元コンテンツの3次元化は、1970年代から存
在した、趣味、ライフスタイル、アイデンティティ実現型のレジャーの興隆
に通底する特徴がある。これらに共通するのは、①2次元世界を3次元に再
現することを目指し、②虚構的世界を集合的に共有し、③それを通して趣味
のコミュニティを自然発生させ、④消費者が主導する文化創造——I. コンド
リーのいう消費者の「協働による創造（Collaborative Creativity）」（コンドリー
2014：2）——へと導くといった特徴を持つことである。これらの特徴は、
1990年代後半のウェブメディアの普及によって、さらに2000年からはSNS
や画像配信等の双方向メディアテクノロジーの革新、それらを駆使したメ
ディアミックス型の文化産業の発展によって加速している（大塚 2012）。A.

トフラーがいうように、消費者（またはプレイヤー、ユーザー）はコンテンツ消費によって、コンテンツが表現する「世界」を受け取るだけではなく、「世界」の創造に加わっている（トフラー 1997）。

4　2.5 次元文化と観光

　以上、マスの余暇文化に出自を持ちながらも、そこから一歩外に出た 2.5 次元文化の特徴について述べたが、虚構をベースに成立している観光も、この潮流と相性が良い。筆者は観光の定義を、大きく「往復のある移動を含む脱日常現実体験」と考える。この定義のうえで、2.5 次元観光という括りがあるとしたら、それは、「移動のなかで、2 次元のオリジナルが有する虚構世界を 3 次元のなかで経験する活動」ということになろう。この括りで考えると、移動をして 2.5 次元舞台を見に出かけることもこのなかに入るが、その先には観光地自体を舞台と想定する 2.5 次元観光が見えてくる。それは、①コスプレ観光（ハロウィンやコスプレサミットのような街頭コスプレイベント）、② Pokémon GO 等、位置ゲーム、代替現実ゲーム（RPG）または AR 観光、③いわゆるマンガ、アニメ観光、④ 2.5 次元舞台の世界を現実世界に求める観光（例：刀剣乱舞観光）等である。どのジャンルにおいても個々の活動が、移動を含みつつ、消費者（観光者）が一定の物語「世界」を共有（あるいは分有）し、その世界の表現に参与していることが条件である。

　観光としては③の形態が最も浸透している。この形は、1990 年代より主にアニメの原画が写真のトレースから作られることが多くなったことにより、アニメファンが原画の描かれている場所を特定しやすくなったことによる。ファンは原画が描かれた場を訪れ SNS にアップする。それを見た別のファンが同様の行為をすることにより、趣味の「場」が共有される。またさらに、ファンのコミュニティが地域のコミュニティとのつながりを作り、ファンは単なる「世界」の「消費者」ではなく、現実の「社会」に参加する「まちづくり」の「生産者」となることもある。この好例が埼玉県鷲宮町（現在は久喜市に併合）の『らき☆すた』ファン参加のまちづくりである。ファンの参加により、各駅停車の電車しか停まらない寂れた町に活気が戻り、伝統文化

の見直しに寄与したことは、地域住民の多くが認めるところである。

　④のジャンルは 2.5 次元観光の中心であるといえる。マンガ、アニメ、ゲームファンが 2.5 次元舞台を経由して、コンテンツにまつわる場所を 2 次元的「表象世界」の一部とみなし訪問（巡礼）する観光である。このジャンルに特徴的な「聖地巡礼」の 1 つは、育成ゲームから派生したストレートプレイ及びミュージカルを併せ持つ『刀剣乱舞』ファンによる巡礼である。『刀剣乱舞』は 2015 年にオンラインゲームが発売され、次の年にはテレビアニメが放映され、ほぼ同時にストレートプレイ、ミュージカルの初演があり、2019 年には実写化も行われている。このファン観光では、多くは刀剣展示を鑑賞するが、刀剣にまつわる歴史的な場所を訪れることもある。また、二者が混合したパターンもある。刀剣の展示会と、刀剣にまつわる聖地巡礼では、2017 年 3 月に約 1 ヶ月間栃木県足利市立美術館で行われた「山姥切国広展」において、3 万 7820 人の入場者（多くは『刀剣乱舞』ファン）が来場している。初日には 1200 人を超す来場者があり、最大 4 時間待ちとなったことから途中で入場を打ち切ったという（足利市立美術館館長片柳氏に対するインタビュー〈2021/2/9〉より）。来場者は女性が約 94% であり約 75% が 10 代から 30 代である、市外からの入場者が約 95% と多く、また外国人も多く来場している（市立美術館資料より）。予想を超えた来場者の数は、ファンの様々なコミュニティの熱量の大きさを物語っている。

　また、京都の刀剣にゆかりのある寺社において、期間限定であるが 2016 年から毎年（1 回または 2 回、2020 年現在 10 弾）「京都刀剣御朱印巡り」が行われている。この御朱印巡りは、神社側が始めたのではなく、ファンたちが自然発生的に刀剣にまつわる神社を訪れるようになったのち、神主同士の話し合いで準備されるようになったという（田村 2020）。

　前述したように、虚構世界を二次創作的に共有しようという欲望は観光現象の原点ともいえる。この欲望がマスのものから個人化し、趣味化し、アイデンティティ創造と結びつき、さらにウェブや SNS による双方向通信、およびメディアミックス型文化産業および文化行政と結びついたところに、現在の 2.5 次元観光文化の興隆がある。シミュレーションゲームが、今までハ

イカルチャーの一部であった歴史趣味と結びつき「新しい」趣味文化を創発させることもある。

　しかしながら、他方で、この創造のエネルギーの背後には隠れた陥穽が見え隠れしていることにも留意する必要があろう。ファンの下からの創造性が、新たな観光的ビジネスや行政の文化政策の手段へと先取りされ、創造性があらかじめ「上から」与えられるといった事例も容易にみることができるからである。

　フィッシャー＝リヒテがいうように、舞台芸術は、虚構世界を構成する「記号的身体」と、現実世界を構成する「現象的肉体」との「緊張関係」から生まれる（フィッシャー＝リヒテ 2013：53）。この緊張を生き抜くことをリヒテは言語学者 J. L. オースティンにならって「パフォーマンス（行為遂行）」と呼ぶ。舞台における「パフォーマンス」がもたらす効果は、舞台経験を超えて、観光経験に快楽をもたらす虚構と現実の関係を、ポジティブにもネガティブにも作り出している。

参考文献

おーちようこ（2017）『2.5次元舞台へようこそ——ミュージカル「テニスの王子様」から「刀剣乱舞」へ』講談社。

大塚英志（2012）『物語消費論改』アスキー出版。

門倉紫麻（2018）『2.5次元のトップランナーたち——松田誠、茅野イサム、和田俊輔、佐藤流司』集英社。

コンドリー、I.（2014）『アニメの魂——協働する創造の現場』島内哲朗訳、NTT 出版。

須川亜紀子（2021）『2.5次元文化論——舞台・キャラクター・ファンダム』青弓社。

田村梨乃（2020）「スマートゲームと観光の関わり」2020年度跡見学園女子大学卒業論文（須藤廣指導）。

トフラー、A（1997）『文化の消費者』岡村二郎監訳、勁草書房。

フィッシャー＝リヒテ、E.（2013）『演劇学へのいざない——研究の基礎』山下純照ほか訳、国書刊行会。

ブーアスティン、D. J.（1964）『幻影の時代——マスコミが製造する事実』星野郁美・後藤和彦訳、東京創元社。

マキァーネル、D.（2012）『ザ・ツーリスト——高度近代社会の構造分析』安村克己ほか訳、学文社。

山村高淑（2017）「創造性とコンテンツ・ツーリズムをめぐる若干の随想」『CATS叢書11』25-32。

コラム4　ゲストハウスの「夜の魔法」とパフォーマンス

　旅先の観光者にいっときの居場所を提供するゲストハウスでは、観光者同士の積極的な交流をみることができる。そこで出会った観光者らが旧知の仲のようにふるまい、一緒に観光に行き、酒を飲み、深夜までおしゃべりに耽溺する様子は国内外のゲストハウスで日々繰り返される光景だ。初対面の人々は互いの本名や職業、年齢を知らないまま親密な関係性を構築する。しかし、その関係性は実は一時的なものでしかない。観光者はときに熱狂的といえるほど交流に没入するが、ほとんどの場合、ゲストハウスを去れば二度とかかわりをもたない。

　筆者の調査において、ある観光者はそうしたコミュニケーションを「夜の魔法」と表現した。「夜」とはゲストハウスの交流が主として夜間に盛り上がること、そして朝になれば昨夜の熱から冷めた観光者が、別々の道を歩き始めることを示している。

　観光というモビリティを考えるうえでゲストハウスが興味深いのは、関係性が一時的であるにもかかわらず、それが親密かつ熱狂的な様相を呈することによる。単純に考えるならば、今日来て明日去るような他人同士が、突然「仲良く」なって観光に同行し、深夜まで互いの人生を語り合う状況は想像しがたい。

　これまでの人文・社会科学では、一緒に過ごす時間の長さや会う頻度の多さ、暮らす距離の近さなどによって親密な関係性が形成されると考えられてきた。その代表が家族・親族や地域コミュニティ、学校や会社などの組織であった。しかし、メディア状況の変化やモビリティの増大は、時間・空間的な密度を前提としない新たな親密性を生み出している（エリオット＆アーリ 2016）。

　ゲストハウスも、一時的な親密さという従来は想定されてこなかった関係性が成立する現代的な場である。たしかにこの不思議な関係性は魔術的かもしれないが、それは「魔法」によるものでも、「自然」に達成されるものでもない。ここではパフォーマンスの視点から「魔法」の正体を読み解いてみよう。

　観光研究では1990年代に「パフォーマンス論的転回」が生じた。この転回は、観光者の行為に関する分析を従来の構造決定的なものから解放し、観光者の主体性や身体などへの注目を促した。また、観光地の静的な理解を脱し、社会関係や人ともののネットワークにより観光地が動的に作り替えられることを指摘した。

　パフォーマンス論の代表的論者であるティム・エデンサーは、社会学者アーヴィング・ゴフマンの理論にもとづき、観光の場を舞台に見立てる（Edensor 2001）。観光地という舞台は地図やガイドブック、標識などによって生成し、ガイドや清掃員、管理人などのさまざまな演者によって方向づけられている。観光者はこうした舞台の仕掛けによって観光すべきものを知り、「台本」に則って観光する。エデンサーはパフォーマンス概念を通じて、観光の動態的な構築過程を読み解いた。

　ゲストハウスの交流もまた、舞台上のパフォーマンスとして捉えられるだろう。

鍋倉咲希

ゲストハウスではドミトリーや共有スペースといった特有の設備、スタッフによる交流の補助、イベントの実施などがその場のパフォーマンスを規定している。

二段ベッドが並べられる相部屋のドミトリーでは、観光者は1人1つのベッドを居場所とし、シャワーやトイレをほかの観光者と共同利用する。ドミトリーには個人のスペースが少なく、作業ができる場所もないため、人々は観光の予定決めやほかの宿泊者との会話、食事などのために共有スペースにあらわれる。共有スペースは観光者が自由に使える空間であり、交流が営まれる文字どおりの舞台だ。観光者は共有スペースに集まり、「こんにちは。どこからいらしたんですか」という挨拶を交わして、深夜までおしゃべりに没頭する。ここではゲストハウス特有の物理的環境が、舞台装置として人々の行為に影響を及ぼす様子がみてとれる。

また、スタッフによる補助やイベントの実施が交流を演出し、促進していく。例えば、スタッフは観光者に混ざって一緒に酒を飲みながらその日の交流が「うまく」いくよう緩やかな場の管理を行っている。雰囲気にノれていない観光者に声をかけたり、会話を盛り上げる役割を担ったりすることも多い。また、バーベキューやクリスマスなどのイベントは観光者をさらに深い交流に巻き込んでいく。スタッフは黒子あるいは監督として交流を支え、観光者を「よりよい交流」に導くのだ。

したがって、ゲストハウスにおいて一時的な親密性を可能にする「魔法」は、実はその場に望ましいパフォーマンスを生みだすよう入念に作られた仕組みそのものである。舞台装置や演出は、観光というモビリティのなかで頻繁に入れ替わっていく観光者が、誰でも即座に交流を楽しめるよう水面下で働き続けている。

ただし、交流優先のパフォーマンスはゲストハウス側の演出によって一方的に成立しているわけではない。観光者は演出の存在を知り、あえてノったり、気が合わない相手との会話をやり過ごしたりしている。ゲストハウスのパフォーマンスは観光者の協力があってはじめて十全に達成される、共犯的な「魔法」なのである。

パフォーマンスの視点をふまえれば、移動の只中に築かれる一時的で親密な関係性は、ゲストハウス特有の舞台装置や演出、観光者の協働により構築されているといえよう。ゲストハウスにはモビリティが生む新たな親密性の一端をみることができる。

（参考文献） エリオット、A. & J. アーリ（2016）『モバイル・ライブズ——「移動」が社会を変える』遠藤英樹監訳、ミネルヴァ書房。

Edensor, T. (2001). "Performing Tourism, Staging Tourism : (Re) producing tourist space and practice," *Tourist Studies*, 1 (1), 59–81.

5 真正性

失われた本物を求めて

高岡文章

　私たちが旅先で目にする歴史的町並みは、「本当」に伝統的なものなのだろうか。そこで食べる郷土料理は「本物」の地域文化だろうか。観光がもたらす感動や体験は、はたして混じりけのない「真実」といえるだろうか。このような「本当」や「本物」や「真実」のことを、真正性（オーセンティシティ）と呼ぶ。

　真正性は、観光研究における最も重要な概念の1つである。観光の真正性をめぐる議論は、観光研究に独特の豊かさと深みをもたらしてきた。本章では、観光と真正性の問題について、「移動」に焦点をあてて論じてみよう。

1　真正性という問題

　人はなぜ旅をするのだろう。旅をめぐる最も根源的な問いである。もう少し問いを限定してみよう。19世紀以降の近代社会に暮らす私たちが観光に求めるものは何だろう。時間と資金と労力を費やし、リスクを承知のうえで、わざわざ遠くまで出かけていく理由とはいったい何なのだろうか。観光の目的をめぐる問いは、観光研究において中心的な位置を占めてきた。

　アメリカの社会学者ディーン・マキァーネルは、その答えを「真正性」に見いだした。近代人はもはや真正性を失っている。失われた本物を求めて私たちは移動するのだと彼は考えた。

　ここでいう真正性とは、世界と人間とが十全につながっている状態を指す。本来性や全体性と言いかえることもできる。人間が自然や歴史や文化と有機的に関係しあい、調和的な秩序が保たれているような状態を思い浮かべればよいだろう。とはいえ、この説明だけでは必ずしもピンとこないかもしれない。なぜなら真正性は、それが失われたときにはじめて強く意識されるもの

だから。健康や財産や幸せがまさしくそうであるように。

　近代以前において、宗教や伝統、慣習が私たちの世界観を基礎づけていた。何かを感じたり、考えたり、行動したりする際の根拠や原理は、宗教的・伝統的秩序に支えられていた。社会学者のマックス・ヴェーバーはこれを「魔術」と呼んだ。ところが社会が近代化されるにつれて、科学や合理性が魔術に取って代わる。ヴェーバーが「脱魔術化」もしくは「合理化」と呼ぶプロセスである。

　近代の合理化は、主に資本主義化と官僚制化という形で進展し、既存の調和的秩序の解体をもたらす。かつて、生きる喜びや生活の充実感は、わざわざ考えたり疑ったりする必要のない、自明なものであった。意味や価値は、伝統的な世界観のなかにみなぎっていた。ところが近代化が進展するにつれて、宗教の価値が低下し、地域社会の紐帯が揺らぐと、世界と個人の間に亀裂がはいる。私は何者なのか。何のために自分は生きているのだろう。毎日繰り返されるこの日常は、いったいどこに向かっていくのだろうか。このような根本的で本質的な問いに、もはや誰も答えてはくれない。

　世界が全体的なものではなくなり、部分と部分とに枝分かれしていく。これを社会学では分化という。宗教と政治。生活と芸術。公と私。外科と内科。施設課と人事課。攻撃陣と守備陣。キッチンとホール……。専門分化が進み、高度に発展した社会においては、誰も全体像を知らない。近代における分化は、人々に疎外や断片化の感覚をもたらす。そこはかとなく抱く欠損の感覚。大切な何かを手放してしまったかのような喪失感。この失ったものこそが、真正性である。

2　真正性を求める移動

　マキァーネルは1976年に出版した『ザ・ツーリスト』において、近代社会の構造分析という野心的な研究を試みた。社会全体をまるごと説明しようとする、現在ならば多くの社会学者が躊躇するであろう、壮大な企画だ。

　近代性は「無秩序な断片、疎外、浪費的、暴力的、浅薄、無計画、不安定、非真正のようにみえる」とマキァーネルは述べる（マキァーネル 2012：2〔強

51

調は筆者］）。しかし、それは「見せかけ」にすぎない。近代社会には、喪失した全体性を回復しようとする構造があるのだという。マキァーネルによれば、近代人にとって、真正性は「別な歴史的時代や異文化に、あるいはより純粋で単純なライフスタイル」のなかに存在する。近代人は、自らの生活において失われた真正性を取り戻すために観光をするのだという。

　マキァーネルの分析にどこまで説得力があるのかについては、議論が分かれるところだ。もう少し冷徹にいってしまえば、近代社会の問題を乗り越えるうえで観光が特権的な役割を果たすとする彼の考えにただちに同意する研究者は、社会学のなかにも観光研究のなかにもそう多くはないだろう。

　しかし、観光にこそ社会を理解する鍵があると考えたマキァーネルの着想には、注目しておく値打ちがある。ジョン・アーリとヨーナス・ラースンは、「観光者であるということは、「近代」を身にまとう、という特質の一環である」と述べた（アーリ＆ラースン 2014：8）。こんにち、私たちはあらゆるものがグローバルに移動する「モビリティの時代」を生きている。現代社会を理解するうえで観光が最も有益なメタファーの 1 つであるという考えに、私たちはますます親しみつつある。このような観光社会学的な認識の地平において、マキァーネルは無視することのできない先達である。

　話を前に進めよう。いや、実際には時計の針を少し巻き戻すことになる。マキァーネルの観光論／観光社会学は、アメリカの歴史家ダニエル・ブーアスティンへの痛烈な批判として展開されている。「ブーアスティンの主張を支持する情報は、私が収集した調査結果には一切なかった」とマキァーネルは切り捨てる（マキァーネル 2012：125）。彼のブーアスティン嫌いには並々ならぬものがあるが、それはひとまずおいて、次にブーアスティンの観光論をみていこう。

3　真正性という幻影

　ブーアスティンは 1962 年に『幻影の時代』を著し、近代社会の問題点を鋭く指摘した。ブーアスティンもまた、近代化がもたらす欠損や喪失に注意を傾ける。特に戦後のアメリカ社会を念頭に置いて、近代社会には自然発生

的な出来事ではなく、誰かがたくらみ仕掛けた出来事が蔓延しているとブーアスティンは述べて、それを「疑似イベント」と名づけた（ブーアスティン1964）。広告やニュース、芸術と並んで疑似イベントが最もよく観察される場面として彼が挙げたのが観光である。

　かつての旅行は、多額の費用や時間を要し、危険を伴っていたが、それだけにいっそう英雄的であった。それは能動的な経験であり、精神の盛んな活動がみられた。それに対して近代の観光は、あらかじめ作りあげられた商品にすぎず、経験は希薄化されている。そこにはもはや自然発生的な文化は存在せず、観光客の財布を狙うために作られた偽物だけが残されている。旅行者から観光客へ、という彼の有名な二項対立は、観光をめぐる社会学的な分析の土台となった。観光社会学は、その主張に親和的にせよ批判的にせよ、ブーアスティンを素通りしては成り立たない。

　マキァーネルによれば、近代人は観光することによって真正性を回復しようとする。しかし、ブーアスティンにとっては、観光客が旅先で真正性と出会うことなどありえない。むしろ逆だ。観光こそ、徹頭徹尾、疑似イベントで満たされている。

　イスタンブールのヒルトンホテルの外には、「本当のトルコ」が横たわっているが、ホテルの内部には「トルコ的様式の模倣」があるだけだ。アメリカ人観光客はトルコにいながらトルコを間接的にしか経験することができない。彼らがみるのは「本物が空気と同じように無料で手にはいる所で、わざわざ金を払って買う人工的製品」にすぎない（同書110）。彼らは時間と費用をかけてはるばる移動してくるのだが、「別にどこへも着かないことと同じようにみえる」とブーアスティンは断じた（同書：108）。

　ホテルの外にはあたかも「本物」や「本当」が存在するかのような書きぶりは脇が甘く、こんにちでは素朴な本質主義の烙印を押されるかもしれない。ブーアスティンを批判することから観光の真正性をめぐる議論が始まっていくのだが、詳細は類書に譲ろう。ここで確認しておくべきなのは、ブーアスティンと、彼に対する批判の急先鋒として頭角をあらわしたマキァーネルとの意外な「近さ」である。

　マキァーネルは、近代の問題を乗り越えるために移動して真正性を探しだそうとする観光客の試みは「結局失敗する運命」にあると述べる（マキァーネル 2012：13）。なぜなら、観光における真正性は、それ自体、何らかの意味で「演出」されているからである。彼はそれを「演出された真正性」と呼んだ。移動した先で私たちが手にするものは、偽物なのか、それとも本物なのか。真正性をめぐるブーアスティンとマキァーネルの主張は、対立しているようでいて、ぐるっと一周まわって近づいている。マキァーネルは、彼自身の意に反して、観光という視点から近代社会を分析したブーアスティンの正統な後継者といえるだろう。

4　移動の真正性

　次に、移動そのものに焦点を移してみよう。私たちの移動は、真正なものといえるだろうか。真正な移動とはいかなるものだろうか。

　現代であれば、私たちはスマートフォンや AI ロボットのなかに先端技術の結晶をみるだろう。19 世紀のヨーロッパにおいて、当時の人々に産業革命や技術革新の成果を最も身近に感じさせたのが、蒸気機関車であった。鉄道が開通し、鉄道旅行が普及すると、旧式の移動手段である馬車への郷愁が湧きおこる。ドイツの歴史家ヴォルフガング・シヴェルブシュは名著『鉄道旅行の歴史』のなかでこのプロセスを詳述している。

　シヴェルブシュは、馬車時代の移動には、「人間と自然との間の生きた関係」があったと述べて、当時の評論家トマス・ド・クインシの言葉を引用する。移動のスピードは「いとも高貴な獣の燃ゆる眼に、ふくらんだ鼻孔に、筋肉の躍動に、その鳴り渡る蹄のなかに生きていた」（シヴェルブシュ 1982：16）。乗客たちは移動のボリュームを馬の疲労という形で直接的に感じ取っていた。

　ところが鉄道は移動を機械化する。馬には感情もあり活力もあったが、蒸気は無感覚だ。列車は得体の知れぬ力によって動く。空間的な移動はやがて時間の経過として感知されていく。鉄道嫌いで知られた批評家ジョン・ラスキンは「鉄道は人間を旅人から生きた小荷物に変える」（同書：251）と述べ

て、移動する人の主体性や能動性を鉄道旅行がないがしろにすると嘆いた。

　前近代の馬車旅行には、人間と自然の生きた関係性が保たれていたが、近代の鉄道旅行がそれを打ち砕く。鉄道によって機械化された移動は、もはや「真正」とは感じられなくなる。しかし、嘆きの時代は長続きはしなかった。ジョゼフ・ターナーやクロード・モネら芸術家たちは、鉄道という近代の産物に新しい美を見いだした。車窓からのパノラマや快適な長距離移動は、鉄道ならではの愉悦として大衆のあいだにも浸透していく。

　さらに重要なことに、鉄道によって「新しい」移動の形態が発見された。「歩く」ことだ。徒歩は人類にとって最もプリミティヴな移動手段である。歩くことの歴史は、人類の歴史そのものと重なっている。人は長らく、生きるために歩き続けてきた。

　しかし、歩くことは人間にとって必ずしも自然で本質的なものではない。アーリは『モビリティーズ』において、歩くことの社会性を明らかにしている。18世紀後半まで、人々は、移動しない社会を生きていた。ヨーロッパでは外を出歩く者は危険な他者とみなされ、ふらふらと歩き回る権利はほとんど認められていなかった。近代化とともに、徒歩は「貧苦、強制、危険、狂気の表れ」から「文化、余暇、趣味、健全の表れ」へと変容する。それを可能にしたのが、鉄道である（アーリ2015：119）。

　19世紀イギリスの人々は、鉄道に乗って湖水地方へと旅をした。彼らは田園を歩き、山に登った。それこそが、当時の健全なミドルクラスの男性にとって「正しい」余暇とみなされた。歩くことは「一つの生き方となり、単なる移動手段ではなくなった」（同書：122）。それは、決して自然な行為ではなく、極めて近代的なふるまいである。近代社会が失った「自然とのつながり」を取り戻すための「真正」な移動形態として、徒歩は再発見された。

　鉄道や自動車、飛行機など、近代の高速移動は加速度的に進化してきたが、歩くというスローな移動の意義や価値も、むしろ積極的に見いだされてきた。『地球の歩き方』や『散歩の達人』などの旅行ガイドブック、『ブラタモリ』や『ちい散歩』などのテレビ番組では、「歩くこと」の価値が喧伝されてきた。「大阪あそ歩」や「長崎さるく」といったまち歩きイベントも定着して

いる。歩くことは、地域の歴史や風土をディープに味わい、旅をすみずみまで楽しむための社会的・文化的な営為である。

　歩くことと真正性をめぐる問題が急進化するのが、近年の宗教巡礼である。スペインのサンティアゴ・デ・コンポステラ巡礼を調査した岡本亮輔によれば、巡礼の旅において、歩くことは特別な意味を持っているという（岡本2015）。徒歩での巡礼者は、彼らを横目にバスや自転車で向かう人々を「偽巡礼者」と批判的に呼ぶことがある。ここでは、歩く行為こそが真正／神聖なものとして位置づけられている。

　しかし、巡礼における交通機関の利用と徒歩移動との関係は、みかけ以上に混み入っていると岡本は指摘する。信仰者にとって、巡礼の目的は祈りであり、移動の手段はそもそも重要ではない。彼らはコストをかけずに大聖堂へと辿り着くために、バスや車を利用する。他方、信仰がない者は「プロセスを重視」するためにあえて歩くのだという。信仰なき徒歩巡礼者にとっては、歩くこと自体が巡礼の真正性を保証している。

5　移動しない旅は真正か

　情報メディアやデジタル・テクノロジーと観光の融合は、観光と移動と真正性の関係をよりいっそう複雑なものにしている。最後のテーマは、移動しない旅だ。身体的移動を伴わない観光に真正性はあるだろうか。

　山下範久は、カリフォルニアまで実際に旅行したとしても「テレビで何度も見たゴールデン・ゲート・ブリッジやフィッシャーマンズ・ワーフをただ確認」し、「観光客ばかりが泊まっているホテルのレストランやファーストフード、あろうことか数日の滞在中に日本食レストランでラーメンを（まずいと文句をいいながら）食べて帰る」ような旅には、「思いがけない他者との出会い」が欠けていると喝破する（山下 2009：223）。それならばアマゾンで注文したワイン本を読みながら、楽天で購入したカリフォルニアワインを味わうほうが「自宅から一歩も出ていないにもかかわらず——よほどカリフォルニアを体験したことになる」と述べる。

　現代の観光はローカリティの記号的消費にすぎず、そこには体験の強度が、

つまり真正な体験が欠落していると山下は批判しているのだ。ここでは、身体的な移動を伴いつつも既知の情報をなぞるだけのツアー旅行よりも、身体的に移動はしなくてもディープな感覚や刺激を得る体験のほうが、真正な旅だとされている。観光にはもはや、移動は必要ないのだろうか。移動しない旅は、真正でありうるだろうか。

　新型コロナウイルス感染症（COVID-19）は、観光や移動のあり方を大きく揺さぶった。海外から国内へ、遠出から近場へと、移動する距離が短縮されただけではない。ヴァーチャル旅行、オンライン宿泊、リモート体験など、移動しない観光の可能性が次々と切りひらかれている。

　移動しない旅は、既存の移動する旅を凌駕していくのだろうか。それとも、それらはコロナ期における一時的な代用品にすぎないのだろうか。

　観光の真正性とは何か。真正な移動とは何か。真正性は、観光や移動をめぐる私たちの想像力を常にざわつかせている。

参考文献

アーリ、J. (2015)『モビリティーズ——移動の社会学』吉原直樹・伊藤嘉高訳、作品社。
アーリ、J. &ラースン、J. (2014)『観光のまなざし　増補改訂版』加太宏邦訳、法政大学出版局。
岡本亮輔 (2015)『聖地巡礼——世界遺産からアニメの舞台まで』中央公論社。
シヴェルブシュ、W. (1982)『鉄道旅行の歴史——19世紀における空間と時間の工業化』加藤二郎訳、法政大学出版局。
ブーアスティン、D. J. (1964)『幻影の時代——マスコミが製造する事実』星野郁美・後藤和彦訳、東京創元社。
マキァーネル、D. (2012)『ザ・ツーリスト——高度近代社会の構造分析』安村克己・須藤廣・高橋雄一郎・堀野正人・遠藤英樹・寺岡伸悟訳、学文社。
山下範久 (2009)『ワインで考えるグローバリゼーション』NTT出版。

コラム5 「伝統的な陶芸村」バッチャンの演出とその変遷

　観光地は、観光客に向けて演出された「表舞台」である。それゆえ観光客は、そのような演出の裏側にある「舞台裏」を覗き見ようとするが、ホスト側は観光客が求める真正性を纏った「舞台裏のようにみえる演出を施された表舞台」を幾重にも準備する。D. マキァーネルの「演出された真正性」論（マキァーネル 2012）は、観光研究において古典ともいえるが、現代の観光地を考えるうえでも十分に示唆的である。真正なる事物は、観光客とそれに対応する地域の側と相互行為の過程のなかで、つねに交渉され構築されていく。ここでは、ベトナム北部ハノイ近郊の陶芸村バッチャンを事例に、多様な人とモノのフローが交錯するなかで構築される演出された「伝統文化」の変遷について考えてみたい。

　膨大な数のバイクが行き交い、経済発展著しいベトナムの首都ハノイの中心から車で 40 分ほど。紅河のほとりに位置するバッチャンは、1990 年代にベトナムの国際観光が本格的に開始されて以来、ガイドブックなどで「伝統的な陶芸の村」として紹介されてきた。安南交易を介して日本とも関係が深く、トンボや菊の文様の陶器が茶人たちに人気だったという。

　この村の「伝統」は、20 世紀に入りつねに社会の変化にさらされてきた。社会主義計画経済時は、伝統的な文様の茶器ではなく、より質素なデザインの日用品の生産が国営企業の統制のもと行われていた。市場経済化を進める政策ドイモイが導入された 1968 年以降は、民営企業の設立が可能になったことにより、輸出向け製品を中心に多種多様な製品が生産されるようになった。さらに 1990 年代に入ると、多くの観光客が「ベトナムの伝統文化」の一端にふれるために来訪するようになった。

　かつてのバッチャンでは、狭く入り組んだ路地が特徴的な旧市街で陶器が生産されていた。各家の壁には、炭窯で利用される練炭が乾燥のために張り付けられ、独特の景観を呈していた。だが 2000 年代以降、生産の中心は新市街や周辺の農地を開発してつくられた郊外の大型工場に移っている。欧米諸国や日本、中国へ向け大量の輸出用製品が生産されており、IKEA やニトリなど、日本でも著名な企業の製品も扱っている。陶土も他地域から調達するようになり、完成品を港へ運ぶ大型トラックが頻繁に行き交う。「伝統的な陶芸の村」は、物流インフラの整備とともに輸出用工業団地へと変貌しつつあるのだ。

　このような変化は、訪れる観光客の期待を大きく裏切ることになった。周囲は農村地帯ではあるものの、村内には建物が密集し、周辺には工場が立ち並ぶ。朝晩にはそれらの工場へと通勤する人々のバイクで道路は大混雑となる。さらにハノイ市内からのバス道路を挟んで向かい側には、瀟洒なヴィラとタワーマンションが林立するゲーテッド・コミュニティまで建設された。もはや「伝統的な陶芸村」ではなく工業団地、あるいは郊外の住宅地という趣なのである。

鈴木涼太郎

　そのため2000年代に入ると、「伝統的な陶芸村バッチャン」を訪れるツアーを催行する旅行会社は、行程を工夫するようになった。ある日系の旅行会社は、沖縄・竹富島をヒントに旧市街を水牛車でめぐるツアーを設定し、欧米からの観光客が主たる顧客の旅行会社では、海外のNGOと連携して旧市街のまち歩き冊子を発行し、それに対応したツアーを開始した（鈴木　2010）。それらは、「輸出用工業団地のみやげ物店めぐり」では満足せず「伝統的な陶芸村」を求める観光客に、旧市街というより真正な「舞台裏」を経験させようとするものであった。だがこれらの試みも、一時的には成功を収めたものの、2010年代半ば以降バッチャンから炭窯が急速に姿を消すのにあわせるかのように下火となっていった。

　一方で、2010年代に入るとこれまでとは違った形でバッチャンには「伝統文化」が登場する。2010年には、ハノイ遷都を祝う「タンロン—ハノイ建都千年祭」にあわせて、従来の定説を大幅に遡る「1000年前のバッチャン陶器」の復興が目指された。また観光客が多く訪れる陶器市場前には、伝統家屋を模した飲食店や小売店街が建設され、村に唯一現存する登り窯が陶芸体験施設を併設して公開された。さらに、製陶用のろくろを模した曲線的なデザインが特徴的な新設のバッチャン陶芸博物館は、村の伝統を展示する場所としてだけでなく、フォトスポットにもなっている。

　ややもすると陳腐なテーマパークのような趣向のこれらの施設は、外国人観光客に向けて「舞台裏」を演出するのではなく、経済成長とともに外国人観光客を上回る水準で増加しつつある国内観光客に向けて、「自国の伝統文化」を提示する新たな「表舞台」であったといえる。2010年代半ば以降、ハノイ市街から近いこともあり、休日には家族連れや若者グループ、平日には校外学習の一環として小中学生が団体で陶芸体験に訪れるなど多くの国内観光客で賑わっている。

　ドイモイ後の輸出用製品生産企業の発展によってつくられたモノの流れは、周辺地域の工業団地化とともに外国人観光客向けに新たな「舞台裏」の創出を要請した。他方国内観光客という新たな人の流れは、それとは異なる「表舞台」を創出している。1990年代以降のバッチャンでは、輸出される陶器、国内外から訪れる観光客、工業団地で働く人々、そしてそれらを運ぶバスやトラックと道路、多様な人とモノの移動が交錯するなかで「伝統的な陶芸村」の演出が絶えず更新されてきた。いわば、観光客向け舞台で演出される「真正な伝統」は、それら移動する人とモノの関係のなかで規定されていくのである。

（参考文献）　鈴木涼太郎（2010）『観光という〈商品〉の生産——日本〜ベトナム　旅行会社のエスノグラフィ』勉誠出版。
　　マキァーネル、D.（2012）『ザ・ツーリスト——高度近代社会の構造分析』安村克己ほか訳、学文社。

6 記憶
産業観光とノスタルジー

木村至聖

　突然だが、あなたが「なつかしい」と思うものは何だろうか。社会人であれば学生時代の友人とキャンパスで過ごした日常かもしれないし、大学生であれば中学・高校時代の学校行事の思い出かもしれない。あるいは、子供の頃に好きだったテレビアニメの記憶かもしれない。引っ越しをしたことのある人なら、以前住んでいた場所の風景かもしれない。ではこんなものはどうだろうか。カセットテープ、使い捨てカメラ、ブラウン管テレビ、銭湯、駄菓子屋、蒸気機関車……。読者が若い人であれば、このなかには自分が生まれる前のものなのに、「なつかしい」と思うこともあるかもしれない。

　「なつかしい」とは、「過去の思い出に心がひかれて慕わしいさま。離れている人や物に覚える慕情」（日本国語大辞典）というとおり、「思い出」、すなわち記憶に結びついた感情である。それなのになぜ、私たちは自分が経験したこともない過去のものや出来事に対して「なつかしい」と思うのだろうか。

　この謎に答えるには、およそ100年前にM.アルヴァックスというフランスの社会学者が提唱した集合的記憶という概念が手がかりになる（アルヴァックス 2018）。彼によれば、記憶や思い出は個人的なものであるだけではなく、社会的・集合的な側面を持つ。例えば、子供の頃の家族の思い出でも、実は家族の写真や会話の中で補強されていたり、学生時代のキャンパスライフの思い出も、友人との思い出話や久しぶりに母校を訪れるといった機会に活性化されたりする。つまり、記憶や思い出は個人の心（頭？）の中だけにあるのではなく、家族や友人といった集団や「母校」のような空間によって社会的・集合的に枠づけられて存在しているのである。逆にいえば、そうした「枠」さえ存在すれば、「思い出」もまた個人の人生を超えて共有されることが可能なのだ。

1　「なつかしい」モノにひきつけられる人々

　ここでは、こうした集団によって共有される記憶や「思い出」が観光という行為や現象を引き起こすしくみについて考えていきたい。

　そもそも、「観光」とは何だろうか。文化人類学者の橋本和也は、「異郷において、よく知られているものを、ほんの少し一時的な楽しみとして売買するもの」と、観光する側からみた定義を行っている（橋本 1999）。つまり「これ知ってる！」「～で見たことある！」という経験をお金で買うという側面を強調するのである。

　ここでは、「異郷」つまり非日常性のなかで、「よく知られているもの」に出会うという一見矛盾する特徴が並んでいるが、このねじれが「観光」を理解するためのミソである。つまり、「異郷」のものであるにもかかわらず、私たちはそれを「よく知っている」という前提が観光にはある。例えば京都に行けば、普段あまり目にすることがないような「伝統的」な日本の文化や風景を見ることができるし、ディズニーリゾートに行けばディズニー映画の作品世界に登場する場面やキャラクターに親しむことができる。ここでいう「伝統」やディズニー作品は、私たちの「日常から離れた」イメージや夢の世界に属するものだが、同時に私たちはそれについて「よく知っている」。

　なぜそんな「ねじれ」が生じうるかといえば、雑誌やテレビ、インターネットやSNSといったメディア（文化）が存在するからである。「今ここ」にある日常生活にはないものでも、私たちはメディアを介してそのイメージを手に入れることができる。下手をすると、自分が直接関わっている日常生活よりも、メディア上のイメージのほうに親しみを感じることさえあるかもしれない。そんな「今ここ・にはない・よく知ったもの」を実際現地で見たい（まなざしたい）、経験したいという思いが、人を動かすのだ。

　「なつかしい」対象というのは、まさにこうした「今ここ・にはない・よく知ったもの」そのものだといえるだろう。それは、かつて私のものであったはずなのにもうここにはない、そんなもどかしい感情をかきたてるものである。だからこそ、古い建物や施設が残る場所が「レトロ」な雰囲気を売り

にしたり（北九州の門司港レトロなど）、場合によってはあえてそうした「古い感じ」の空間を新しく構築したり（新横浜のラーメン博物館など）した場所が観光地となりうるのである。

　とはいえ、私たちは古ければ何でも「なつかしい」と思うわけではない。いくら歴史が好きな人でも、古墳や古戦場を訪れて「なつかしい」とは言わないだろう。その一方で、レトロな雰囲気のカフェを訪れて「なつかしい」と言ってしまうことは、やはりそこに何らかの自分とのつながり（いま自分が生きている社会のかつてあった姿）を感じているからではないだろうか。

　こうした連続性の感覚は、先に述べた「集合的記憶」で説明できるだろう。つまり、記憶は私個人だけのものではなく、家族や友人といった身近な人々の集団によって共有されるものでもあるし、またメディアの存在によって、遠く離れた人や直接会ったことがない人とさえ共有されることがある。例えば戦争や災害、オリンピックやワールドカップのような「国民的」イベントの記憶もまた、メディアを通して広く共有され、集合的記憶を形づくることがあり、その舞台となった場所は「なつかしい」対象として観光現象を引き起こすことがあるのだ。

2　近代社会とその「液状化」

　21世紀に入って、こうした「集合的記憶」化が進み、観光対象として定着しつつあるのが、20世紀の近代工業社会の記憶である。20世紀は、いくつかの要因から、地域によってばらばらだった社会の枠組みが共通の大きな枠組みの中に統合されていった時代だった。

　第一に、産業革命によって、人々が生活する時間と空間が統合されたことが挙げられる。交通機関の発達によって、遠い場所が近くなった（空間の圧縮）だけでなく、時間もまた統合されたのである。つまり、それまで季節や地域によっても異なる日の出・日の入りの時間で生活していた人々が、全国一律に定められた機械時計の時間（クロック・タイム）によって職場や学校生活を営むようになった。さらに国策として工業化が推進されることによって、機械時計のリズムが社会全体に適用されることになった。

　第二に、新聞などマスメディアの発達も社会の枠組みを大胆に統合した。マスメディアにより遠く離れた場所のニュースも人々の「共通の話題」となったのである。ラジオやテレビはそれをさらに促進した。1969年7月のアポロ11号の月面着陸は衛星生中継され、世界中の人々が緊張と興奮の瞬間を共有したが、まさに20世紀は集合的記憶の時代だったのである。

　ところが、こうした社会の枠組みは1980〜90年代に工業社会が終焉を迎え、産業構造が情報・サービス産業中心へと転換するにつれて解体していった。もちろん、機械時計やマスメディアによって規定された社会の枠組みがなくなったわけではないが、それ以上に世の中を規定するようになったのは「人の好みの多様性」である。

　産業革命がもたらした大量生産は、モノの飽和状態をもたらし、人々の最低限の必要を満たすことをある程度実現した。しかし、それによってモノが売れなくなってしまうと、現代の資本主義社会は立ち行かなくなる。そこで、モノの作り手・売り手は同じような商品にも微妙な差異（違い）を加え、それによって人々の欲望を煽ったのである。車でも携帯電話でも、いま持っているものが使えなくなったわけでもないのに、新しいモデルが出るとつい欲しくなってしまうのはそのためである。フランスの思想家J.ボードリヤールは、こうした差異への欲求を煽ることが消費社会の特徴であると論じている（ボードリヤール 2015）。

　こうして現代の私たちはたくさんの選択肢のなかから選ぶという自由を手に入れた。しかしその一方で、「人と違う」選択肢を選ぶことは、社会の個人化を進めることにもなる。社会学者のZ.バウマンは、現代社会の特徴を「リキッド・モダニティ」という言葉で表現している。個人が選択の自由を手に入れたかわりに、社会的な絆や関係性が流動化（液状＝リキッド化）し、人々に不安をもたらしたというのである（バウマン 2001）。

　日本におけるリキッド・モダニティは、元号が「平成」に変わってすぐのバブル崩壊による景気後退と、雇用の流動化（非正規雇用の増加など）によって本格的にもたらされたといえる。将来がどうなるかまったく見通せないなかで、私たちは日々重要な選択を迫られる。どの学校に進学するか、どの会

社に就職するか、誰といつ結婚するか（そもそも結婚をするか）、子どもを持つか、家や車を買うか、不安定な世の中ではこうした選択はすべて「失敗するかも」というリスクをともなう。しかしそれらをすべて自己責任でしなければならない。選択肢はあっても、それは必ずしも自由という感覚をもたらさず、正解なんてどこにもないのに、私たちはつねに「これでよかったのか」と不安にさいなまれ続けるのである。

3　ノスタルジーの対象としての「昭和」

　こんな時代になってみると、選択肢なんかなくても、多くの人が同じ社会の枠組みを共有していた（と思われていた）時代が「なつかしく」感じられても不思議はない。2000 年代以降、とりわけ昭和 30 年代の雰囲気が注目され始めた。「昭和」という元号は戦争前の 1926 年からバブル期真っただ中の 1989 年まで、日本史上最も長かったにもかかわらず、その 30 年代が昭和を代表するかのように語られたのである。

　2005 年に公開され、2000 年代後半以降の「昭和（30 年代）ブーム」を作り出したといわれる映画『ALWAYS　三丁目の夕日』のキャッチコピーは、「携帯もパソコンも TV もなかったのに、どうしてあんなに楽しかったのだろう」だった。時代背景は、まさにこれから高度経済成長期に入っていこうという 1958（昭和 33）年に設定されている。登場人物の 1 人である六子は中学を出てすぐ集団就職列車に乗って東京までやってくるが、自分の就職先が小さな下町工場であることを知らない。まさに選択肢なんてなかったのだ。ほかにもさまざまな登場人物がいるが、その誰もが何らかの満たされない状況に置かれつつも、身を寄せ合って絆を深めていく様子が映画では描かれる。登場人物たちは決して「かわいそう」には見えない。観客は、この後日本が経済成長を達成することをあらかじめ知っているからこそ、逆に今の時代に欠けていると思われる人の絆をうらやましく、なつかしく思えるのだ。

　この作品に続く「昭和ブーム」の流れとして語られる映画に、炭鉱を舞台としたものが多いことは偶然ではないだろう。『フラガール』（2006 年）、『東京タワー　～オカンとボクと、時々、オトン～』（2007 年）、『信さん　炭坑

町のセレナーデ』（2010年）など、いずれも昭和30年代から40年代初めに
かけての炭鉱街を舞台としており、困難な状況のなかでも登場人物たちが人
間的絆を深めていく姿がノスタルジックに描かれている。

　日本の炭鉱は多くの場合地下から石炭を採掘してくる過酷な労働現場であ
り、事故や怪我で命を落とす危険と常に隣り合わせだった。そのため、労働
者とその家族は強い連帯感を持って協力して暮らしていた。たとえば1棟の
細長い建物を薄い壁で分割して複数世帯が暮らしていた長屋型の炭鉱住宅で
は、プライバシーもほとんどなかったが、その一方で他人どうしがまるで1
つの家族のように暮らしていたのである。

　こうして各地の旧産炭地で「なつかしさ」のアイコンとして炭鉱の観光地
化が進むことになった。2015年にユネスコの世界遺産に登録された「明治
日本の産業革命遺産　製鉄・製鋼、造船、石炭産業」の構成資産の1つ、長
崎県の旧端島炭坑（通称・軍艦島）だけでなく、映画『フラガール』の舞台
となった福島県の旧常磐炭礦や、九州の筑豊炭鉱でもかろうじて残っている
炭鉱関連の施設が「遺産」として保存され、観光ツアーの経由地となっていっ
たのである（木村 2014）。

　こうした新しい「観光地」にはかつて暮らしていた人が訪れて往時をなつ
かしむこともあるが、ほとんどの観光客は実際には炭鉱での暮らしを知らな
い。それでも、かつての昭和30年代当時の暮らしを知る人々は、多少不自
由でも近所で助け合って暮らしていた経験を思い出し、「私もだいたいこん
なだった」と共感し、「なつかしさ」を覚える。また、当時を知らない世代
も、テレビや映画などのメディアを通してそうしたイメージに慣れ親しんで
いれば、「なつかしい」と口にするのである。このように、質はそれぞれ異
なるものの、「なつかしい」ということが可能になっているのは、メディア
を通して工業社会の集合的記憶が共有されているからなのである。

4　炭鉱の例でみる記憶と移動

　ここまで、社会的に共有される集合的記憶や思い出が観光という行為や現
象を引き起こすこと、また社会の枠組みが比較的統合されていた20世紀の

工業社会の経験が集合的記憶を形成し、それがさらにメディアの媒介によっ
て直接経験のない世代や層の人々にも拡張していることをみてきた。

　しかしここで疑問となるのは、工業社会の集合的記憶が（メディアの助け
がなくとも）広く共有されているなら、なぜ人々はわざわざ異なる場所に移
動してまで観光という行為をするのか、ということである。その背景には、
日本という国がとりわけ近代という時代において実は移動社会だったという
ことがある（髙橋 2002）。地方農村から都市への移動に限らず、人々は個人
あるいは家族単位で、仕事や生活の場を求めてたびたび移動（移住）した。
近代工業社会のなかで、人々は故郷を離れねばならず、遠くからそれを「な
つかしむ」ことを余儀なくされたのである。

　その典型の 1 つが、炭鉱労働者の例である。戦後のエネルギー政策の転換
のなか、国は 1959 年の炭鉱離職者臨時措置法によって、炭鉱離職者に対し
ての広域職業紹介と職業訓練の支援へと舵を切った。すなわち、炭鉱労働者
は、職さえあればどこへでも（ときには海外まで！）移住して働くことを奨
励されたのである。その結果、地下坑内の肉体労働に従事していた人々が、
ときにはデスク作業や接客といった慣れない仕事に転職することもあったし、
それまで九州の離島の炭鉱街で生活していた人々が大阪の大都市部に移住を
余儀なくされるということが大規模に起こったのである。

　筆者が共同研究者として調査に参加した北海道音別町（現・釧路市）の尺
別炭砿の事例をみてみよう（嶋﨑ほか 2020）。尺別炭砿は、1970 年 2 月に閉
山したが、その前後数ヶ月間に、住民約 4000 人が移住を余儀なくされ、全
国に散っていった。主な転職先は北海道内の他の炭鉱（夕張、赤平など）を
はじめ、神奈川県、千葉県など関東が多いが、関西以西まで広がっており、
業種は自動車や造船といった製造業が多かった。こうした大移動のなかで、
人々は慣れない業種や異なる地域の文化に適応するため悪戦苦闘したのであ
る。加えて、炭鉱労働者の家族、とりわけ小学校や中学校に通う子供たちも、
同級生とほんの数ヶ月のうちに次々に別れなければならず、それも全国に散
り散りになってしまうという体験をすることになった。

　閉山から 50 年が経ち、いま尺別炭砿があった場所に街の面影はなく、ほ

とんど元の原野に還ってしまっている。時折跡地を訪れる出身者がいても、そこには尺別炭砿があったことを偲ばせる石碑が残るばかりである。

　この尺別炭砿の例からわかることは、あたかも1つの大きな社会的な枠組み、近代化の成功という物語に統合されたかにみえる日本の近代工業社会の記憶が、実は無数の移動する人々の記憶によって成っていたということである。尺別炭砿はあくまで1つの事例にすぎないが、戦後の集団就職も然りで、人々はときに家族ぐるみ、地域ぐるみで職のある場所に移動し、生活を営んできたのである。それゆえに、近代工業社会は無数の「ふるさと」を生み出し、軍艦島や尺別炭砿の例のように、それを解体することで手の届かないものとしてきたのである。

　集合的記憶が観光という移動（モビリティ）を引き起こす以前に、実はその集合的記憶が人々の必ずしも意図しない移動（モビリティ）によって形づくられたものだったのである。そこには移動を余儀なくされた人々の「痛み」もともなう記憶がある。いま、なお先の見えないリキッド・モダニティを生きている現代の私たちは、これらの移動の記憶から学ぶことが多いはずである。ゆえに、メディアの媒介によってそうした集合的記憶にゆかりのある場所を観光で訪れたとき、できることなら「なつかしい」の一歩先に踏み出して、忘れられつつある歴史に触れそれに学ぶ機会としたいものである。

参考文献

アルヴァックス、M.（2018）『記憶の社会的枠組み』鈴木智之訳、青弓社。
木村至聖（2014）『産業遺産の記憶と表象──「軍艦島」をめぐるポリティクス』京都大学学術出版会。
嶋﨑尚子ほか（2020）『〈つながり〉の戦後史──尺別炭砿閉山とその後のドキュメント』青弓社。
高橋伸一（2002）『移動社会と生活ネットワーク──元炭鉱労働者の生活史研究』高菅出版。
バウマン、Z.（2001）『リキッド・モダニティ──液状化する社会』森田典正訳、大槻書店。
橋本和也（1999）『観光人類学の戦略──文化の売り方・売られ方』世界思想社。
ボードリヤール、J.（2015）『消費社会の神話と構造　新装版』今村仁司・塚原史訳、紀伊國屋書店。

コラム6　移動がもたらす戦争の記憶の変化

　戦争の記憶は、その時々のさまざまな現象と深く結びつきながら、社会的に生成されてきた。世界的な軍事・政治情勢やそれらとも連動する社会運動、漫画や映画といったメディア・文化的表象、そして観光現象もその生成に大きな影響を与えてきた。例えば福間良明は、鹿児島県知覧町において観光振興がなされていく1960年代後半以降、他者の「特攻」の記憶が地域の戦争の記憶として取り込まれていくプロセスを明らかにした（福間 2017）。また山口誠は、1970年代後半の広島への修学旅行が、被爆者ら当事者の臨場感ある「被害」の記憶の語りを確立したことを捉えた（山口 2012）。

　ではそれらのすでにみられた観光現象と比較して、特に2000年代以降の現代的観光は戦争の記憶をどう形づくっていると捉えることができるだろうか。近年、戦争やそれにまつわる記憶を対象とするものは、ダークツーリズムという新たな観光の1つとして捉えられてもいる。これは人の死や苦しみと結びついた場所を旅する行為とされ、遠藤英樹はその新しさを、それらが「ダークネス」という共通概念でくくられることにあるとする（遠藤 2017：79）。この見方を手がかりに考えるならば、人・モノ・情報の移動が日常化し、さまざまな事象がよりグローバルで広範な概念体系のもと絶え間なく再編されること、それが現代観光の1つの特徴といえよう。ではそれが戦争の記憶の有様にどのような影響をもたらすのか。広島とも関連する呉市の事例（山本 2015）から示しておきたい。

　呉市は広島市の東に隣接する。戦前、広島は陸軍、呉は海軍の拠点として機能してきた。ただ広島は被爆したことで戦後、平和の聖地となり、多くの観光客を集めることとなった。この前提として、先の山口（2012）でも示されるように、日本では観光資源としての戦争の記憶は被害／加害の線引きのもと、多くが前者（被害）で構成されていた。呉市でも戦時下多くの空襲被害を受け、また同地で建造された戦艦大和は「特攻」的攻撃により多くの犠牲者を出して沈没した。呉市はそうした被害の記憶を社会的に有していたものの、戦後も軍事・防衛拠点であり続けてきたため、軍や加害といった側面を想起させる地域として位置づけられ、広島を目的地とする観光の文脈では不可視となっていた。

　こうしたなか、1980年代以降隣接国との国際関係のもとで進んだのが、日本の戦時の加害責任への自覚である。特に日本の平和教育・運動を担ってきた学校教員らは次第に日本の「加害」の記憶にも目を向けさせることに注力するようになる。1990年代以降には、そうした加害の歴史から目をそらさないという意図のもと、「戦争遺産・遺跡」という枠組みでの旧軍施設の資源化が進められた。一方、1990年代にはグローバル化拡大のなか、近代以降の日本の飛躍的成長の歴史を顕彰しようとするナショナリズム的な動きも、「近代化遺産」などの枠組みを得て、出現・拡大していく。とくに旧軍施設はこの「近代化遺産」に多く含

山本理佳

まれていた。このように 1990 年代には、特に加害にカテゴライズされていた旧軍関連のモノ・コトが、半ば相対立する文脈のもとで、文化遺産化／観光資源化していく。この背景には、ユネスコ世界遺産における「負の遺産」「20 世紀遺産」といった新たな文化遺産枠組みの確立、そしてそれらとも関わる、既述のダークツーリズムという文化・観光現象の出現もあった。

呉市では 2005 年に呉市海事歴史科学館(通称：大和ミュージアム)が開館した。通称から察せられるとおり、戦艦大和を主たるテーマとする博物館であり、開館と同年に上映された映画『男たちの大和』の相乗効果もあり、開館から数年は広島の平和記念資料館をしのぐほどの来館者数を記録した。ただ当該博物館は、先の流れのなかでは後者、すなわち日本の造船技術の到達点を明示するという近代日本称揚に由来する形で構想されたものであった。開館時には先述した加害の記憶の顕在化を図ろうとする平和団体から、展示内容に対する反対表明もなされていた。

興味深いのは、いかにこれらが既存の「被害／加害」という対立する文脈のもとにあっても、またそれらとも異なる企図のもとであっても、一度「戦争／近代の遺産」や「ダークネス」といった包括的な概念のもとで確立した移動回路は、それら記憶の矛盾や対立を半ば曖昧にしながら、強固になっていく点である。広島の原爆ドーム・平和記念資料館と大和ミュージアムは主要観光ルートに含まれるようになり、両地域の積極的な連携もなされていった。集客が期待できる当該博物館はさまざまな地域イベント開催場所にもなり、被爆者を含む平和団体の活動・イベント拠点にもなった。観光客も広島と呉双方の訪問を当然のものとして企画・実行し、両地域の多様かつ複雑な戦争の記憶も包括的枠組みのもと受容する。このように現代における戦争の記憶は、意味やイデオロギーを前提とするのではなく、人びとの絶え間ないモビリティによって形づくられていくといえるだろう。

参考文献 遠藤英樹(2017)『ツーリズム・モビリティーズ——観光と移動の社会理論』ミネルヴァ書房。

福間良明(2017)「ポピュラー・カルチャーにおける「継承」の過剰と脱歴史化——知覧に映る記憶のポリティクス」『フォーラム現代社会学』16。

山口誠(2012)「廣島、ヒロシマ、広島、ひろしま——広島修学旅行にみる戦争体験の変容」福間良明ほか編著『複数の「ヒロシマ」——記憶の戦後史とメディアの力学』青弓社。

山本理佳(2015)「大和ミュージアム設立を契機とする呉市周辺の観光変化」『国立歴史民俗博物館研究報告』193。

7 ジェンダー

ロマンス・ツーリズムによるジェンダー関係の逆転と経済格差の超越という幻想

中村香子

　女性の地位向上やジェンダー間の平等は、「持続可能な開発目標（SDGs）」のアジェンダの１つであり、近年では、観光をとおしてこれを実現することを目指したさまざまな取り組みが各地で展開されている。一方、経済的に豊かな欧米や日本から開発途上国を訪れる男性観光客が地元女性を性的に商品化して消費する「セックス・ツーリズム」は、こうした流れのなかで強い批判にさらされるようになった（UNWTO & UN Women 2011；UNWTO 2019）。

　これに対して「ロマンス・ツーリズム」とは、先進国の女性観光客と地元男性とのあいだで金品と性愛の交換をとおして成り立つ親密な関係を指し、恋愛という情感を含む継続的な関係が構築されるという点で「セックス・ツーリズム」とは区別されている（Pruitt & LaFont 1995）。観光客が男性か女性かで用語を分けることに対しては批判的な議論があり（Berdichevsky 2015）、「ロマンス・ツーリズム」と同様の関係が男性観光客を主体として成立することもあるし（Sánchez Taylor 2001）、男性観光客と女性観光客がこの関係性において求めるものにはほとんど違いがないという指摘もある（Bauer 2014）。

　しかし、ジェンダーに着目して「セックス・ツーリズム」と「ロマンス・ツーリズム」を捉え直すと、異なる様相が見えてくる。典型的な「セックス・ツーリズム」においては、男性は経済格差を利用して地元女性を性的搾取の対象とすることから、ジェンダー関係における男性の優位性がさらに強化されることは明らかである。また、男性観光客に近づいて性的な関係をもつ地元女性は、自分が所属する社会では「ふしだらな売春婦」として誹りの対象となり、親族関係や社会から追放されるなど、この関係性は女性をより

弱い立場に追い込んでしまう（Kibicho 2012）。

　では、ジェンダーの視点から「ロマンス・ツーリズム」はどのように分析されてきただろうか。先進国女性とジャマイカ人男性を事例に先駆的な研究を行ったプリュイットとラフォン（Pruitt & LaFont 1995）は、先進国の女性たちは、自らの所属する社会における男性の優位性や、家庭内で家事や子育てを女性が担うことを当たり前とするジェンダー規範に異議を唱え、それとは異なるジェンダー・アイデンティティを旅先のジャマイカで構築していると指摘した。また、ジャマイカ人男性にとっては、女性観光客の恋人となることは従来型の「男らしさ」の規準から大きく逸脱したふるまいであるが、日常から切り離された「観光」という文脈において、それは許容されているし、さらに地元男性は従来は不可能と思われたことを観光をとおして可能にできると信じているとも指摘している。つまり、ロマンス・ツーリズムは女性観光客と地元男性の双方にとって、自分が所属する社会におけるジェンダー規範にもとづいた男女関係とは異なる関係を提供する場となっているのである。

　セックス・ツーリズムとは異なり、ロマンス・ツーリズムにおいては、女性観光客も地元男性も関係を継続させようと真剣になる。そのためには、自身の所属する社会から離脱して、観光地でつくりあげた生活空間を「日常」として生きるか、あるいは、その双方を往還するという方法が考えられる。しかし、これを継続することの困難さは想像に難くない。特に地元男性にとっては、恋愛の舞台となる観光空間と日常の生活空間とでは、衣食住すべてのスタイルがまったく異なっているだけでなく、規範や価値観もかけ離れており、簡単にはそのあいだを往還できない。彼らは、その折り合いをどのようにつけているのだろうか。また、ロマンス・ツーリズムが終わったあと、彼らはそれをいかなる経験として把握するのだろうか。

　以降では、東アフリカ・ケニアのビーチリゾートで観光業に従事する「マサイの戦士」とヨーロッパ人女性の「恋愛」を事例に、地元男性の経験を具体的にみていこう。

1　「マサイの戦士」と観光業

　ケニアのモンバサは、アフリカ屈指のビーチリゾートであり、特に長期の
バカンスを楽しむヨーロッパの富裕層に好まれている。ホテルでは、「野性
的」で「伝統的」なアフリカ人の代表として表象される「マサイの戦士」が
観光客にダンスを見せたり、装身具を販売したりして働いている。彼らのな
かにはサンブルと呼ばれる民族が多く含まれている。サンブルはマサイと同
様にウシ牧畜民である。両者は共通の言語を話し、「戦士」と呼ばれる未婚
の青年がビーズを多用した独特の装身具を身につけるなど、社会的・文化的
な共通点が多い。大部分のケニア人もマサイとサンブルを区別しない。

　マサイとサンブルの社会では、男性は誰もが15〜25才で割礼を受けて年
齢組に加入して「戦士」と呼ばれるようになる。年齢組は約15年ごとに新た
に組織され、これと同時にそれまで「戦士」の年齢組に所属していたものた
ちは、「戦士」を卒業して結婚し「長老」となる。「戦士」には、かつては自
分たちの家畜を守るために近隣の民族と闘うという、文字通りの「戦士」の
役割が与えられていたが、近年ではこうした役割はほとんどなくなっている。

　サンブルの「戦士」がモンバサで観光業に参与し始めたのは1980年代の
ことである（中村 2007）。その当時に「戦士」だったのはL年齢組であり、
その後、1990年にM、2005年にS、2019年にKという4つの年齢組が誕生
している。本章で紹介する事例は2000〜2015年に収集しており、調査開始
時に「戦士」だったM年齢組の男性たちのものである。2005年にS年齢組
が「戦士」となると同時にM年齢組の男性たちは「戦士」から引退し、ほ
とんどの人が1〜2年以内に結婚して「長老」となった。モンバサで働いて
いた人のほとんどは帰郷して結婚したが、「長老」となっても「戦士」とし
て働き続けていたものもあった。これは故郷の規範からは大きく逸脱する行
為であった。

　M年齢組が誕生した1990年は、学校教育と現金経済がサンブル社会に急
速に浸透し始め、人々の価値観が大きく変容した時期であった。従来、男性
は「戦士」でいるあいだ、結婚することや家畜を所有することは許されてお

らず、ビーズの装身具で華やかに身を飾り、未婚の娘たちとともにダンスと恋愛を楽しむべき時期として位置づけられてきた。「戦士」たちは高いプライドをもってこの時期を楽しみながら過ごしてきた。しかし1990年前後からは価値観が多様化し、儀礼や規範を重視した「伝統的な生き方」に疑問をもつ人もあらわれてきた。また、度重なる干ばつによって牧畜業のみに依存する生活が不可能となると同時に、現金の必要性も急激に高まるなかで、多くの「戦士」は出稼ぎにいくようになった。モンバサで観光業に従事するサンブルの「戦士」は、こうした背景のものとで増加していった。

2　「ボーシィ」と欧米人女性

　モンバサではほとんどの「戦士」が、装身具販売とダンス・ショー出演という2つの仕事に従事している。そして誰もがいつか「欧米人女性の恋人」になって大金を手にしたいと考えるようになる。実際に「欧米人女性の恋人」になった仲間を、彼らは「ボーシィ (boosi)」と呼ぶ。これは「親分、上司」を意味する英語の「boss」をマサイ語化させた言葉である。大金を手にした「ボーシィ」たちには、仲間に気前よく散財することが期待される。故郷では、同じ年齢組に所属する仲間の平等性がしばしば強調されるため、露骨な上下関係を示す「ボーシィ」という言葉には、皮肉と諧謔が十二分に込められている。「欧米人女性の恋人」という役割を「遊び」として扱っているようにも感じられる。なかには本気で欧米人女性と恋愛して結婚する人もあるが、それは極めて例外的で、ほとんどの場合に彼らの目的は金品である。

　一方、彼らと継続的な恋人関係をつくる女性の多くは50〜70代の高齢のヨーロッパ人である。私はこの女性たちを直接に対象とした調査は実施しておらず、サンブルの「戦士」たちをとおして話を聞いただけなのだが、彼女たちは、すでに子育てを終え、多くの場合は仕事からも引退していて悠々自適の老後生活をおくっている。単身もしくは女性同士でバカンスに来ていることから察すれば、夫とは離婚か死別している人も多いだろう。年に1〜2回、長期でバカンスを楽しみながら、人生において残された時間とあり余る富をどのように使おうかと考えている富裕層である。彼女たちは、「マサイ

の戦士」のもつエキゾチックな魅力に強く惹かれ、人生の半ばを過ぎて想像もしていなかった刺激的な「恋に落ちて」いるように見える。

　もちろんこの関係を、旅先だけの利那的な関係と割り切っている女性もいるだろう。しかし、少なからぬ女性たちはこの恋人関係を継続的なものにしようとする。繰り返しモンバサを再訪して恋人と過ごすためのコテージを長期で借りたり、モンバサで家を購入して故郷との二重生活を始めたりするし、恋人のパスポートやビザを取得して故郷に連れて帰ることもある。

3　「ボーシィ」の武勇伝と恋人関係の終焉

　欧米人女性をうまく騙して大金を手にするボーシィは、「知恵のある男」としてモンバサで働く仲間たちから評価される。そしてその「功績」は故郷にまで広く知れわたり、故郷でも彼らの武勇伝は生き生きと語られる。例えば、M 年齢組の A さんがスイス人女性と結婚して「1 日に 3 台の車を買ってもらった」こと、そしてその後、その車を元手にして乗り合いバスの会社をおこしたことは、故郷の誰もが知る事実となっている。

　同じく M 年齢組の B さんは、毎週 5 万ケニア・シリング（1 ケニア・シリングは約 1.2 円。当時の小学校の教員の月給は約 2 万円）以上の送金を海外から何年にもわたって受けていたことから、『バルノッティ・レ・ンピト（*lbarnoti le mpito*)』と呼ばれた。直訳すると『切れない糸の男』という意味である。彼は、同時に複数の恋人をもち、彼女たちがモンバサで鉢合わせにならないように、うまく来訪の時期をずらすように調整していた。「彼のカネは『ピト』（牛やバッファローの背骨沿いにある腱からつくる糸）のように決して途切れない」という賞賛をこめたニックネームである。

　また、M 年齢組の C さんは、同年代のイギリス人女性と恋に落ちて結婚した。相手の女性は若くて C さんの子どもを出産したことから、C さんはほかのボーシィとは違って「仕事」ではなく、本当の恋愛と結婚をしたと語られていた。結婚後、彼はイギリスに渡り、運転免許を取得してトラックの運転手として必死に稼いだ。「C はイギリスで 1 時間に 1500 ケニア・シリングも稼いでいるらしいが、イギリスではトマト 1 つが 200 ケニア・シリング

するらしい」。彼の噂はモンバサだけでなく故郷のサンブルじゅうに広まった。

　大金を手にするためには、恋人との信頼関係が前提となる。そのうえでボーシィたちは、いくつかの嘘もつきながら恋人が帰国している期間にも、送金という形で収入を得なければならない。「故郷の母が病気なので治療費が必要になった」「弟や妹を学校に通わせたい」などは常套句である。

　ボーシィたちが母親と同じ世代の女性と性関係を含む固定的な関係をもつことや、口先であることないことを言いながら、金品を騙しとることについての倫理は、相手が「欧米人である」という理由でサンブル社会ではひとまず不問にされている。さらに、「1万ケニア・シリング相当のスニーカーや2万ケニア・シリングのデニム・パンツを身につけている」ことや「1日に3台の車を買ってもらう」こと、「ミリオニ（数百万）の家を建ててもらう」ことは、我が事のように気分のいいことだと人々は語る。

　しかし、その一方でボーシィに対する別の評価もある。それは、多くのボーシィが長期間にわたって故郷に帰らず、年齢組の構成員として義務づけられている通過儀礼もおこなわず、さまざまな故郷の規範を無視した人生をおくることに起因している。本人たちにも「おかしなことをしている」という意識がある。ある元ボーシィは自嘲の笑みを浮かべながらこう言った。

　「恋人として寝食をともにするだけじゃない。ボディ・ガードの役割もするし、ただ連れて歩かれるだけの犬の役割もする。マッサージもするし、買い物にも行く。料理もするし掃除もする。ボーシィ稼業は楽じゃないよ」。

　彼ら自身も、こんなおかしなことをいつまでも続けられるはずがないとどこかで思いながらも、ネガティブな評判や感情を打ち消すために、より多くのカネを恋人から引き出すことに専心し、そのカネで仲間たちに大盤振る舞いを繰り返す。それを続ければ、どんな大金でもすぐになくなってしまうし、毎日バーに入り浸るうちにアルコール中毒になることもある。そして、幾多の嘘に疲れ果てた女性が、最終的にはこの関係を終わらせようとする。恋人関係を継続することは想像以上に困難である。

　恋人が去ったあと、ボーシィのほとんどは、またたくまに無一文になって

しまう。A さんと B さんもその例にもれず、最後はモンバサのバーの床で乞食同様に酔いつぶれていた。C さんは離婚して子どもを妻のもとに残して帰郷し、持ち帰ったカネで故郷に大きな石の家を建設しようと試みたが、酒におぼれて散財してしまい建設途中の家の基盤だけが残っている。

4　ジェンダーの逆転と経済格差の超越という幻想の果てに

　ロマンス・ツーリズムとは、なんだったのだろうか。まず、欧米人女性にとってはどうだろう。「マサイの戦士」と恋に落ちるという想定外の経験は、多大な金銭的犠牲だけでなはなく、時間的・精神的な犠牲もともなっていた。「マサイの戦士」の放つ圧倒的なエキゾチシズム、すなわち「自分自身とはまったく異なる何か」は、彼女たちにとってこのうえない魅力であっただろう。彼女たちの多くは「戦士」の詐欺まがいの嘘をなかば承知のうえで、騙され続けていたのではないだろうか。しかし、最終的には互いの距離を金銭で埋めることの困難さと不可能性を思い知ったに違いない。金品を与えることをやめれば関係は終わる。この事実によって女性たちは、関係の終焉のタイミングを決定するイニシアティブも握っていた。犠牲は大きかったかもしれない。しかし彼女たちの多くは、仕事からも、家庭内での妻や母としての役割からもすでに引退していた。さまざまな犠牲や代償は払ったが、高齢で富裕な女性たちにはその余裕があった。まさに失うものはほとんどない状況で、それまでの人生において長期にわたって受け入れてきた束縛——男性主導社会におけるジェンダー規範やジェンダー役割——から逃れて、かつてない奔放さで「戦士」とのあいだに、習慣化していたジェンダーを逆転させた新しい男女関係を取り結んだのである。自身のこの経験を、女性たちは振り返ってどのように捉えるのだろう。日常からの逸脱を許容する「観光」という場においてこそ成立しえた特別なものとして、自身の人生の宝だったといつか肯定的に捉えることができれば、これはまぎれもなく「実存的」で「真正」な経験（橋本 2011）になるに違いない。

　「戦士」たちにとってはどうだろう。彼らは、観光をとおしてしか知り合いえないような相手と寝食をともにするという親密な関係を構築し、莫大な

金銭を手にして擬似的に「白人」になり、貧しい仲間にカネをばらまくという経験をした。そしてそのカネは泡のように消えた。まさに、夢のような時間であった。夢からさめた彼らは、その後どうしたのだろうか。

　無一文になりバーの床で酔いつぶれていた男たちは、やがて故郷に戻り、仲間よりも10～15年遅れて結婚した。長いブランクの果てに仲間や親戚の支援を得て、彼らは故郷への帰属をなんとか再建できた。アルコール依存からの脱却にはさらに時間が必要だが、この経験によって彼らは「やはり、生きていく場所はここしかない」と感じ、故郷と自民族を強く肯定することになった。1人の女性との親密な関係をとおして、彼らは、莫大な金銭をもっている欧米人も自分たちと同じように喜怒哀楽のある人間であることを理解し、彼女たちの目にはこの世界がどのように見えているのかも知った。夢の世界のように思い描いていた先進国の生活の現実を味わった人もいた。ロマンス・ツーリズムは、彼らにとって「帰るための旅」であり、アイデンティティの再編につながる強烈な体験の場であったといえるだろう。

（参考文献）

中村香子（2007）「牧畜民サンブルの「フェイク」と「オリジナル」──「観光の文脈」の誕生」『アジア・アフリカ地域研究』6-2。

橋本和也（2011）『観光経験の人類学──みやげものとガイドの「ものがたり」をめぐって』世界思想社。

Bauer, I. L. (2014) "Romance tourism or female sex tourism?" *Travel Medicine and Infectious Disease*, 12.

Berdichevsky, L. (2015) "Romance Tourism", in J. Jafari & H. Xiao (eds.), *Encyclopedia of Tourism*, Springer International Publishing Switzerland.

Kibicho, W. (2012) "Sex trade and tourism in Kenya : Close encounters between the hosts and the hosted," in W. Van Beek & A. Schmidt (eds.), *African Hosts and their Guests : Cultural Dynamics of Tourism*, James Curry.

Pruitt, D. and S. LaFont (1995) "For love and money : Romance tourism in Jamaica", *Annals of Tourism Research*, 22-2.

Sánchez Taylor, J. (2001) "Dollars are a girl's best friend? Female tourists' sexual behavior in the Caribbean", *Sociology*, 35-3.

UNWTO and UN Women (2011) Global Report on Women in Tourism 2010.

UNWTO (2019) Global Report on Women in Tourism Second Edition.

＜コラム7＞ バーチャルなキャラクターに「会いに」行く

　近年、刀剣に関心をもち、刀剣の展示会や縁の場所を訪れる若い女性が増えている（山川・岩﨑 2022）。刀剣愛好家といえば年配男性というイメージを覆すこの現象は、DMM GAMES（「EXNOA」に改称）とニトロプラスによって製作されたデジタルゲーム「刀剣乱舞 ONLINE」（「刀剣乱舞－ONLINE－」より改称。以下、「刀剣乱舞」）のキャラクターの人気によって起こったものである。このコラムでは、同ゲームに焦点をあて、キャラクターとそのファンによるバーチャル（仮想）とマテリアル（物質）の2つの領域をまたいだ「移動」についてみていく。

　まず、刀剣乱舞とはどのようなゲームなのか。登場する主なキャラクターは、実在の日本の名刀を擬人化した「98振り」（2022年1月14日現在）の「刀剣男子」である。このキャラクターは、刀剣に宿る「付喪神」という設定となっている。プレーヤーは、「審神者」と呼ばれ、刀剣男士を収集・強化し、過去の改変をもくろむ「歴史修正主義者」に戦いを挑む。EXNOA の発表（2022年1月14日）によると、このゲームは2015年1月にサービスを開始して以来、7年間で PC ブラウザ版の登録者200万人、スマホアプリダウンロード数800万を突破した。この高い人気を背景に、アニメ、小説、劇場、映画、テーマカフェ、キャラクターのグッズ販売といったメディアミックスも展開した。

　同ゲームのファンの活動は、メディアの外にも広がっている。刀剣を展示する博物館や奉納された刀剣を所有する寺社、作刀の地、刀剣を所持していた歴史上の人物に関わる場所を、多くのファンが訪れるようになった。そのため、博物館・資料館や寺社が刀剣乱舞の製作会社と連携し、数多くのイベントを開催するようになった（栗本 2018）。筑波総合研究所の研究員の報告（山川・岩﨑 2022）によると、2015年5月から2021年10月にかけて開催された刀剣乱舞に関連した刀剣展示会は、確認されただけでも74件に上る。このような刀剣乱舞のファンによる行動は、お気に入りの男性アイドルや俳優を追ってコンサートや劇場公演に駆けつける女性のファンツーリズム（幸田・臺 2020）に近いものと考えると理解しやすいだろう。

　しかし、男性アイドルとは異なり、デジタルゲームのキャラクターとそのファンの間には、空間の移動では対処できない「次元」の違いという壁がある。この壁を乗り越える方法の一つは、生身の人間を「媒体」に、2次元の存在であるキャラクターを、身体を持つ3次元の存在に転換することである。

　この方法はマンガやアニメのマニアックな男性ファンに好まれ、メイドのキャラクターに扮した女性が働くメイドカフェ、コスプレショップ、コスプレイベントなどの「2.5次元産業」と呼ばれるビジネスを生み出した（森永 2007）。2.5次元産業は2000年代半ばに大きく発展し、女性向けのものも多い。そのなかでとりわけ人気が高いのが劇場公演で、マンガやアニメ、デジタルゲームのメディア

吉田道代

ミックスの定番になっている。刀剣乱舞においても、ミュージカル（2015年初演）や舞台（2016年初演）が繰り返し上演され、チケット入手が困難な人気コンテンツとなっている。刀剣乱舞ファンにとってこうした劇場は、身体を持つ刀剣男子（実際にはそれを演じる俳優）と会える特別な場所なのである。

こうして刀剣乱舞のファンは、それを演じる俳優の魅力も投影させてキャラクターへの愛着を深めつつ、一方で、刀剣をキャラクターそのものと認識する想像力も培ってきたように思われる。刀剣展示会を訪れるファンの多くは、キャラクター由来で刀剣を見に来るのではなく、キャラクターを宿す刀剣に「会いに」行っている（石田・眞島 2022）。これが意味するのは、このゲームのファンのなかには、もはや生身の人間を介さずとも、キャラクターを手の触れられる、すなわち物理的な存在と認識する者がいるということである。脳内で2次元のキャラクターと3次元の刀剣が融合したファンにとって、もはや次元の壁はない。実在の刀剣はマテリアル領域に顕現した刀剣男子そのものとなりえるのである。

物質（モノ）と一体化したキャラクターに「会いに」行くという発想と行動は、刀剣男子以外のさまざまな擬人化キャラクターのファンにもみられるものである。しかし、このように次元を移動してとり結ぶ関係性は、VR（バーチャル・リアリティ）技術の進歩によって大きく変わる可能性が出てきた。例えば、メタバースのように高度な現実感がえられるバーチャル空間においては、人々がバーチャルな存在となり、物理的な制約に縛られずに様々な活動や交流をすることが可能となっている。

こうした時代にあって、バーチャルなキャラクターとファンの関係は、バーチャルな世界で完結していくことになるのだろうか。それとも別の方法を通じた関係性が構築されていくのだろうか。バーチャル・マテリアル双方の領域でのファンの動きとともに、注目していきたい課題である。

（参考文献） 石田理沙・眞島沙奈「デジタルゲームツーリズム――刀剣乱舞ファンの旅行動機と行動」和歌山大学観光学部「Open Space Research Forum 2022」（2022年10月21日開催）報告資料

栗本涼花（2018）「ゲーム『刀剣乱舞-ONLINE-』と博物館の関係から見る日本文化」『日本学報』37, 149-171.

幸田麻里子・臺純子（2020）『会いたい気持ちが動かすファンツーリズム――韓流ブームが示唆したもの 嵐ファンに教わったこと』流通経済大学出版会

森永卓郎（2007）「オタク市場と日本経済」株式会社メディアクリエイト編『2008オタク産業白書』株式会社メディアクリエイト

山川卓哉・岩﨑涼香（2022）「コンテンツツーリズムによる地域活性化と文化振興――「刀剣乱舞」の事例から」『研究員調査情報』51, 14-25.

8　エスニシティ

エスニック・タウンの観光資源化

須永和博

　移民や出稼ぎなど、国境を越えた人の移動が増加するなかで、都市には、多様な文化やエスニシティがモザイク状につながった社会空間が形成されてきた。都市のなかに形成された移民集住地区、いわゆるエスニック・タウンのなかには、気軽に「異文化体験」ができる観光地としての様相を呈している場所も少なくない。しかし、こうしたエスニック・タウンの観光資源化は、外部資本の流入を助長し、地域住民の排除を伴う都市再編（ジェントリフィケーション）を引き起こす一因にもなっている。観光産業の集積により、地域住民の生活空間から観光客のための消費空間へと変容していく「ツーリズム・ジェントリフィケーション」（Gotham 2005）が、一部のエスニック・タウンでは生じているのである（Diekmann & Smith eds. 2015）。

　ただし、地域住民は、外部資本に翻弄される無力な被害者というわけでは必ずしもない。資本の論理にもとづく都市再編に巻き込まれつつも、そのなかでさまざまな応答を行うエージェンシー（主体的に変革する能力）をもった存在でもある（須永 2020）。それゆえ、エスニック・タウンの観光資源化をめぐっては、ジェントリフィケーションとそれに向き合う地域住民の応答という、両者のせめぎ合いにこそ目を向けていく必要がある。

　本章では、旧海峡植民地をはじめとするマレー半島の都市部に形成されたババ・プラナカンと呼ばれる中華系移民のエスニシティを事例に、観光地化に向き合う地域住民のさまざまな応答を紹介することで、エスニシティと観光を取り巻く今日的状況について考えてみたい。

1　エスニシティとは

　1960 年代以降、公民権運動に触発される形で、さまざまなマイノリティ

の人々が、自己決定権やアイデンティティの確立を求める社会・文化運動を
展開していった。エスニシティは、この時代に世界規模で広まったエスニッ
ク集団の権利回復運動を背景に、新たに定着した語である。「エスニック集
団の紐帯や特性全般」を意味するエスニシティ概念がもたらした意義の1つ
は、従来固定的に捉えられがちであった民族概念に、動態的な視点を導入し
たことである。今日、移民や難民、出稼ぎなど、国境を越えた移動によって、
異なる文化的背景をもった人同士が接触・交流する機会が増えているが、こ
うした状況下で再構築される民族文化やアイデンティティの動態に着目する
のが、エスニシティという分析視角である（町村 2019）。

2　エスニシティの商品化

　エスニシティは、多数派の集団にとってエキゾティシズムを喚起する存在
でもあるがゆえに、観光消費の対象となることも多い。例えば、中南米のイ
ンディヘナや東南アジアの山地民など、世界の先住・少数民族の生活の場を
直接訪れ、「異文化体験」を行うエスニック・ツーリズムはその典型的な事
例である。しかし、エスニシティと観光の関わりは、世界システムの「周辺」
地域に限定されるものではない。例えば、都市に形成されたエスニック・タ
ウンでの「異文化体験」もまた、エスニック・ツーリズムの一形態といえる
であろう。

　エスニック・タウンの観光地化の歴史は、意外と古い。例えばアメリカで
は、20世紀初頭にはすでに、WASP（White Anglo-Saxon Protestant）と呼ば
れる多数派住民の間で、東欧や南欧、アジア系などの移民が集住する地区を
訪ねる観光が盛んに行われていたという（Steinbrink 2012：225-228）。日本で
も 1950 年代には、横浜中華街の観光地化が始まっている。当時の横浜市長
がアメリカを視察した際、観光地化が進むサンフランシスコのチャイナタウ
ンに感銘を受けたことから、横浜中華街の華僑・華人らに提案をし、まちづ
くりを進めていったのである。その頃の横浜中華街は、「治安が悪い」など
負のイメージが強かったが、牌楼（中華門）の設置や歩道の整備など、行政
と住民が協働でまちづくりを行っていった結果、1970 年代には多くの観光

客を集めることに成功したという（林 2010）。

　横浜中華街の観光地化は、現地の華人・華僑のエスニシティにもさまざまな影響をもたらした。例えば、横浜中華街で生れ育った人類学者・陳天璽によれば、観光地化の進展は、衰退しかけていた地域の祭礼の復興にもつながったという。日本での暮らしが長い横浜中華街の華僑・華人の間では、1970年代には新暦の浸透に伴って旧暦行事が衰退していたが、観光地化の進展を契機に、春節や関帝誕など旧暦祭事を復興していったのである。そして、中国由来の祭礼復興は、単なる観光客向けのスペクタクルにとどまらず、「華僑・華人」としてのアイデンティティ刷新にもつながっていったという（陳2008）。このように観光は、ホスト・ゲスト間の接触や交流を通じて、エスニシティの刷新や再編を生み出す一要因ともなっているのである。

　また、横浜中華街のような事例は、ハイデンのいう「場所の力」を強化していくための手段としても捉えることができる。「場所の力」とは、これまで表立って語られてこなかったような移民などマイノリティの声や社会的記憶を発信していく力のことである（ハイデン 2002）。エスニック・タウンの観光資源化は、移民の文化や記憶を可視化させ、継承していくための手段ともなりうるのである。

　ただし、観光地化は、外部資本の流入を誘発し、ツーリズム・ジェントリフィケーションや「場所の力」の記号化をもたらす要因ともなりうる。すなわち、「場所の力」から記号化した（＝わかりやすく再構成された）差異だけが切り取られ、資本の論理によって表層的な文化消費の空間へと再編されていく危険性があるのである。それゆえ、エスニック・タウンの観光地化をめぐっては、「場所の力」の記号化に陥らずに、多様な声や記憶の提示と観光客向けのスペクタクルをいかに両立させるかという点が課題となってくる（五十嵐 2008）。

　以上のような問題意識をふまえたうえで、次節では旧海峡植民地をはじめとするマレー半島の都市部に形成されてきたババ・プラナカンと呼ばれる中華系移民のエスニシティの商品化をめぐる諸相について考えてみたい。

3 ババ・プラナカンの観光資源化

　ババ・プラナカンとは、マレー半島に土着化した中華系移民とその子孫を指す。東南アジアの交易の中心であったマレー半島には、15世紀以降、福建をはじめとする華南地域からの移民が増加していた。そして、その多くは単身の男性であったため、現地に定着する過程でマレー人と婚姻関係を結ぶこととなった。この中華系移民とマレー系女性の通婚が進む過程で成立したのが、ババ・プラナカンと呼ばれるエスニシティである。

　こうした経緯で生まれたババ・プラナカンは、福建とマレーの混在という文化的特徴を有し、それは言語や建築、料理、服飾など広範な領域にみられる。そして19世紀以降、海峡植民地が編成されると、宗主国であるイギリスは現地で政治・経済力を握っていたババ・プラナカンを同盟者として位置づけていく。その結果、西洋文化を積極的に吸収するババ・プラナカンも現れ、マレー、福建、さらには西洋文化をも取り入れた独特の混成文化が形成されていくこととなった。

　海峡植民地を背景に成立したババ・プラナカン文化は、脱植民地化の過程で一度は衰退していくことになるが、1980年代後半からババ・プラナカンの文化復興運動が活発化し、それと並行する形で観光資源としても注目が高まっていった。例えばシンガポールでは、戦前に建てられたショップハウスと呼ばれる長屋形式の店舗兼住宅が、ババ・プラナカンの文化遺産として再発見され、それらをリノベーションしてブティック・ホテルやカフェに転用する動きが隆盛していく（Chang & Teo 2009）。そしてその流れは、2000年代以降、隣国マレーシアのペナンやマラッカ、さらにはペナン出身のババ・プラナカンが数多く移住したタイのプーケットなどにも波及していくこととなった。

　特に2008年には、マラッカとペナンが世界遺産に登録されたことで、ババ・プラナカン文化は一種のブームとなっていく。シンガポールでも、この時期ババ・プラナカンを主人公にしたTVドラマが大ヒットするなど、料理や雑貨、衣装といったババ・プラナカン文化への関心を高めた。さらに2015

年には、プーケット旧市街がユネスコの創造都市ネットワークへの加盟を果たしたことも、この流れに拍車をかけた。こうしてババ・プラナカン文化は、マレー半島都市部の主要な観光資源の地位を獲得していったのである。

　しかし、ババ・プラナカン文化の再発見と観光資源化は、外部資本の流入にともなう都市再編、いわゆるジェントリフィケーションの問題も引き起こしている。例えば、ババ・プラナカン建築をリノベーションしたホテルやカフェが集積する一方で、そこを生活の場としていた住民が排除され、地域の生活文化や社会的記憶が失われていくといった問題が、一部の地域で顕在化している（Chang & Teo 2009）。ただし、地域コミュニティのなかには、ジェントリフィケーションに巻き込まれつつも、それに抗い、さまざまな応答を試みるといった動きも生まれている。以下では、ババ・プラナカンの文化が根づくプーケット旧市街を事例に、そこにみられる地域住民の主体的な取り組みを紹介したい。

4　「場所の力」を育む

　19世紀末から20世紀初頭にかけて、ペナン出身のババ・プラナカンが多く移り住んだプーケット旧市街には、その時代に建てられたババ・プラナカン様式の邸宅やショップハウスなどが数多く残っており、旧海峡植民地と類似した都市景観がみられる。自由港ペナンとの交易によって栄えた戦前は、バンコクに次ぐ「モダンな都市」と称されることもあったようだ。戦後は、産業構造の転換によって若年層が流出し、一時期空洞化が進んでいたが、2000年代に入ると、その独特の都市景観やババ・プラナカン文化が再発見されていく。海峡植民地由来の文化が根づく、エキゾティックな雰囲気を味わえる場所として、タイ国内の観光客のあいだで人気の観光地となっていったのである。

　こうした旧市街の観光地化は、外部資本の流入をもたらし、ショップハウスをリノベーションしたカフェやゲストハウス、ギャラリー、雑貨店などが軒を連ねるようになっていった。戦前から商いを続けてきた店舗も、徐々に観光客向けの新たな業態にとって代わられるようになってきている。しかし、

地域住民のなかには、近年生じて
いるツーリズム・ジェントリフィ
ケーションに巻き込まれつつも、
それに向き合い、新たな取り組み
を始める人々も出現しつつある。

　例えば、若い世代の新・旧双方
の住民が協働で始めた、ストリー
トアート・プロジェクトのような
試みがある。同プロジェクトは、

図1　中元節の祭礼で用意される菓子をモチー
フにした作品（筆者撮影）

ユネスコの創造都市ネットワークへの加盟をきっかけに始められ、ババ・プ
ラナカンの文化などをモチーフにした12点のウォールアートを旧市街に設
置するというものである。特筆すべきは、このプロジェクトには、外部から
招聘したプロのアーティストとともに、地元の芸術系大学などに通う学生や
絵画教室に通う子どもたちらもその制作に関わっているという点である。こ
のような取り組みは、ババ・プラナカンの文化や記憶を地域の若者が再確認
する、積極的な契機にもなっていった。

　また、外部資本による歴史的建造物のリノベーションが進む一方で、地元
のババ・プラナカンが始めた新規事業も散見される。その一例として、20
世紀初頭に建造されたショップハウスをリノベーションした家族経営のブ
ティック・ホテルを紹介したい。もともと、このショップハウスは、ババ・
プラナカンの一家が経営する輸入時計店兼住居であった。ペナンとの交易で
栄えた戦前は、舶来品の時計の購入・修理に訪れる人たちで賑わったようだ
が、戦後旧市街の空洞化が進む中で時計店も閉業することとなり、店を畳ん
だあとは一家も郊外に引っ越し、しばらくは空き家となっていた。

　しかし、この物件を所有するオーナーには、両親や祖父母が大事にしてい
たこの家を売却することは考えられず、家族史やかつてのババ・プラナカン
の暮らしぶりを何とか次世代に語り継いでいきたいという思いが強くあった。
そこで考案したのが、この家に埋め込まれた記憶を来訪者に伝えるギャラ
リー併設のブティック・ホテルを作ることであった。以前、オーナーは高級

ホテルでマネージャーをしていたこともあったので、ホテル運営に関するノウハウもあった。また、リノベーションに関しては、ババ・プラナカンの建築に詳しい旧知の建築史家のサポートを受けることもできる。こうして、自らの文化資本や社会関係資本を活用しながら、ババ・プラナカンをコンセプトにしたブティック・ホテル（全12室）を開業したのである。

　ホテル内のギャラリーには、一族が使ってきたアンティークのプラナカン雑貨や生活道具、祖先祭祀のための祭壇などの他、古地図や昔の地権書などこの地域の歴史を窺い知ることのできる資料が展示されている。オーナー夫妻は、宿泊客にこれらの展示物について1時間ほどかけて丁寧に説明してくれる。換言すれば、ブティック・ホテルという観光施設を媒介に、個別具体的な場所の記憶を他者に語るという新たな実践を生み出していったのである。

　ハイデンによれば、「場所の力」を高めていくためには、アートや展示といった創造的手法を組み込んでいくことが重要である（ハイデン 2002）。ここで紹介した2つの事例もまた、自らの文化資本を生かした創造的手法を用いて、プーケット旧市街の社会的記憶を可視化していった例といえるであろう。いいかえれば、ローカリティとクリエイティビティをバランス良く組み合わせることで、「場所の力」を育んでいく地域住民のエージェンシーをみてとることができるのである（須永 2020）。

　しかし、エスニシティの商品化には、たとえ当事者の主体的な試みであったとしても、エスニシティのなかから消費可能な文化要素のみを取り上げ、

図2　ショップハウスをリノベーションしたブティック・ホテル（筆者撮影）

それ以外の多様な側面を捨象してしまうという問題をはらんでいる。それに対して、プーケット旧市街では、こうしたジレンマを乗り越えるための取り組みもまた、住民主導で行われるようになってきている。例えば、2018年に開館したコミュニティ・ミュージアム（Museum Phuket）の試みはその

一例である。戦前に建てられたババ・プラナカン様式の建物をリノベーショ
ンしたこのミュージアムでは、地域の古老からプーケット旧市街の暮らしや
歴史に関するオーラル・ヒストリーを収集し、それを展示するといった活動
を行っている。こうしたコミュニティ・ミュージアムは、観光地化が進むな
かで不可視化されがちな高齢住民の記憶を伝えることを可能にするとともに、
若い世代の地域住民がプーケットの歴史や文化遺産を学ぶ場所としても機能
している。

　以上、プーケット旧市街のババ・プラナカンの取り組みを紹介してきたが、
そこにはジェントリフィケーションに巻き込まれつつも、観光資源化と多様
な社会的記憶の提示を両立させようとする、地域住民のさまざまな試行錯誤
をみてとることができる。エスニック・タウンの観光資源化について考えて
いく際には、こうしたジェントリフィケーションに向き合う地域住民の多様
な対応を、真摯に見つめることが求められている。

参考文献

五十嵐泰正（2008）「「場所の力」とどう付き合うか」こたね製作委員会編『こころのたね
　　として——記憶と社会をつなぐアートプロジェクト』ココルーム文庫。
須永和博（2020）「「場所の力」を紡ぐ——タイ国プーケット旧市街におけるセルフ・ジェ
　　ントリフィケーション」『観光学評論』8-2。
陳天璽（2008）「美味し楽し忙し、華人暦」『アジア遊学』106。
ハイデン, D.（2002）『場所の力——パブリック・ヒストリーとしての都市景観』後藤春彦
　　ほか訳、学芸出版社。
林兼正（2010）『なぜ、横浜中華街に人が集まるのか』祥伝社。
町村敬志（2019）「エスニシティと境界」長谷川公一ほか編『社会学（新版）』有斐閣。
Chang, T. C. & P. Teo,（2009）"The Shophouse Hotel : Vernacular Heritage in a Creative
　　City," *Urban Studies*, 46-2.
Diekmann, A. & M. K. Smith,（eds.）（2015）*Ethnic and Minority Cultures as Tourist At-
　　tractions*, Channel View Publications.
Gotham, K.（2005）"Tourism Gentrification : the Case of New Orleans' Vieux Carré
　　（French Quarter）," *Urban Studies*, 42（7）.
Steinbrink, M.（2012）"'We did the Slum!' : Urban Poverty Tourism in Historical Per-
　　spective," *Tourism Geographies*, 14-2.

コラム 8　エスニックな雑貨をめぐる人とモノと想像力の移動

　国内外を問わず、観光地ではおみやげとして種々の手工芸品が売られている。それらは国内であれば民芸品と呼ばれることが多いが、海外ではときにエスニック雑貨とも呼ばれる。カラフルな色彩の衣料品、幾何学模様の刺繍が施されたインテリア小物などは、異郷を訪れた観光客にひときわ魅力的なものに映るだろう。

　もっとも、エスニック雑貨は旅行に出かけなくとも購入することが可能である。郊外のショッピングモールや駅前の複合商業施設で、エスニック雑貨の専門店を目にしたことはないだろうか。そこでは、アジアやアフリカ、中南米の国々の、とりわけ先住民族や少数民族の手工芸品が販売されている。エスニック雑貨をはじめとした手工芸品の消費は、作り手の人々のエスニシティの商品化である。この過程はホストとゲストの政治的経済的な格差を反映したものであり、エスニック・マイノリティの人々の文化表現の場にもなっている。それに対しここではエスニック雑貨の消費を可能とする多様な人とモノと想像力の移動について、ベトナムの少数民族の手工芸品、いわゆるベトナム雑貨を事例に考えてみたい。

　そもそも、雑貨とは何を指すのであろうか。辞書を引いてみると一般に「種々のこまごまとした日用品」というような説明がされている。だが現在、雑貨というと日用品よりも「かわいい」インテリアやファッション小物類のことを指すほうが多い。このような雑貨のあり方は、1960年代から70年代にオープンした銀座の「ソニープラザ」や渋谷の「文化屋雑貨店」、あるいは1980年代に創刊された雑誌『オリーブ』によって形成されてきた。高度消費社会の進展とともに、女性の「自分らしさ」を構築するアイテムの1つとして、雑貨というカテゴリが成立したのである（菊田 2014）。

　東京・西荻窪で雑貨店を経営する三品輝起によれば、現代において、すべてのモノが「雑貨感覚」で捉えられる「雑貨化する世界」が生成しつつあるという（三品 2017）。その意図するところは、自らの趣味やセンスを差異化する表現手段として雑貨が消費されるなかで、あらゆるモノが本来の用途や機能から離脱しながら「雑貨」とみなされる状況である。すなわち、雑貨とは所与の存在ではなく、消費社会の想像力こそが、あらゆるモノを雑貨にしていくのである。

　さて、エスニック雑貨のなかでも、ベトナム雑貨は、同じ東南アジアのインドネシアやタイの雑貨とともに「アジアン雑貨」と呼ばれ、人気のアイテムとなっている。そのなかで定番なのが、北部や中部の山地に暮らす少数民族、すなわちベトナムという国民国家の枠組みのなかでエスニック・マイノリティとなった人々の手工芸品である。

　ただしこれらの雑貨は、必ずしも少数民族の手工芸品がそのまま商品となっているわけではない。ベトナム雑貨の多くは、その先鞭をつけたホーチミン市の雑貨店「ZAKKA」をはじめ、ベトナムに移住した日本人や欧米人が、本来の用途

鈴木涼太郎

とは別にポーチなどの小物を仕立てたり、贈答に適したサイズに小型化したり、いわば日本人女性をはじめとした観光客の趣味に適した「かわいい」形態にアレンジしたもの、手工芸品を雑貨の想像力に適合させたものであった。また1990年代後半から、ベトナムには日本のエスニック雑貨ショップのバイヤーが多数訪れ、日本市場向け商品の生産を現地の事業者に委託していた。その結果、ベトナムの生産者のあいだでも「かわいい」という言葉が流通するようになっていたという。こうして作られるベトナム雑貨は、「手作りのぬくもり」と「アジア独特の風合い」、言い換えればノスタルジアとエキゾティシズムが矛盾をはらみつつも混交するまなざしを反映したものであった（鈴木 2015）。

　また手工芸品を雑貨へと成形していくのは、ビジネスとして利潤を追求する事業者には限らない。ベトナムに限らず、少数民族の手工芸品の商品化の過程においては、人々が生産した手工芸品が安く買い叩かれ、その加工や流通を担う業者、観光地の小売業者が利益の大半を得る場合もある。そのため近年では、ベトナムでもフェアトレードに取り組む NGO が手工芸品の販売を手掛けたり、JICA などの国際機関のプロジェクトが、生産者に「かわいい」デザインの雑貨を生産するための指導を行ったりして、手工芸品生産の主たる担い手である女性たちのエンパワーメントを目指す取り組みも行われている。

　あらためて、ベトナム雑貨／エスニック雑貨の生産や流通、そして消費の過程を見渡すと、直接的に観光にかかわるものに限らず、多様な人とモノのグローバルな流動がかかわっていることが明らかになるだろう。少数民族の手工芸品は、ベトナムへの移住者や出張で訪れる雑貨ショップのバイヤー、あるいは NGO や国際機関との関わりのなかで雑貨となり、観光客が航空機でおみやげとして持ち帰ることもあれば、コンテナ船で運ばれたのちに、日本国内で郊外のショッピングモールに運ばれることもある。そしてその過程で移動しているのは、形ある人やモノのみならず、「かわいい」雑貨を消費する「雑貨感覚」を備えた想像力でもあるのだ。

参考文献　菊田琢弥（2014）「消費社会と雑貨――1980 年代、雑誌『オリーブ』の分析を通じて」『文化女子学園大学紀要　服飾学・造形学研究』45。

　　鈴木涼太郎（2015）「アジアン雑貨とアジア観光」吉原和男編『人の移動事典――日本からアジアへ、アジアから日本へ』丸善出版。

　　三品輝起（2017）『すべての雑貨』夏葉社。

9 ホスピタリティ
イスラームの歓待精神が生み出すモビリティ

安田 慎

　日本社会において、イスラームという宗教に基づくホスピタリティ実践は、旅行記のなかでまったく異なった2つの評価がなされてきた。1つは、見知らぬ旅人を親切に歓待してくれたうえに、返礼を頑なに受け取ってくれない、歓待精神に溢れた人々の姿である。もう1つは、観光産業における従業員たちのサービスの質の低さへの落胆や、歓待精神の低さに対する愚痴や文句である。

　この相反する言説が共存するイスラームにおけるホスピタリティとは何であるのか。興味深い現象と思いながらも、筆者は未だにその謎を解けないでいる。本章における議論は、その一端を解き明かすものである。一連の議論は、日本におけるホスピタリティをめぐるさまざまな言説やその矛盾を紐解く際の、1つの道標になるかもしれない。

1　ホスピタリティにおける社会的歓待と商業的歓待

　従来の観光研究においてホスピタリティとは、ホストとゲストの間での尊敬と互恵に基づく水平関係である点が指摘されている（服部 2006；徳江 2018）。そこでは、ホスピタリティは規格化・均質化された一過性の垂直関係のサービスとは異なり、顧客個人に寄り添った規格化・均質化されない接遇・歓待実践である点がことさらに強調されてきた。

　このホスピタリティとサービスをめぐる比較は、ジャック・デリダの「無条件の歓待」と「条件付きの歓待」にも連なるものである（デリダ 2018）。デリダは歓待を、神との結びつきによって提供される「無条件の歓待」と、社会的・経済的制約のなかで提供される「条件付きの歓待」とを区分し、前者の無条件の歓待を理想とする議論を展開してきた（神田 2013：5）。

　しかし、ホスピタリティとは元来、強い緊張関係と権力関係をはらむもの
である。すなわち、「歓待の行為は、他者に対する絶対的な開放性を倫理的
に要求する「無条件の歓待」に見えながら、実際のところ、客人の権利と義
務を制限するような法と秩序によって、主人と客人のあいだの敵意を生じさ
せる危険を常に伴う」概念である（デリダ 2018：佐本 2020：87）。それゆえ、
歓待におけるゲストは、ホスト社会に恩恵をもたらす神聖な存在としても、
逆に集団の存立そのものを脅かす危険な存在としてもあり続けてきた（河野
2020：42）。その点、各社会のなかで展開されてきた社会的歓待としてのホ
スピタリティとは、ゲストの満足度を高める以前に、知らない他者をいかに
安全に、安心して社会のなかに受け入れていくのか、という生存上の切実な
社会的要請のなかで体系化されてきたものと捉えることができる。

　観光産業における商業的歓待としてのホスピタリティもまた、地域社会の
なかで営まれてきた社会的歓待と同じく、歓待が生み出す緊張関係や権力関
係と無縁ではいられない。実際、ツーリズムやホスピタリティは国家間にお
ける経済格差・政治関係を背景として、観光者のさまざまな欲求を実現する
ことを地域社会に強制させる権力ともなってきた（山崎 2020）。

　一連の議論のなかで、イスラームはデリダのいうところの無条件の歓待を
保持し続けている社会として把握されてきた。それは例えば、「洗練された
歓待の習慣で知られるアラブの人びとが、カントやデリダの議論では歓待さ
れるべき他者としてしか論じられないという非対称的な構図の解消を試みて
いる」（河野 2020：45）という記載や、「イスラームにおけるホスピタリティ
とは、単なるホスト／ゲスト関係を超えた（宗教的）意味を付与されるもの
である点で、現代のホスピタリティの文脈では抜け落ちているものを保持し
ている」（Siddique 2015：30）といった論点にもみてとることができる。

　しかし、イスラームにおいてもまた、歓待がもたらす緊張関係や権力関係
による不確実性や不安定性をいかに制御していくのかが、歓待論における主
要な論点となってきた。むしろ、ツーリズムをはじめとするモビリティが隆
盛し、その結果として社会的歓待や商業的歓待が入り交じる社会環境のなか
では、ホスピタリティによる不確実性や不安定性はより一層の高まりを見せ

ている。

　このホスピタリティをめぐる不確実性や不安定性を制御する手段として、イスラームでは「ディヤーファ（*diyāfa*）」と呼ばれる独自の歓待論を発展させてきた。そこで本章では、イスラームにおけるディヤーファをめぐる議論を概観しながら、ツーリズム・モビリティにおけるホスピタリティの役割について議論していきたい。特に、イスラームにおける歓待論の特徴を示したうえで、その意義を論じていく。

2　イスラームにおける礼儀作法としてのディヤーファ

　イスラームにおける歓待論は、ディヤーファと呼ばれる宗教的な規範体型として、イスラームの礼儀作法の1つの領域として体系化されてきた（岡崎2010, 2012；Siddique 2015）。そこでは、クルアーン（コーラン）やハディース（預言者ムハンマドの言行録）、イスラーム法学者たちの過去の法的見解を取り上げながら、客人の歓待をめぐってホストとゲストが負うべき権利と義務が記されている。具体的には、ゲストの招待の仕方から歓待の準備、進行、テーブル・マナー、御礼の仕方、会話の仕方について記され、ゲストといかにイスラーム的に正しい人間関係を構築していけばよいのかが議論されてきた（Siddique 2015：90-91）。

　一連の記載のなかでも、イスラームにおける歓待の特徴を端的に示すもの

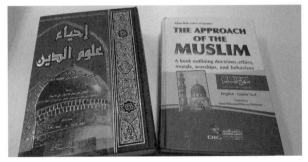

図1　現代でも出版され続けるイスラームの礼儀作法本の一例
（左：アラビア語、右：英語、筆者撮影）

として、預言者ムハンマドが客人を3日間にわたってもてなすことの美徳について語った、以下の言葉が頻繁に引用される（Siddique 2015）。

　　アッラー（神）と終末の日を信じる者は、客人を歓待せよ。第1日目は特別のご馳走をし、3日間客人を歓待しなさい。それを超えるものについては、自発的な喜捨である。そして、ホストが負担に思うほどに長期間にわたってホストの下に留まることは許容されない。そしてアッラーと終末の日を信じる者は、よきことを話しなさい。そうでなければ、沈黙しなさい。

　あるいは、「訪問者が来たならば、手厚くもてなせ」という言葉にも、イスラームにおける歓待の重要性を見いだすことができる（岡崎 2012：63）。

　歓待においては、飲食や寝る場所、その他客人が必要とするものを快く提供することを推奨している。その背後には、「旅というのは、食べたり、飲んだり、寝たりすることを妨げられる苦しみである」（岡崎 2012：58）がゆえに、歓待とはこうした苦しみを除去する役割を期待されている点がみてとれる。

　さらに、ホストがゲストとともに時間や空間を共有することが重要視され、ゲストとともに食事をともなった饗応を行うことがことさらに推奨される（Siddique 2015）。それは例えば、「特に選んで貧者と共に取る食事、同信者と気軽に食べる食事、礼節ある現世の子弟と取る食事」の3種類の食事が推奨されるべき食事であるとされている点や（岡崎 2012：62）、「善き食事とは多くの人の集う食事だ」（岡崎 2012：59）、「同信者（ムスリム）と食事を囲んだ時はできるだけ長く居続けるように」（岡崎 2012：61）と記されている点からも読み解くことができる。

　しかし、ホストは自分の能力（財力）に応じた節度ある歓待が推奨され、過度な歓待は逆に諫められている（Siddique 2015：56）。客人の歓待に当たっては、手間をかけずに、家にある物を供すべきであり、自分の財力を超えた歓待は避けるべきである点が強調される。それは例えば、「市場から物を

（買って）持ってこない、家にあるものを惜しまない、家族を困らせない」という 3 つの条件が揃っていれば、招待に応じて訪ねてもよい、という文言からも読み取れる（岡崎 2012：62）。

　他方で、もてなされたゲストも、歓待におけるさまざまな規範の遵守が求められる。例えば、受けた招待はいかなる理由でも断らない、招待の約束や時間を厳守する、歓待された内容については文句を言わずにすべてを受け入れる、といった内容である（岡崎 2012）。特に、「客人はたとえふさわしくない扱いであっても、上機嫌で帰るべきである」といった文言や（岡崎 2012：65）、「食べ物に不平を言ってはならない。アッラーの恵みで目の前に出された物で満足すべきで、増量や追加を望んではいけない」（岡崎 2012：59）、「食事を供される人は、食事に文句を付けず、また、選り好みしない」（岡崎 2012：62）といった言葉に、客人にも節度ある態度を強く求めている点をみてとることができる。

　以上の論点をふまえると、イスラームにおける歓待論は、高度に規格化されている点が明らかになる。それゆえ、従来の研究が論じてきた点とは異なり、デリダがいうところの条件付きの歓待がむしろ積極的に推奨されてきたとまとめることができる。

3　モビリティを生み出すホスピタリティ

　それではなぜ、イスラームはディヤーファという形で、ホスト・ゲスト双方の歓待実践を高度に規格化してきたのか。その背後には、イスラームにおける歓待が、信仰に基づく宗教的義務や功徳、寛容、倫理を内包してきた点を指摘できる（岡崎 2010, 2012；Siddique 2015）。

　歓待を含むイスラームにおける礼儀作法は、元来「来世におけるアッラーの見神を達成するためには、日々、どのように自己修練し、魂の浄化を図るべきかを解説した実践」や、「心身両面において、ムスリムがアッラーに近づくための自己鍛錬の確立」を目指すための方法の 1 つとして捉えられてきた（岡崎 2012：55）。それゆえ、これらの歓待実践は、信仰と深く結びついていく。実際、「「信仰とは何か？」という問いに対して、アッラーの使徒（預

言者ムハンマド）は「（客人に）食べ物を与え、挨拶を交わすこと」と述べ
た」（岡崎 2012：63；Siddique 2015：100）という文言に、その精神を端的に
みてとることができる。あるいは、家族や親類、隣人、客人、貧者を歓待す
る者には、神からの見返りが期待できる点がさまざまな言説とともに強調さ
れてきた（Siddique 2015）。それゆえ、イスラームにおいて歓待は信仰とは
切っても切り離せない実践として認識されている。

　この信仰と結びついた歓待をめぐる美徳は、さまざまな逸話のなかで見い
だすことができる。その代表的な逸話として、クルアーンにおける預言者イ
ブラーヒーム（アブラハム）の歓待をめぐる逸話を取り上げることができる
（Siddique 2015）。イブラーヒームは彼の下を訪れた3人の賓客を丁寧にもて
なし、歓待の最後に彼らがイブラーヒームの妻に子を成すことを告げ、実際
に子どもが生まれたことから、客人の歓待はイスラームにとっての美徳であ
る点が強調される（岡崎 2012；Siddique 2015）。他のイスラームの預言者たち
や歴史的人物たちもまた、さまざまな客人を歓待し、歓待された点が、美談
とともに語り継がれている。逆に、客人を歓待しない者は宗教的に非難され
てきた。「客人が来ない家には天使も来ない」（Siddique 2015：100）といった
文言に、歓待をしないことを戒める姿をみてとることができる。

　この信仰と深く結びついたイスラームの歓待実践は、個人の信仰という文
脈を超えて、社会におけるモビリティを活性化する役割も果たしてきた。そ
れは例えば、「1マイル歩いて病気を見舞いに、2マイル歩いて葬儀に立会い、
3マイル歩いて招きに応じ、4マイル歩いて同信者を訪れよ」という言葉に
端的に示される（岡崎 2012：63）。あるいは、「同信者の望みに出会ったなら
ば、存分に叶えよ。敬虔な同信者を喜ばす者はアッラーをも喜ばす」（岡崎
2012：62）という言葉にもあらわれる。

　以上のようにイスラームにおける歓待実践を概観すると、ゲストが満足す
る歓待のあり方を論じるよりも、歓待を通じて他者と多様な社会関係を構築
することの重要性が説かれている。むしろ、日常生活はつねに緊張関係や権
力関係といった不確実性や不安定性を孕むがゆえに、常日頃から移動するこ
とによって互いに歓待し、歓待される関係を生み出していくなかで、社会の

なかで他者との安定した社会関係を構築する努力が、信仰と結びついてことさらに推奨されてきたといえる。

　より踏み込んで述べるのであれば、イスラームにおけるこの規格化された条件付きの歓待精神こそが、日常生活をめぐる諸々の不確実性や不安定性を縮減していく役割を果たしてきた。その結果、移動に対する安心感や信頼、そしてその結果としての安定的・持続的な歓待の提供と享受やグローバルなモビリティを可能としてきた、と捉えることができる。

4　イスラームが描き出すホスピタリティの本質

　本章では、イスラームにおけるディヤーファをめぐる議論を概観しながら、ツーリズム・モビリティにおけるホスピタリティの役割について議論してきた。最後にこれまでの議論をまとめていきたい。

　イスラームにおけるホスピタリティは、ディヤーファと呼ばれる歓待をめぐる礼儀作法の諸規定のなかで、高度に規格化されてきた。そこでは、ホストとゲストの双方が負うべき権利と義務が明示されることで、両者が適切な社会関係を構築することを手助けしてきた。それゆえ、イスラームにおいては従来の研究者が指摘してきた、デリダのいうところの「無条件の歓待」を保持する社会としてのイメージよりも、「条件付きの歓待」を高度に体系化した社会として捉えることができる。

　この高度に体系化された歓待実践は、社会的歓待であれ、商業的歓待であれ、ホスピタリティを促進させる重要な原動力として作用してきた。従来の研究が明らかにしてきたように、デリダのいうところの「無条件の歓待」は、ホストとゲストの間でつねに緊張関係と権力関係といった不確実性をはらむがゆえに、社会関係そのものを不安定なものにする可能性を内包する。特に、歓待を通じて無条件に他者を受け入れることは、歓待が内包する緊張関係や権力関係をも社会のなかに取り込み、結果として社会の分断をもたらしてしまう。それゆえ、無条件の歓待はその理念とは異なり、現実には持続的な社会関係を構築することを困難にしてきた。

　それゆえ、イスラームの歓待論に見られる高度に体系化された条件付きの

歓待は、ホストとゲストの両者が依拠すべき基準が明示されてきた。この基準の存在こそが、歓待に関わる不確実性を減退させ、安定的・持続的な歓待実践をホスト・ゲストの双方に保証する役割を果たしていく。

　以上より、高度に体系化された歓待精神こそが、逆にモビリティを生み出す原動力として働いていく、と結論づけられる。むしろさらに主張を進めるのであれば、モビリティが歓待やもてなしといったホスピタリティを生み出すという視点から、ホスピタリティがあるからこそモビリティが生み出される、という形で社会を捉え直すことができるのではないか。

　イスラームに限らず、世界各地で展開されてきた歓待精神は、ツーリズム・モビリティのなかで商業的歓待や異なった社会的歓待と接合するなかで、それぞれ独自の発展を遂げようとしている。むしろそのなかでは、神田孝治が論じるように、ホスピタリティをサービス化による歓待の規格化・均質化や劣化として単線的に描くのではなく、より複雑な過程を内包するものとして捉える必要がある（神田 2013）。歓待をめぐる多様な実践を分析していくなかで、ツーリズム・モビリティにおけるホスピタリティのあり方をさらに解明していくことが求められる。

参考文献

岡崎桂二（2010）「アダブ考——アラブ文化におけるアンソロジーの思想」『四天王寺大学紀要』51。

岡崎桂二（2012）「ムスリムの食卓作法——ガザーリー『宗教諸学の再興』「食卓作法の書」を中心に」『アラブ・イスラム研究』10。

神田孝治（2013）「観光地と歓待——与論島を事例とした考察」『観光学評論』3-2。

河野正治（2020）「歓待の人類学」『文化人類学』85-1。

佐本英規（2020）「共に住まうことの困難と期待——ソロモン諸島アレアレの村落における共住と歓待」『文化人類学』85-1。

デリダ, J.（2018）『歓待について——パリのゼミナールの記録』廣瀬浩司訳、筑摩書房。

徳江順一郎（2018）『ホスピタリティ・マネジメント（第2版）』同文館出版。

服部勝人（2006）『ホスピタリティ・マネジメント学原論——新概念としてのフレームワーク』丸善。

山崎真之（2020）「商業的歓待と社会的歓待の絡み合い——小笠原移住者と観光をめぐって」『文化人類学』85-1。

Siddique, M.（2015）*Islam and Hospitality : Welcoming in God's Name*, New Haven & London : Yale University Press.

コラム9　移動管理とセキュリティ

　セキュリティとは人や地域、国家や住居などを危害から守るものである。セキュリティのために人間や事物などの移動が管理されるのは、移動が別の場所の別の人々にとってリスクがあると判断されるからである。人間や事物の移動とセキュリティの関係を考えるためには、①人間や事物がどのように危機をもたらすものと表象されるのか、②その表象を現実化するためにどのようなテクノロジーや制度が作られ、利用されているのか、③移動を制限したり管理したりするためにどのような制度やテクノロジーが作られ、利用されているのかを明らかにする必要がある。

　リスクとは時代の産物であり、時代によってリスクの内実は異なる。日本においてはアジア・太平洋戦争中、敵国であるアメリカ合衆国やイギリスなどからの事物、例えば「敵性」の言葉、音楽レコード、食物などは日本人の精神を頽廃させるリスクと表象された。戦後、こうした事物はむしろアメリカ的な民主主義の象徴としてまったく正反対の評価がなされる。最近では遺伝子組み換え食品が健康に被害をもたらすリスクを持つと表象される。2001年の9・11テロ以降は爆弾につながる恐れのある液体、固形物などもテロのリスクをもつものと表象され、移動が制限されている。

　特定の人間もリスクをもたらすものと表象される。とりわけ2001年の9・11以降は「テロリスト」の移動に各国が目を光らせる。テロと「イスラーム教徒」が結びつけられ恐怖が煽られてきた。ブラック・ライヴズ・マター以後は黒人、新型コロナウィルスの拡大以降は「有色人種」が社会にリスクをもたらすものとみなされ、移動が制限されている。娯楽を目的として移動する観光客もまたここに巻き込まれる。

　ただし、すべての人が等しく制限されるわけではない。先進国から移動する観光客は規制を受けながらも比較的自由に移動できるのに対して、途上国から移動する人たちは、たとえそれが観光目的であってもより多くの制限を受ける。観光者の移動はセキュリティという名目で、不均等に規制されるといえる。

　さて、こうしたリスクの表象はテクノロジーによって確かなもの、正しいものとされる。遺伝子組み換え食品は遺伝子工学、外来種は生態・生物学、「テロリスト」は犯罪学と人種主義といった言説によってそれらのリスクが確定される。

　言説がテクノロジーだというのは、テクノロジーとは技術と論理が結びつき、社会を動かす言葉の束だからである。こうした言説は特定の測定方法を用いて論理的にリスクを説明しているように聞こえる。しかしそれが正しいかどうかではなく、こうした知見がしばしば多様な対象の状況を単純化したり、別の見解を覆い隠したりするためにも用いられるときに問題となる。遺伝子組み換え食品が人間の身体にどれほどのリスクがあるのかは科学的な判断が定まっていない。生態

森 正人

系の破壊が外来種によってのみもたらされているのか、国境の内側での生物の移動は外来種といわないのか、外来種は何年以内のもので、帰化種とは何年以上のものなのか。イスラーム教の教えがテロリズムを生むのか、どれくらいの「テロリスト」がムスリムなのか。さまざまな検証の必要性はしばしば覆い隠される。

こういった知見は特定の事物と人間のリスクの確率計算を要求する。つまり、どこから来た、どのような形／姿の事物や人間がリスクをもたらす確率がどれほどあるのか、それまでのデータをもとに算出される。これを可能にするのが日常生活のさまざまな場面で収集される膨大なデータの蓄積、ビッグデータである（森2018a）。

生物や植物の場合、それが移動しないように、それらの持ち出し、持ち込みは禁止される。事物と人間の管理制限は、それぞれのビッグデータによって算出される確率によってなされる（森 2018b）。事物の場合、例えば輸送品のバーコードによって出荷場所と送付先を特定し、リスクの確率が高い場合は輸送を振り分けるライン上で移動を止める。人間の場合、例えば空港での入国審査で、パスポートから過去の個人的な犯罪歴の有無や宗教、性別や出身地などの情報を割り出し、ビッグデータをもとにテロリストである蓋然性が算出される。その人が実際にどのような人であるのかは関係なく、人間が「データ」として処理される。いや、目の虹彩、指紋などといった個人の生体情報がすでにビッグデータに蓄積されていれば、その人が自分の国を出国する以前からリスクの蓋然性が算出されている。そして入国審査などなくとも、入国ゲートでの生体認証システムで「機械的」に移動が制限される。

バーコードは輸送品に付されたデータである。人間の目の間の距離、目の虹彩、指紋もデータである。そして人間の生体情報はバーコードのように、移動管理の重要なデータとして用いられる。つまり、セキュリティのための移動管理においては、人間と事物の移動に作用するテクノロジーに大きな違いはないことになる。セキュリティのための移動管理はヒトとモノとの境界線を揺さぶる。

（参考文献） 森正人（2018a）「ポケモン GO と監視社会——人間の終わりの始まり？」神田孝治・
遠藤英樹・松本健太郎編『ポケモン GO からの問い——拡張されるリアリティ』
新曜社。
森正人（2018b）「スマートなるものと確率化される現実社会——デジタル的管理
への批判的視角のために」『観光学評論』6（1）。

10 リテラシー
観光を学び問う価値とは

山口　誠

　観光を学び問うことに、どのような意味があるのだろうか。

　例えば2019年に確認され、翌2020年に世界各地で爆発的な感染拡大を引き起こした新型コロナウィルス感染症（COVID-19）は、観光が「不要不急」の移動であること、ときに深刻な社会的リスクにもなることを、世界中の人々に思い知らせた。

　旅行会社や航空会社やホテルをはじめ、観光に関連する産業は大きな打撃を受けた。事業を縮小して従業員を解雇し、新規の採用も停止する企業も数多くあらわれた。観光が回復するには相当の時間が必要であり、これまでとは異なる「かたち」になっていくのかもしれない――このような「コロナ禍」の時代に、例えば大学で4年間も費やして観光を学ぶことには、いかなる価値が考えられるのだろうか。

　もしも観光の教育が、観光の産業で求められる人材の育成や実務の訓練を意味するならば、その価値は大きく縮減したことになるだろう。しかし観光が「産業」だけに限定されず、また観光教育には実務訓練とは別の目的があるならば、話は違ってくる。オーストラリアの観光研究者フレヤ・ヒギンス＝デビオールによれば、観光には産業以上の社会的な価値があり、それは近代的観光の源流において、高度に実現されていたという（Higgins-Desbiolles 2006：1193）。

　すると初期の観光はどのような「かたち」をしていて、いかなる価値を実現していたのだろうか。ここでは観光に秘められた産業以上の可能性を問うことで、観光を学び問うことの価値を考えてみたい。

1 2つの「観光」観

　近代的な旅行会社を組織し、観光の産業化を推し進めた始祖は、1841 年に最初の団体旅行を催行したイギリスのトーマス・クックとされる。ただし彼の活動は、いわゆる産業として始まったわけではない。上述のヒギンス＝デビオールによれば、最初のツアーから第 1 回ロンドン万国博覧会の 1851 年までの 10 年あまり、クックは経済利益を度外視した「社会貢献的な目標のための活動」に尽力していたという。

　このころクックは家具製造や印刷業などを生業としつつ、キリスト教のバプティスト派の宣教師として、また熱心な禁酒運動家として、さまざまな社会的活動に取り組んでいた。産業革命が進行する当時のイギリスでは、ジンをはじめとする安く強烈な酒に溺れて身を滅ぼしていく労働者たちが全国各地で増加していた。そこに「酒から離れた生活」の価値を説き、いわば「新たな生活様式」を教育する禁酒運動（Temperance Movement）の一手として、鉄道を利用した団体旅行を発案したのが、クックだった。

　やがてクックは禁酒の教育のための団体旅行を催行し、禁酒ホテルを開設し、そして禁酒の生活と旅行を勧める案内書を制作していった。こうして最初期の 10 年間、クックが情熱をもって取り組んだ観光は、商売や産業ではなく教化と教育を目的とする「かたち」をしていた。

　他方で 1851 年のロンドン万博を経て同業他社が数多く出現し、観光が産業として成長していく過程で、利益を拡大して事業の持続可能性を確立したのはクックではなくその長男のジョン・M. クックといわれる。社会運動か産業か、2 つの「観光」観をめぐる父子の対立は、父の引退まで続いたとされるが、ただし父の名を冠したトーマス・クック社が観光界をけん引し、のちにイギリスを代表する国際企業の 1 つになりえたのは、産業化を目指した息子の功績によるところが大きい。

　ここで着目すべきは 2 つの「観光」観の対立ではなく、また社会運動と産業の本質的な仲の悪さではない。むしろクック親子の例が示すように、観光の歴史には文字通り「社会運動が親、産業が子」として誕生した事例がいく

つもある。それはイギリスに限らず、たとえば日本の旅行会社を代表する JTB は、1912 年に設立された非営利の外客支援団体「ジャパン・ツーリスト・ビューロー」を原点にもつ。その生みの親とされる木下淑夫は鉄道院の国家官僚であり、やはり観光と鉄道による社会改良を目指す言論人でもあった。

　このように近代の観光は、商売や産業として誕生したわけではなく、イギリスのトーマス・クック社や日本の JTB の例が示すように、教育そして社会運動などのさまざまな可能性が試みられる機会でもあった。そのため「観光と教育」というテーマに照準して、議論を進めてみたい。

2　「観光と教育」という古くて新しいテーマ

　「観光と教育」という古くて新しいテーマを問い返し、21 世紀に新たな展開を試みた人物に、ジョン・トライブがいる。彼は観光学の名門サリー大学の中心的な学者であり、権威ある国際学術誌 Annals of Tourism Research（以下、ATR 誌）の編集長を務めた観光研究の第一人者として知られるが、1999 年にロンドン大学へ提出した博士論文は、観光教育のあり方を根本から問う論考だった。その論題は「哲学的実践者（*The Philosophic Practitioner*）」であり、同名の要約論文が上述の ATR 誌で 2002 年に発表されている。

　トライブによれば、大学における観光教育は「産業の現場からの需要を満たすとともに、より広義の観光化する社会や世界からの需要をも満たすことができる」カリキュラム編成を目指すべきであり、それは「実務教育（Vocational Education）」と「リベラル教育（Liberal Education）」という、2 つの教育目的のバランスを図ることで実現されるという。この 2 つの教育目的を縦軸に、そして「行動」と「反省」という 2 つの態度（スタンス）を横軸に据えるトライブは、観光教育が育成すべき「哲学的実践者」に必要な 4 つの領域を描き出し、それぞれ詳細に論じている（Tribe 2002：340–347）。

　ここでトライブの観光教育論の全体像を描き切る余裕はないものの、その特徴を挙げれば、実務教育とリベラル教育の二者を節合した観光教育のあり方を提示したこと、そして観光教育こそが育成する新たな社会的主体として

「哲学的実践者」を提案したこと、の2点がある。たとえば観光産業の現場で求められる実務技能の訓練に偏りがちだった従来の観光教育を「反省」し、専門学校や職業訓練校とは異なる大学における観光教育のあり方を模索するトライブは、上述のクックと同時代の大学人であるジョン・ヘンリー・ニューマンらが重視したリベラル教育の価値を再考し、実務教育とリベラル教育の統合こそを大学における観光教育において実現する道筋を模索した。

　そもそも現実社会から遊離し、ときに自己目的化したかのようなリベラル教育に対する「反省」から20世紀半ばの大学に広まったのが実務教育であり、それをカリキュラムの中心とする観光系の大学がイギリスだけでなく日本でも多数現れたはずだが、なぜトライブは両者の統合を唱えることで、「観光と教育」の新たな展開を図ったのだろうか。

　この問いに対し、トライブは詳細な議論を博士論文に記している。すなわち観光の産業で求められる実務の訓練は重要だが、それだけでは「現場のプロ」に留まってしまい、たとえば現場のあり方を根本的に「反省」して再構築する能力や、それぞれの現場を包括する「産業」全体の課題を見いだし、革新的な提案をする能力に乏しい実務家ばかりを育成することになるだろう。その結果として新たな試みによる変化や失敗を嫌い、現場の智恵や従来のやり方を維持し保守する傾向を持つ「非哲学的な実践者」が増えてしまう。

　これに対し、リベラル教育とは哲学や倫理学をはじめとする大学の伝統に根ざした人文諸科学を意味し、いまある世界を相対化して新たな「問い」を発見し、異なる観点から異なる世界への道筋を探究することを目的とする。それゆえリベラル教育で重視されるクリティカルな（根元的で批判的な）能力は実務教育とその現場主義の限界を乗り越え、未だ見ぬ地平を目指す推進力になる。そうして未見の世界を探究する「哲学的」な能力こそが、観光教育が育成する「哲学的実践者」の特徴として期待される、という。

　ここで注意が必要なのは、実務教育への偏重が変革を嫌う保守的な現場主義者を生み出すのと同様に、リベラル教育だけでは現在ある世界に関与していく「現場」をもたないため、社会を改善してよりよい世界を探究していくという哲学的な実践者の育成には到達できない、という問題である。そこに

観光教育という、まさしく実務の「現場」を有した自由な（リベラルな）教育を実現できる学問分野ならではの特徴があり、実務教育とリベラル教育の両者を統合して実践することで、新たな大学の実践知（フロネーシス）を生み出すことができる、とトライブは論じている。

　彼がいう「哲学的」とは、未だ見ぬ世界を新たな方法で探究し続ける精神を意味する。それゆえ「哲学的実践者」とは、現場での具体的な活動に取り組みつつ、そこに根元的かつ批判的な「問い」を常に試み続け、よりよい社会の実現を求め続けることができる主体像であり、これこそが大学における観光教育が目指すべき理想像であるという。

　トライブの観光教育論は観光研究の重要な一画期を築き、その主著となる論文「哲学的実践者」は数多くの論文で参照され、国際学会 TEFI（観光教育未来機構、Tourism Education Futures Initiative）の設立（2007 年）、国際研究誌の創刊、テキストの出版などに結実していった。ただしトライブの観光教育論の「原典」として参照され続けるのは、1999 年の博士論文ではなく2002 年の ATR 誌の要約論文である。前者の 1 割に満たない限られた字数の後者では、上述したリベラル教育をめぐる核心的な議論は削ぎ落とされてしまい、そのかわりに「現場」が求める実務教育を基礎として、リベラル教育を応用または教養として学ぶタイプの「哲学的実践者」が論じられている。

3　ツーリズム・リテラシーの構想

　上述した実務教育中心の観光教育は、イギリスや日本に限らず世界中で主流を成してきた。しかし本章の冒頭に記したように、コロナ禍で観光産業が深刻な打撃を受け、新たな観光の「かたち」を模索すべき 21 世紀のこれからこそ、観光とその教育に対するクリティカルな問い返しが求められている。

　問うべき観光教育の課題は少なくないが、クックの初期の社会運動やトライブの博士論文の議論を省みることで、産業と実務教育を前提視してきた従来の観光教育を相対化し、より自由な（リベラルな）観光教育への新たな道筋を見出すことを、ここでは試みたい。例えば実務教育の中核にある技能の訓練、いいかえれば「観光に関するスキルのトレーニング」は、ホテルや空

港や旅行会社など観光の現場で求められる実務のためだけに有効なのだろうか。

　おそらく技能の訓練は、実務教育だけでなくリベラル教育でも可能であり、そして必要でもある。例えば観光の現場で働くホストの側だけでなく、いわゆる観光するゲストの側にも技能の訓練が可能であり、そうした「ツーリストのためのトレーニング」がリベラル教育に根ざして実現されたとき、観光教育に独自の価値が発揮される、と考えることができる。

　このような観点から、読み書きの技能とその訓練を内包する「リテラシー」という概念を観光に接続し、以下の3層から構成される「ツーリズム・リテラシー」を構想することで、新たな観光教育への道筋を考えてみたい。

　まず第1層はツーリスト（観光者）のリテラシーであり、これは観光の「産業」に従事する人だけでなく、すべての人にとって価値のある基礎的な技能を意味する。いわば観光を通じた自由な（リベラルな）目的とその教育のトレーニングを体験することで、今の日常を相対化し、新たな世界と出会い、よりよい社会を構想するための、観光を介して世界を読み解く能力である。

　次に第2層はメディエーター（観光業）のリテラシーであり、いわゆる従来の観光教育の主流を成してきた実務教育に相当する。そして第3層はコミュニティ（観光地）のリテラシーであり、これは「観光まちづくり」や「コミュニティ・ベースド・ツーリズム」などに関わる知見とその技能である。第1層がゲスト側のリテラシーであるのに対し、第2層と第3層は同じくホスト側のリテラシーだが、第2層が産業界を中心とする市場化（マーケティング）の原理をもつのに対し、第3層は非市場的な公

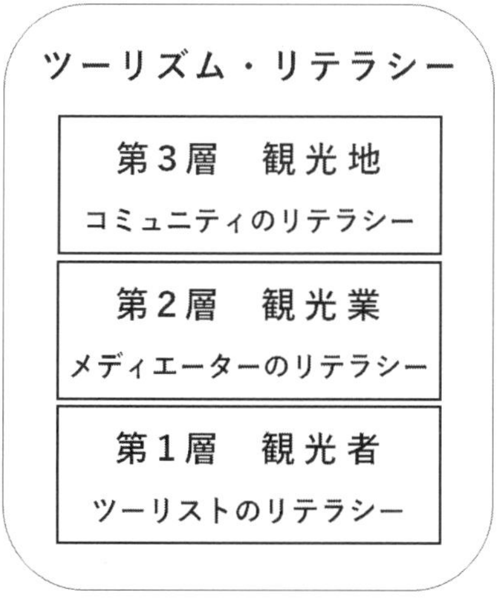

ツーリズム・リテラシー

第3層　観光地
コミュニティのリテラシー

第2層　観光業
メディエーターのリテラシー

第1層　観光者
ツーリストのリテラシー

図1　ツーリズム・リテラシーの3層

共性や公益性を重視する共同体（コミュニティ）の原理を持つ点が異なる。

　ツーリズム・リテラシーの3層において、最も注目したいのは第1層であり、このツーリストのためのリテラシーが、これまでの実務教育中心の観光教育において決定的に不足してきた領域である。

　例えば、わたしたちは観光を自然に「できる」のだろうか。観光を「楽しみのためのレジャー」や「産業」として限定せず、より広く豊かな世界、そして未だ見ぬ世界と出会うことで、現在の自分自身の日常を相対化し、より自由に生きるための行為として捉えたとき、その観光には哲学や倫理学などから人類学や社会学などにいたる人文諸科学に根ざしたリベラル教育によるトレーニングが可能であり、それを実現できればさまざまな価値を社会に還元すると考えられる。そうした「よりよいツーリスト（観光者）になるためのスキルとトレーニング」をリテラシーと呼ぶことで、わたしたちはツーリストのリテラシーを修得すればするほど、より自由に考え、より自由に生きる新たな「哲学的実践者」として学び問い続けることも可能だろう。

　かつてトライブは、観光の産業を基礎としつつ、そこにリベラル教育を応用する道筋から「哲学的実践者」の育成を構想した。いまわたしたちはトライブの思考を反転させ、リベラル教育を基礎としつつ、その産業だけでなく「観光まちづくり」を試みる共同体やNGOを含むさまざまな観光の現場を応用する道筋から、もう1つの新たな「哲学的実践者」を構想し、そのツーリストのリテラシーのための訓練と修得こそを、大学における観光教育の目標とすることができる。

4　「自由になるためのトレーニング」としての観光教育

　ツーリストのリテラシーとは、単に効率的な移動や費用対効果の高い旅程を実現する技能ではない。観光をすることでその現場（フィールド）から考え、また自らの観光を再帰的に問い返すことで「未だ見ぬよりよい世界」へ向けて根元的かつ批判的に探究し、それを実現していく「自由になるための技能（リベラル・アーツ）」であり、そのトレーニングである。そこには新たな試みによる変化と失敗が生じるが、それらを忌避せず臨み続けることで、

現状の維持や保守よりも観光を通じた新たな世界の構想と実践を試みること
ができる、現代社会に適合した知性とすることができる。

　このような自由な（リベラルな）ツーリズム・リテラシーの修得は、観光
する側、すなわちツーリストやゲストの側だけでなく、その産業で働くホス
トの側にも必要である。いいかえれば、ツーリズム・リテラシーの第1層を
構成するツーリストのリテラシーこそ、観光教育の基礎とすることができる。
そうした新たな観光教育を実現するため、実務中心の観光の現場と節合でき
るようなリベラル教育の教授法とカリキュラムの開発が待たれている。

　もはや明らかなように、観光は産業に限定されない。かつてクック親子が
実践してみせたように、産業化は1つの選択肢であり、それは観光の可能性
の1つに過ぎない。そして産業としての観光が大きな打撃を受けた時代こそ、
新たな観光の社会的価値を実現し、その実践の方法を構想することで、わた
したちは産業としての観光をも下支えし、また再生させ、やがて観光そのも
のが有する未観の可能性を、大きく開花させることもできるはずである。

　観光を学び問うことの意味は、これからさらに深めていくことができる。

（参考文献）--

ブレンドン、P. (1995)『トマス・クック物語——近代ツーリズムの創始者』石井昭夫訳、
　　中央公論社。
山口誠 (2021)「大学の観光教育を再考する——トライブの研究の再検討と新たな方法論
　　への試み」『観光学評論』9 (2)。
山口誠・須永和博・鈴木涼太郎 (2021)『観光のレッスン——ツーリズム・リテラシー入
　　門』新曜社。
Higgins-Desbiolles, F. (2006) "More than an "industry": The forgotten power of tourism
　　as a social force," *Tourism Management*, 27.
Putney, J. (1953) *The Thomas Cook Story*, Michael Joseph.
Sheldon, P. J., D. R. Fesenmaier, & J. Tribe (2011) "The Tourism Education Futures In-
　　itiative (TEFI)," *Journal of Teaching in Travel & Tourism*, 11 (2).
Tribe, J. (1999) *The Philosophic Practitioner, Tourism, knowledge and curriculum*, sub-
　　mitted at Institute of Education, University of London.
Tribe, J. (2002) "The Philosophic Practitioner," *Annals of Tourism Research*, 29 (2).

コラム10　孤児院ボランティアツーリズムに関わる問題とツーリストのリテラシー

　孤児院ボランティアツーリズムとは、開発途上国にある孤児院をツーリストが訪問し、何らかの支援活動を行うツーリズムの形態のことである。あくまでもツーリズムの一形態であり、ボランティアツーリスト（以下ツーリスト）が従事するボランティア活動の内容や期間、技術的力量の程度は問われない（大橋 2012）。孤児院を訪問するツーリストの多くは、先進国に居住する大学学部生を中心とした若年層である。国際貢献という利他的な行動の結果得られる自己発見や自己成長を期待して、旅行中の一活動としてボランティア活動をしたり、それを主目的として赴いたりする。日本においては、タイ・カンボジア・ベトナム・フィリピンなど東南アジアの孤児院を訪問し、さらに現地のソーシャルビジネスや貧困削減を目的とした NGO 団体の視察、観光などがセットになった 1 週間で 15 万円程のツアーが多数催行されており人気がある。

　孤児院ボランティアツーリズムとは、表向きは孤児院での子どもの支援という国際貢献を通して開発途上国の福祉向上や貧困削減を目指す聞こえの良いものである。合法的に運営されている孤児院では、先進国の協力団体や個人からの寄付金で施設が運営されていることが多いが、その寄付金額は開発途上国の経済成長と反比例するかの如く年々減少しており、ボランティアツアー受け入れ手数料やツーリストからの寄付金は、重要な運営資金源になっている。しかしながら孤児院ボランティアツーリズムは、その構造や関係者の問題行動などが原因でさまざまな問題が指摘されている。そもそも孤児院とは、本来は身寄りのない子どもが安全に衣食住や教育を受けられる福祉施設であり、子どものことが最優先に考えられるべきである。しかし、ツーリストを積極的に受け入れる孤児院は、孤児を助けたいという多くのツーリストが抱く良識的な動機とは裏腹に、子どもの安全を脅かすことがある。

　近年、大多数の開発途上国では、貧困率の減少、衛生状態の改善など社会全体の福祉向上により孤児の数は徐々に減ってきている。それにもかかわらず、孤児院ボランティアツーリズムの人気にあやかって、孤児院ツーリズムビジネスをする人が増えたことが一因となり孤児院の数は増えている。この事実は、先進国でみられる、子どもの健全な成長に寄与するためコミュニティ内での子どものサポートプログラムや子育て支援プログラムを強化し、そのかわり児童福祉施設や孤児院を解体させる傾向と矛盾する。孤児院の増加に伴い、親の安易な育児放棄や子育てに対する意識の低下などの問題が浮上している。孤児院ボランティアツーリズムの人気の高まりは、本来なら必要がない親子の別居を促進させ、弱い立場の子供を観光商品として搾取することにつながっている。

　ツーリストを受け入れる孤児院の運営者のなかには、寄付金を集めて私腹を肥やす人もいる。このような孤児院では、所定の斡旋手数料や寄付金を払えば誰で

薬師寺浩之

も簡単に子どもに対する支援活動を行うことができる。このシステムでは、養育や教育に関する専門知識を持たない者がボランティア活動を行うことが多く、支援の質の低下が著しかったり、小児性愛者や人身売買を目論んだ者までもが容易に子どもに接することを可能にし、子どもの安全が脅かされたりする。さらに、1 人当たりのボランティア期間の短さが子供の感情の形成に悪影響を及ぼすことも指摘されている。子どもがツーリストを信頼し、感情的なつながりが芽生えた頃、ツーリストは突然孤児院を去ってしまう。親しくなった大人が突然いなくなってしまうことで、子どもは自分が見捨てられたと感じてしまう（薬師寺 2017）。

　これらの問題は、決して開発途上国の社会構造やホスト側である孤児院運営者の問題、仲介者であるボランティア斡旋団体や旅行代理店・ツアー催行業者の問題だけではなく、ツーリストの問題でもある。ツーリストは、孤児院でのボランティアは善いことであり、地域や子供に貢献できることであると考える傾向がある。しかしながら、上述のとおり孤児院ボランティアツーリズムのシステムを俯瞰すると、ツーリストの善意は必ずしも子供の福祉向上や地域の貧困削減、社会発展に貢献しているとは限らないことがわかる。ツーリストは、孤児院訪問前に自分が訪問することによって施設の子どもたちや地域社会にどのような好影響や悪影響が及ぶのか、ツアー受け入れ手数料や寄付金はどのように使われているのか、そもそも訪問先の施設は認可を受けているのか、訪問先の孤児院や参加するボランティアツアーはどのような理念で運営・催行されているのか、などさまざまな観点から訪問先施設や参加ツアーに関する情報を事前に調べ、孤児院ボランティアツーリズムの問題に加担しないようにするべきである。つまり、ツーリスト自身が賢くなることが必要である。合法的かつ倫理的に運営されている孤児院やボランティアツアー催行業者のなかには、これらの情報をインターネットで公開しているところもある。ツーリストとしてのリテラシーが求められており、その有無が孤児院ボランティアツーリズムの問題に影響を及ぼすのである。

参考文献　大橋昭一（2012）「ボランティア・ツーリズム論の現状と動向——ツーリズムの新しい動向の考察」『観光学』6。
　　　　　薬師寺浩之（2017）「孤児院ボランティアツーリズムをめぐる矛盾と批判——英国主要新聞社による報道内容からの考察」『立命館文学』649。

第Ⅱ部

移動時代におけるツーリズムの諸相

11 ガイドブック
物質と交差する観光ガイドのかたち

濱田琢司

　観光地のガイドブックは、わたしたちが旅行に出るときにさまざまな情報を提供してくれる有用なメディアである。それは、18世紀からわたしたちの旅をさまざまな形でサポートしてきた。また、ガイドブックは、限られた紙面のなかで、ある地域の情報を記述しようとするため、特定の地域表象としても分析の対象とされてきた。

　しかし、2000年代以降のSNSの隆盛は、観光情報源としてのガイドブックの役割を大きく低減させている。そのような状況のなかで、新しいスタイルの観光ガイドブックも登場している。その1つが、特定の価値観にもとづいて、ある面では偏った選択がなされていながら、それを積極的に強調するようなガイドブックのあり方である。ここでは、そうしたものの事例の1つとして、後述する『d design travel』という観光ガイドのシリーズを取り上げ、近年に発生した観光ガイドブックの新しい形について考えてみたい。

1　ツーリズムとガイドブック

　観光ガイドブックは、わたしたちが観光地に出向く際の情報源の1つとして、かつてよりツーリズムにおいて重要な役割を担ってきた。例えば日本では、それは、近世以前の名所図会や道中記からの残影も継承されつつ、近代的なツーリズムを支えるツールの1つとして形成されていった（荒山2018）。戦後になると、イラストマップの導入や写真の多用など出版技術の進展や各時代の文化・社会的状況などを反映しつつ刷新されていった（金子2009）。またこれらは、特定の編集方針にそって現実の地域を取捨選択し評価（価値づけ）していくものであるため、ツーリズムを通した地域表象としても位置づけられうるものであった（滝波1995）。

　しかし、インターネット、特にSNSの進展は、観光ガイドブックの役割を低減させるとともに、観光地と観光者の、ある種双方向的な関係を提供するようになった（遠藤 2019）。こうした状況を受けて、観光ガイドブックもその形態を変化させているようにみえる。その変化が特徴的にみられると思える傾向の1つは、特定の志向の強調である。もちろん、上述のように観光ガイドブックは、そもそも特定のまなざしによって地域を切り出した表象である。ただし、それは、建前としてはニュートラルな視点にたつものとされてきたように思われる（だからこそ、そこに内在する権力性が問題化されるわけである）。このような旧来のガイドブックのあり方に対して、その選択の恣意性を否定せず、むしろ強調するような観光ガイドが登場しているのである。

　そうした傾向を典型的に示すのが、D & DEPARTMENT PROJECT（以下、本文での言及の際には「D & D. P.」とする）が刊行する『d design travel』という観光ガイドのシリーズである。このシリーズでは、「デザイン観光」を掲げるD & D. P. が、自らの選択によって編集したものであることを隠さない。また、取り上げる対象との関わり方もこれまでとは少し異なっており、対象地や対象物との相互的関係を見せる取り組みがなされている。

2　D & DEPARTMENT PROJECT と旅への注目

　D & D. P. 代表のナガオカケンメイは、「息の長く続いている、いいデザイン」のことを「ロングライフデザイン」と呼ぶ。D & D. P. は、ロングライフデザインと呼べるインテリア、雑貨を主な対象に、「リサイクルとデザインを融合した」事業を広く扱う組織として、2000 年に立ち上げられた。

　当初、ロングライフデザインの対象となるものは、基本的にプロダクト製品であったが、2008 年に、日本デザインコミッティー主催のもと銀座松屋で開催された「デザイン物産展ニッポン」にナガオカが企画者として関わったことで、その関心を地域的な物産や文化へと向けていくことになる。「デザイン物産展ニッポン」は、「デザインにも、ふるさとがある」ということをテーマとして、「その土地らしさ」を感じることができるデザインを、47 都道府県ごとに選出し紹介する企画だった。その対象は、①「昔からあるも

の」［伝］、②「昔からあるもの」にデザインを活用しているもの［伝＋DESIGN］、
③土地でつくられ、育てられた食べ物・飲み物に、デザインが加わったもの
［食＋DESIGN］、④イベント・美術館・博物館など新しく生まれたクリエイ
ティブなプロジェクト［創＋DESIGN］、⑤タウン誌などその土地のための
メディア［本＋DESIGN］という5つの視点にもとづき、各都道府県の場所
や物産を紹介しつつ、さらに、「デザインに興味をもつ人向けの各都道府県
別、1泊2日のトラベルの提案」として⑥［旅＋DESIGN］を加えたもので
あった（ナガオカ 2008）。それらを通して示された「その土地らしさ」には、
必ずしも明確な指標はない。ただ、それらの多くは、「その土地にしかない
「もの」や「こと」」としてある「土地の個性」であり、ここでピックアップ
されたものは、そうした「その土地の個性」が「全国区的」な「デザイン」
のもとに表現されたものであるという（ナガオカ 2008）。

　この企画展に関わったことをきっかけとしてナガオカは、「日本にこうし
てある47の個性をしっかり伝え、継承していきたいと思う」ようになった
という。そうして、1）「デザイン物産展ニッポン」のような展示スタイルを
もった常設会場の設置、2）各都道府県へのD & D.P.の支店展開、3）「47
都道府県の魅力をしっかりと「その土地らしさ」を紹介した新しいタイプの
トラベルガイドブック」の刊行を計画する（ナガオカ 2018）。

　このようにして2009年にスタートしたのが『d design travel』という47
都道府県を単位とした観光ガイドブックシリーズである。また、1）につい
ては、2012年の渋谷ヒカリエの開設とともにその8階にd47 MUSEUMと
いうギャラリーを設置し、3）に関しては、フランチャイズを取り入れつつ
それを進めようとしているようである。

3　『d design travel』

　『d design travel』とは、どのような観光ガイドブックなのだろうか。創
刊号『d design travel　北海道』には、ナガオカの次のような文章がある。

　「デザインが都市に集中するから、若い世代がふる里を離れてしまう」

と強く感じ、この思いに対する答えとして、NIPPON PROJECT：活動の場を 47 都道府県に 1 カ所ずつ作る計画を始め［中略］ました。そして、その土地の仲間とその土地の「デザイン」を考えていくとき、観光がデザインされていないことに気がつきました。つまり、デザインに関心の高い人が増えていく中で、誰もデザインからの観点、特にロングライフデザインからの観点で、「他県から人を呼ぶこと」をデザインしていませんでした。［中略］私たちは［中略］その土地の個性を生かしたデザインを巡る旅を「デザイン観光」と名付け、その土地を上手く表現出来ているデザインのある伝統工芸からカフェ、ホテル、旅館、ショッピングの場所までを、［中略］その土地を代表するロングライフデザインとして紹介する雑誌を創刊することを決めました。（『d design travel　北海道』2009）

ナガオカは、これまでの観光がデザインという視点から考えられていなかったという。『d design travel』は、そのような視点から、「その土地を上手く表現出来ているデザイン」と呼べるものを、有形物以外も含めて、都道府県単位で紹介していこうとするものであった。ナガオカはそれを、「デザイン目線での「観光」の見直し」（『d design travel　栃木』2011）と呼ぶ。そして、それによって「これからの世代が日本じゅうで交流」できるようになることを目指している。

　「一冊、一冊のために編集部を各地域に移動し、〔中略〕取材をしていく」（『d design travel　北海道』）というように、D & D. P. の編集担当チーム（4 名前後）が分担をしつつ、約 2 ヶ月間当該の都道府県に滞在し、内容を作り上げていく。チームが複数編成されることはないので、年間 2〜3 号のペースで刊行がなされており、2023 年 9 月現在、32 の都道府県について刊行されている[1]（改訂版が出版されている号もある）。

4　『d design travel』の内容と展開——「愛知」を事例に

　その内容や刊行後の展開等を、2016 年に刊行された『d design travel

愛知』からみてみよう。『d design travel』の編集は表１に示したような方針にもとづいて、「その土地を知る」SIGHTS、「その土地で、お茶をする／お酒を飲む」CAFES、「その土地で食事する」RESTAURANTS、「その土地に泊まる」HOTELS、「その土地らしい買物」をする SHOPS、「その土地でのキーマン」である PEOPLE の６項目についてそれぞれ４つずつ選定がされ、これを中心に複数の紹介記事やエッセイが加わる形で構成される。

　上述のように、当該号作成では担当者が滞在しながら様々な対象を確認していく。その際の具体的な進め方はそれぞれの号で多少異なるようだが、愛知号では、「「愛知らしさ」のある場所やお店」を当該地の人々とディスカッションするワークショップが事前に開催され、（主に）愛知県在住者らによって表１の条件に沿う対象の選出・プレゼンがなされた。この時の編集チームは、ここで提示された対象を選択肢に加えつつ、対象を巡り内容を構成していった（現在、このワークショップは、制作のキックオフとなる公開編集会議として必ず行われている）。

　表２には、上記の６項目について、選択された対象を示している。既存の観光ガイドブックに比し、その選択は、網羅的ではなく対象の有名性や規模にも準拠していない。明治村や東山動植物園、名鉄犬山ホテルなど知名度の高い施設・場所も含まれるが、大衆居酒屋である大甚やバックパッカーを主対象とする宿泊施設グローカルなど、『d design travel』ならではの限定さ

表１　『d design travel』の編集方針

「取材対象選定の考え方」
1　その土地らしいこと。 2　その土地の大切なメッセージを伝えていること。 3　その土地の人がやっていること。 4　価格が手頃であること。 5　デザインの工夫があること。
「編集の考え方」
1　必ず自費でまず利用すること。実際に泊まり、食事し、買って、確かめること。 2　感動しないものは取り上げないこと。本音で、自分の言葉で書くこと。 3　問題があっても、素晴らしければ、問題を指摘しながら薦めること。 4　取材相手の原稿チェックは、事実確認だけにとどめること。 5　ロングライフデザインの視点で、長く続くものだけを取り上げること。 6　写真撮影は特殊レンズを使って誇張しない。ありのままを撮ること。 7　取り上げた場所や人とは、発刊後も継続的に交流を持つこと。

資料）『d design travel　愛知』D & DEPARTMENT PROJECT, 2016

表2 「d MARK REVIEW AICHI」掲載対象一覧

カテゴリ	対象	場所／概要等
SIGHTS	博物館 明治村	犬山市／野外博物館
	名古屋市東山動植物園	名古屋市／動植物園
	トヨタ産業技術記念館	名古屋市／博物館
	豊田市民芸館	豊田市／美術館
RESTAURANTS	つる軒	名古屋市／味噌おでん店
	宮きしめん 神宮店	名古屋市／きしめん店
	大甚 本店	名古屋市／大衆酒場
	たまりや料理店	西尾市／料理店
SHOPS	コモノリプロダクツ	名古屋市／服飾中心
	まるや八丁味噌	岡崎市／八丁味噌
	スペースとこなべ	常滑市／陶器
	両口屋是清 八事店	名古屋市／和菓子
CAFES	洋菓子・喫茶ボンボン	名古屋市／喫茶店
	喫茶 hiraya	蒲郡市／カフェ
	伊良湖ビューホテルコーヒーハウスアドリア	田原市／カフェ
	TSUNE ZUNE	常滑市／カフェ
HOTELS	名古屋観光ホテル	名古屋市／ホテル
	蒲郡クラシックホテル	蒲郡市／ホテル
	グローカル	名古屋市／ドミトリー
	名鉄犬山ホテル	犬山市／ホテル
PEOPLE	田中慎也	名古屋市／自転車店オーナー
	水野雄介	瀬戸市／陶工
	河合勝彦	名古屋市／ライブハウスオーナー
	津端修一・津端英子	春日井市／建築家

資料）『d design travel 愛知』D & DEPARTMENT PROJECT, 2016

れたまなざしからの選択が前面化されていると言える。

　ほかにシャチハタやホシザキといった県内企業について綴ったエッセイなどが含まれ、それらを合わせて単に目的地を提供することを目指すのではなく、全体として「愛知らしさ」とそれにかかる広義の「デザイン」を示すような方向性が目指されている。ただし、ここでの「愛知らしさ」も2でみた「デザイン物産展ニッポン」における「その土地らしさ」と同様で、規格化された指標にもとづくものではない。それでも、編集チームやナガオカが直接訪問し、「そこ」でしか味わいえない「らしさ」を感じられるものという点は共有されている。それゆえ、「両口屋是清」のような全国展開している企業の一店舗でも、そこが「土地の個性」を示していると判断されれば、知名度の有無にかかわらず選出もされる。こうした点も、主観的選択が前面化された本シリーズが見せる側面の1つである。

5　物質と交差するガイドブック

　『d design travel』には、もう1つ、みるべき特徴がある。それが、D &
D. P. が展開する実店舗との連携である。2で触れたように、D & D. P. は、
渋谷ヒカリエに d47 MUSEUM というギャラリースペースを2012年に開設
している。ここでは、例えば、「麺」や「お中元」などいったテーマにそっ
て47都道府県ごとの展示を展開する企画を基本としつつ、『d design travel』
が刊行された際には、これに合わせて、企画展が開催される。

　愛知号の際も、2016年6月から8月にかけて「d design travel AICHI EX-
HIBITION」が開催され、同号で紹介・言及された対象が、47の展示台に
展示された。その際、実際の店舗から、看板やメニュー、店主の眼鏡、展示
品の椅子など、なんらかの現物が借り出され、それが、愛知号の紹介ページ
とともに展示台に並び（図1）、「誌面上の愛知をよりリアルに体験」する場
が構成される。²⁾ d47 MUSEUM とのこのような連携は、ここがオープンした
2012年に刊行された東京号以降、福島号（2022年5月刊）を除きすべての号
で行われている。期間限定の企画であるとはいえ、実際の事物と連動しつつ、
その内容を提示させることは、『d design travel』の興味深い特色である。

　観光学を含む人文学の関心は、「物質論的転回」とされるように表象の分
析から物質的なものの関係性や出来事への問いへ推移しているといえる（神
田 2013；森 2009）。典型的な表象物

図1　d design travel AICHI EXHIBITION
（筆者撮影）

である観光ガイドブックは、こうし
た点からも SNS などによって誕生
する関係性のネットワークに比し、
その意義を低下させている。このこ
とをふまえたとき、ワークショップ
を通した地域の人々との関わりやd
47 MUSEUM を媒介としての現地
の物質との連携をみせる『d design
travel』のあり方は、「転回」後の

観光ガイドブックの新しい形の可能性を示すものとして見ることができるかもしれない。

　ところで、『d design travel』は、2020 年 10 月刊の第 28 号「岡山」より続けてクラウドファンディングを導入して刊行されている。その結果、図らずもこれまでにはない関係性が構築もされはしたが、それは同時にその編集・出版体制の困難さを示してもいるといえるのかもしれない。47 都道府県についての刊行が不透明であるというようなその不確定性も含め、この新たな形の観光ガイドの内容とその先行きに注目してみてほしい。

注

1 ）既刊の一覧は、D & D. P. の公式サイトでも確認できる（https://www.d-department.com/category/item/DDESIGNTRAVEL.html)。2023 年 9 月時点で「Vol. 33　福井号」の刊行も決定している。
2 ）「d design travel AICHI EXHIBITION」, https://www.hikarie8.com/d47museum/2016/06/d-design-travel-aichi-exhibition.shtml。同時に開催されたイベント、企画展の概要等もここで確認することができる。

参考文献

荒山正彦（2018）『近代日本の旅行案内書図録』創元社。
遠藤英樹（2019）「観光をめぐる「社会空間」としてのデジタル・メディア──メディア研究の移動論的転回」『観光学評論』7-1。
金子直樹（2009）「国内観光とガイドブックの変遷」神田孝治編『観光の空間──視点とアプローチ』ナカニシヤ出版、123-132 頁。
神田孝治（2013）「文化／空間論的展開と観光学」『観光学評論』1-2。
滝波章弘（1995）「ギド・ブルーにみるパリのツーリズム空間記述──雰囲気とモニュメントの対比」『地理学評論』68A-3、154-167 頁。
ナガオカケンメイ［企画・構成］（2008）『デザイン物産展ニッポン』美術出版社。
ナガオカケンメイ（2018）『もうひとつのデザイン──ナガオカケンメイの仕事』D & DEPARTMENT PROJECT。
森正人（2009）「言葉と物──英語圏人文地理学における文化論的展開以後の展開」『人文地理』61-1。

コラム11　トリップアドバイザーがもたらす「記録」と「予期」の循環回路

　旅先で写真を撮り、それを現像し、アルバムに収める。そのような写真との従来的な付き合い方は、デジタルイメージの時代が到来したことで大きく変容したといえるのではないだろうか。かつてアナログ写真の時代にあっては、枚数が限られたフィルムを購入し、それをカメラにいれてシャッターを切る。フィルムを使い終えてから写真屋にもちこんで現像してもらい、ようやくそれを画像として眺めることが可能になる。つまりインスタントカメラのような例外を除けば、撮影から鑑賞までのタイムラグが受容の前提だったわけであり、例えば旅行中にたくさんスナップ写真を撮ったとしても、もし旅先でフィルムを使い切らなければ、その現像、そして鑑賞のタイミングがだいぶ後にずれ込む、ということも珍しくはなかったのである。

　それが現在では、携帯可能なデジタルカメラで、あるいはスマートフォンに搭載されているカメラ機能で、たとえば旅行中に、私たちは気軽に、しかも（端末の容量が許す限りは）無際限に写真を撮ることができる。撮影された写真はすぐにデバイスの液晶モニターで、あるいは端末のタッチパネルで確認でき、それらの画像データを指先による操作で取捨選択をして、不要な画像を容易に消去することができる。そして空間を超えて存在する他者のまなざしを意識しながら、選んだ画像を即座にSNSへとアップロードできる。同じ「写真を撮る」、「写真を観る」という行為だとしても、アナログ時代のそれとはまったく異質なプロセスがそこには介在しているのだ。

　写真研究者の前川修はデジタル写真に論及するなかで、その特徴である「複数性」と「フロー性」について興味ぶかい指摘を行っている（前川 2016：12）。彼によると、カメラが搭載された「携帯デバイスは、〔明るく鮮やかな〕スクリーンをデザインの主要なアピールポイントとしている」わけだが、わたしたちが指やマウスでそれを触覚的に操作するという閲覧時の行為を想起するならば、もはや「写真は単数形でそれを見る者の没入を誘うというよりも、つねに「もうひとつ」の写真へと手や指で写真を突き動かす運動を前提にしている」とされる。つまり、この「潜在的な複数の状態につねに開かれているという在り方」をふまえて、前川はデジタル写真に認められるデータの流れを「フロー」という概念によって指呼するのである——すなわち「撮影後に即座にパソコンに取りこまれる写真や、携帯電話のスクリーン上で見られる写真は、もはやそれ自身で明瞭な境界を持たず、スクリーン上で他の映像と合流して際限ないデータの流れ（フロー）のなかの一要素になっている」（同書：11）。

　以上の写真観を前提とした場合、トリップアドバイザーに投稿された写真群は、まさに前川が語る「フローの視覚」の典型として理解しうる。旅行者はみずからが訪れたレストランやホテル、あるいは観光地で、料理や内装、もしくは風景を

松本健太郎

写真に撮影する。それはポータブルデバイスやパソコンへ自動的に記録・保存されていくわけだが、ユーザーがそのなかから特定の写真を選んでトリップアドバイザーにアップロードすることにより、そのデータ群は他のユーザーが投稿したものと並置され、誰でも閲覧できる状態になり、多くの旅行者が目的地を選定する際の基準を、あるいは「集合知」（西垣 2013：20）を提供することになる。

それはアーリ流にいえば「予期空間」をもたらすシステム——トリップアドバイザーによって「移動が予想可能かつ相対的にリスクのないかたちで反復されることが可能になる」（アーリ 2015：25-26）——として位置づけうるだろうが、他方で、それは個々人の記憶に直結した記録情報の集合体なのである。誰かが旅先で撮影した写真データがモバイル端末に保存され、さらにサイト上にアップロードされ、しかるのちに、それが多くの人々に「画像のフロー」のなかで共有される。そして「予期」の主体であるユーザーは、投稿された口コミや写真に依拠して目的地＝訪問先を選定し、類似した行為（料理を食べる、観光地を訪れる、ホテルに泊まる……）を再生産していく。誰かの「記録」が他の誰かの「予期」につながる（そして、その予期が誘発する行為は、新たな「記録」を生み出す）——そのような循環回路のなかで、トリップアドバイザーのなかのデジタル写真もまた、人びとの意識と欲望を誘導するシステムへと組み込まれる。

アレックス・ペントランドは『ソーシャル物理学』のなかで、いまわたしたちが生きつつある環境を「データ駆動型社会」として指呼したが、あえてこれに準じるならば、わたしたちが新たに体験しつつある旅とは「データ駆動型ツーリズム」として位置づけうるかもしれない。デジタル写真のデータ群が旅をめぐる欲望や体験の質を変えつつあるいま、トリップアドバイザーのようなプラットフォームはその重要性を増しつつあるといえるだろう。

参考文献　アーリ、J. (2015)『モビリティーズ——移動の社会学』 吉原直樹・伊藤嘉高訳、作品社。

西垣通（2013）『集合知とは何か』中央公論新社。

ペントランド、A. (2015)『ソーシャル物理学——「良いアイデアはいかに広がるか」の新しい科学』小林啓倫訳、草思社。

前川修（2016）「デジタル写真の現在」神戸大学芸術学研究室編『美学芸術学論集』12。

12　おみやげ
旅するマトリョーシカのルーツとルート

鈴木涼太郎

　みやげ店が軒を連ねる浅草・仲見世商店街。2000年代以降多くの外国人観光客が訪れることとなった、東京を代表する観光地である。新型コロナウィルス感染症（COVID-19）に揺れた2020年においても、感染拡大が比較的落ち着いていた時期には、若者を中心に国内観光客で賑わっていた。

　この仲見世のあるみやげ店では、こけしや日本人形と並んで、ロシアの民芸品マトリョーシカが売られている。マトリョーシカは、大きな人形の中から小さな人形が次々と出てくる入れ子細工になっており、スカーフを巻いた女性の図柄が一般的である。だが浅草のそれは、入れ子細工ではあるものの、忍者や着物姿の女児が描かれている。店のスタッフに聞いてみると、外国人観光客向けのおみやげとして売られているという。

　なぜ日本の観光地でロシアの民芸品なのか。興味深いことに、スタッフが語るところによると、マトリョーシカのルーツは、じつは神奈川県の箱根にあるのだという。外国人観光客には、片言の英語でそんなエピソードも添えて販売しているそうだ。ただしこのマトリョーシカが箱根で作られたのかと聞いてみると、「メイド・イン・チャイナよ」という答えが返ってきた。

図1　浅草のマトリョーシカ（筆者撮影）

　浅草で外国人観光客向けに売られている中国製のマトリョーシカと聞いて、率直にどんな印象を受けるだろうか。漢字でおみやげは「土産」、すなわち「その土地の産物」である。忍者と

着物姿の女児が描かれているとはいえ、いかにもステレオタイプ的な日本像であり、そもそもはロシアの民芸品、しかも中国製となると「その土地の産物」にはおよそ当てはまらない。それを外国人観光客向けのおみやげとして売るなんて、「誤った日本文化を発信している」、「ニセモノだ」と少し納得がいかない人もいるかもしれない。

1　おみやげ＝お土産＝その土地の産物？

　しかし、仲見世商店街で売られている他のおみやげは、「その土地の産物」なのだろうか。キーホルダーなどの雑貨類、あるいは外国人観光客に人気の浮世絵柄のＴシャツなどはいずれも日本の名産とはいいがたいし、生産地も中国をはじめ海外である。人形焼きなどの菓子類はどうか。東京名物でその場で焼いているものもあるとはいえ、原材料の小麦粉や砂糖には輸入品も含まれている。いも羊羹の老舗でも「おいもパイ」など西洋由来の菓子類が売られている。そう考えるのであれば、「忍者マトリョーシカ」もあながち特別な存在ではない。原材料まで含めてその土地の産物でないとおみやげとしてはニセモノだというのであれば、仲見世にあるおみやげのほとんどがニセモノになってしまう。だとすると、そもそもおみやげを「その土地の産物」として捉えること自体を再考する必要があるだろう。

　観光という人の移動にともなって、さまざまなモノも移動する。旅行者が身につける衣服や日用品、それらを入れるスーツケース、そして旅先で購入し持ち帰るおみやげもまた、観光にともなうモノの移動の１つである。ただしそこで注意が必要なのは、旅先から観光客が持ち帰ることのみが、おみやげをめぐるモノの移動ではないということである。

　観光地で必ずみかけるチョコレートやクッキーなどの洋菓子類は、商品名に地名が冠されていたり、パッケージにその地域を代表する景勝地や建築物が描かれていたり、原材料の一部に地元の食材が利用されていたりしたとしても、多くは明治以降に日本に移入されたものである。ある程度の歴史をたどれば、おみやげはもともとその土地のものとは限らない。

　食品と民芸品、雑貨類問わず、原材料まで考えれば、すべてがその観光地

で生産されているおみやげを探すほうが難しい。インドで生産された綿糸を
ベトナムの工場でTシャツに仕立てて、そこに日本らしい図柄をプリント
して、国内の観光地でおみやげとして販売するということもあるだろう。当
然のことながら、キャラクターが描かれたキーホルダーの多くは、ライセン
スを取得した企業が中国の工場に生産を委託している。その土地の銘菓や窯
元で職人の手による陶磁器を購入する場合ですら、原材料をめぐる移動は発
生している（コラム12参照）。すなわちおみやげは、観光地の店先に並ぶ時
点で、その生産と流通の過程で様々な移動を経験しているのである。さらに、
このようなおみやげをめぐる流通のあり方は、現代において突如登場したわ
けではい。明治時代にはすでに、原材料を海外から取り寄せた江の島の貝細
工が、全国各地で販売されていたという（鈴木2013）。

　そして忘れてはならないのが、観光客がおみやげを旅行後に友人や知人へ
と贈る「ギフト」としての移動である。どこの観光地でも売られている小分
けになった菓子類は、日本の贈答コミュニケーションの文脈に適したフォー
マットだからこそ、必ずしもその土地の産物でなかったとしても、人気の商
品となっている（鈴木2017）。それらは、ギフトとしての移動を前提に作ら
れた商品であるといえよう。

　さて、以下本章では、浅草をはじめ世界各地でおみやげとして売られてい
るロシアの民芸品マトリョーシカを事例に、おみやげ＝「その土地の産物」
という素朴な前提では捉えきれない、おみやげをめぐるさまざまな移動の連
鎖について検討する。そこからみえてくるのは、マトリョーシカをはじめと
したおみやげは、まさに移動によって形作られる存在だということである。

2　マトリョーシカのルーツ

　マトリョーシカは、ロシアを代表する民芸品である。ロシアの各観光地で
は、定番の女性の図柄から、歴代指導者やサッカー選手が描かれたものなど
多種多様な図柄のマトリョーシカがおみやげとして売られている。そして、
このマトリョーシカのルーツは、先の仲見世商店街のスタッフが語っていた
ように、日本の箱根にあるとする説が有力視されている。

ロシア最初のマトリョーシカは、1890年代初頭に旋盤工ズビョーズドチキンと画家マリューチンの2人によって製作されたとされる（ゴロジャーニナ 2013）。彼らは、当時鉄道事業などで財を成したマモントフ家の支援のもとで創作活動を行っていた。マモントフ家は、芸術や教育への理解が深く、モスクワ郊外のアブラムツヴォにコミューンを建設し、パトロンとして芸術家たちを支援するとともに、「子どもの教育」工房を設立して子ども向けの玩具の制作などを行っていた。またその活動の一環で、世界中の民芸品

図2　セルギエフ・ポサード玩具博物館の「フクルマ」（筆者撮影）

を収集しており、そのコレクションのなかには「フクルマ」と呼ばれる箱根で作られた入れ子の七福神人形も含まれていた。そして、この「フクルマ」こそが、マトリョーシカ第一作のヒントとなったとされているのである（ゴロジャーニナ 2013）。モスクワ近郊のセルギエフ・ポサードにある玩具博物館には、マモントフ・コレクションの一部が展示されているが、この「フクルマ」も展示されており、学芸員も箱根起源を最有力の説として紹介している。さらにこの説は、1970年代から日本で紹介されていた（小川 1979）。

　そもそも箱根は、戦国時代から木工製品の生産地として発展し、江戸時代には湯治客や東海道を行きかう旅人におみやげとして木工製品が売られていた。そのなかの1つに、寄木細工とともに入れ子の七福神があった（岩崎1988）。明治時代に入ると、日本を訪れた欧米人の避暑地として開発が進み、ロシア正教会の流れを汲む日本正教会が、箱根塔ノ沢に別荘を建設する。そして、そこを訪れたロシア人が入れ子の七福神人形を持ち帰り、民芸品コレクターのマモントフ家に贈ったとされるのである。日本正教会箱根避暑館の建設が1880年であり、マトリョーシカの誕生が1890年代初頭であることを考えると時代としては符合しており、「マトリョーシカ箱根起源説」は矛盾

したものではない。

　19 世紀末のロシアで誕生したマトリョーシカは、その後ロシアを代表する民芸品として世界に広く知られることとなった。その直接的なきっかけとなったのが、1900 年に行われたパリ万国博覧会である。この万博に出展されたマトリョーシカは、知育玩具部門で銅メダルを獲得し、一躍世界的な知名度を得る。その後各地から大量の発注がロシアに寄せられ、もともと修道院の祭具や巡礼者向けのおみやげとして木工製品生産が盛んな土地であったセルギエフ・ポサードで大量生産されるようになった（ゴロジャーニナ 2013）。そして、2 度の世界大戦を挟みつつ、1970 年代にいたるまでマトリョーシカはロシア／ソビエト連邦に暮らす女の子必携の玩具として普及する。ただし、1970 年代以降は、安価なプラスチック製玩具の普及でマトリョーシカの人気にも陰りがみられるようになっていった。

　しかしマトリョーシカをめぐる状況は、1990 年代に入ると大きく変化する。ソビエト連邦が崩壊し東西冷戦が終結すると、世界各地から観光客がロシアを訪れるようになる。その結果マトリョーシカは、観光みやげという販路を拡大することとなり、デザインも多種多様なものが販売されるようになったのである。

3　世界へ広がるマトリョーシカ

　さらにマトリョーシカは、ソビエト連邦と関わりが深かった国々を中心に、世界各地でおみやげとして販売されている。例えばベトナムでは、東西冷戦下の人的交流のなかでマトリョーシカが北部を中心に流通し、現在では漆細工や陶芸など伝統工芸の技術と結びついたマトリョーシカが売られている。中国ではマトリョーシカが大量生産され、それらが中国本土や香港はもちろん、ベトナムを含めた東南アジア一帯に流通している。マレーシアでは、多民族国家を反映してか、中国製に加え民族衣装を着たインド製のマトリョーシカもおみやげとなっている。ちなみにハワイには、フラガール姿のマトリョーシカもいる。

　一方浅草以外にも、日本でマトリョーシカが観光客向けのおみやげとして

販売されている場所は多数存在する。たとえば日本国内におけるロシアとの貿易拠点である新潟では、地酒や笹団子と並んで、駅のみやげ売り場でマトリョーシカが売られている。図柄は戦国武将・上杉謙信であり、さらにはマトリョーシカをモチーフとしたキーホルダーやブローチが棚に並べられている。店員の

図3　世界のマトリョーシカ（筆者撮影）

話では、一定数の観光客がおみやげとして買い求めていくという。同様に日本を代表する港町神戸の北野地区でも、マトリョーシカが売られている。北野地区は、かつてロシア人も含めた欧米人が多く暮らしていた場所で、洋風建築の「異人館」が立ち並ぶ観光地となっている。そのため各国ゆかりの雑貨がおみやげとなっており、マトリョーシカもその1つとなっているのである。いわば新潟や神戸では、ロシアとのつながり、人の移動の存在によって、マトリョーシカがおみやげになっているといえよう。

　このほかにも沖縄ではエイサー姿、奈良では大仏、鹿児島では西郷隆盛が描かれたマトリョーシカが、ロシアから輸入された白木のマトリョーシカをもとに制作され、横浜中華街ではパンダ柄のマトリョーシカが販売されている。これらはマトリョーシカにその地域を象徴する事物が描かれることによって、おみやげとなっているのである。

　また、宮城県鳴子や青森県黒石など東北地方のこけし産地では、マトリョーシカにこけしの絵が描かれたものが販売されている。「コケーシカ」と名付けられたこの木工人形は、ロシアと宮城県の交流がきっかけで、こけし・マトリョーシカ研究家の沼田元氣の発案によって 2010 年に誕生したものである（沼田 2010）。これら日本の観光地におけるマトリョーシカは、日本とロシアという遠く離れた地理的空間、そして 100 年以上の時間を越えて里帰りした品ともいえよう。

4　おみやげがたどる旅のルート

　箱根で生まれた七福神人形が、避暑に訪れたロシア人によってモスクワへ
と持ち帰られ、マモントフ家へのギフトとなったことでマトリョーシカが誕
生した。その後マトリョーシカは、パリ万博を経て世界的な知名度を得たの
ち、日本も含め世界の観光地でその土地のおみやげとして売られている。こ
のようなマトリョーシカの旅を振り返ると、あらためておみやげは多様な人
とモノの移動からつくりだされる存在であることが明らかになるだろう。浅
草で売られている中国製「忍者マトリョーシカ」を単純にニセモノと切り捨
てることもできない。じつは、入れ子細工の技法自体は中国から日本に伝え
られたものなので、中国はマトリョーシカのルーツのルーツともいえる。も
はや、マトリョーシカのルーツを問う意味はあるのだろうか。

　観光におみやげは欠かせない。人はおみやげを通じて旅先での経験や記憶
を持ち帰る。だが、おみやげを「その土地の産物」、あるいは「その土地固
有の文化を反映したもの」としてのみ捉えていると、このような世界規模で
移動するおみやげの旅の経路を見逃してしまう。J. クリフォードは、広範な
旅と文化の関係について論じるなかで、居住を旅に対して卓越したものとみ
なし、ルーツをつねにルートに先行するものとする視点を批判し、転地 (dis-
placement) という実践を単なる場所の移動や拡張ではなく、むしろ多様な
文化的な意味を構成するものとして捉えようとする (クリフォード 2002)。
このような指摘をふまえるのであれば、おみやげもそのモノの本来の姿や起
源、すなわちルーツとの対比でのみ論じられるものではなく、一連の移動の
ルートのなかで論じられるべきものであるといえる。おみやげは「移動の途
上 (on the move)」(アーリ 2015) にあり、資本やテクノロジー、情報やイメー
ジ、そして人間の身体とともに地球上をつねに移動し続け、その移動のなか
で自らの意味や価値を不断に変化させていく。

　観光地の店先にならぶおみやげは、どこが始点でどこが終点かとも定める
ことが困難な、観光客とおみやげをめぐる人とモノ、イメージのフローの結
節点、あるいはその移動の途上に位置している。それゆえ、おみやげが語る

のは、それを生み出した背景にあるルーツとなった地域の文化だけでなく、おみやげ自身をつくりだした多様な移動の経路、すなわちルート、軌跡なのである。

参考文献 --

アーリ、J. (2015)『モビリティーズ——移動の社会学』吉原直樹・伊藤嘉高訳、作品社。

岩崎宗純 (1988)『箱根細工物語——漂泊と定住の木工芸』神奈川新聞社。

小川政邦 (1979)「女の子になった福禄寿——ロシアの代表的民芸マトリョーシカの創作秘話」加藤九祚編『エルミタージュ博物館』講談社。

クリフォード、J. (2002)『ルーツ——20世紀後期の旅と翻訳』毛利嘉孝・有元健・柴山麻妃・島村奈生子訳、月曜社。

ゴロジャーニナ、G. (2013)『ロシアのマトリョーシカ』有信優子訳、スペースシャワーブックス。

鈴木勇一郎 (2013)『おみやげと鉄道——名物で語る日本近代史』講談社。

鈴木涼太郎 (2017)「おみやげと観光」塩見英治・堀雅通・島川崇・小島克己編著『観光交通ビジネス』成山堂書店。

鈴木涼太郎 (2018)「旅するマトリョーシカ——移動するおみやげのルーツとルート」『観光学評論』6-2。

沼田元氣 (2010)『マトリョーシカ大図鑑』二見書房。

コラム 12　おみやげをつくる資源の移動と地域の技術

　「ここのはほんまもんやから、中毒になるわ」。2012 年 9 月に滋賀県の朝市で調査をしていたとき、トチ餅を買った女性がわたしにそう語った。「ほんまもん」という言葉が少し気にかかったわたしは、「そうですね」と軽く相槌を打つしかできなかった。

　トチ餅とは、トチノミ（栃の実）とモチゴメを蒸して搗いたものだ。滋賀県高島市朽木では、トチ餅はふるくから各家庭でつくられ、食べられてきた。それが1980 年代末にむらおこし事業の一環として商品化され、以後 30 年以上にわたり販売が続けられてきた。朽木は大津市内からも京都市内からも車で 1 時間ほどの距離にあり、温泉、キャンプ場、スキー場を有し、ブナの原生林や渓流釣り場にも都市住民が訪れる。トチ餅はおもに、朽木の道の駅や日曜祝日に開催される朝市、温泉施設やスキー場で販売されており、いまでは鯖寿司と並んで朽木を代表するおみやげとして広く認知されている。

　さて、冒頭の話にもどろう。女性の「ほんまもん」という言葉にわたしが少し困ってしまったのは、朽木で販売されているトチ餅の多くは、地域の外から購入したトチノミを使ってつくられていると知っていたからだ。トチノミは 9 月上旬に結実し落果する。かつて朽木の人々は山でトチノミを採集していたが、トチ餅が商品化されると、みずからの採集だけでは追いつかなくなった。また、トチノキには実の成りがよい年と悪い年があるため、期待する量の実を採集できない年もめぐってくる。朽木では、トチ餅を商品化したあとに、実が不足する年を経験した。そのとき、トチ餅をつくる人たちは他地域へ実を探しに行き、そこで、今日までつながるようなトチノミを介した人的ネットワークを得たという。さらに近年では、増加したシカがトチノミまでも食べ尽くすようになり、人間がじゅうぶんな実を得ることは難しくなった。

　2012～13 年に実施した朽木での聞き取りによると、トチ餅をつくる人たちは、少ないと 100 キロ、多いと 800 キロほどのトチノミを 1 年間に購入していた。各世帯は毎年同じ人に実を注文し、注文先は滋賀県内だけでなく、岐阜や福井といった近隣県にもわたる。個人で採集と乾燥作業をして運んでくる人もいれば、山の資源を売買する専門業者や、朽木に出入りする行商人が実を持ってくる場合もあった。しかしいずれにせよ、朽木の人たちのあいだには「トチノミが不足して困ったときに助けてもらった」という意識が強く、彼らはたとえ在庫があったとしても、毎年必ず同じ人から実を購入していた。乾燥したトチノミは 1 キロあたり 700～1000 円で売買されていたが、その値段も売り手と買い手のあいだで決められ、互いに無理な値段交渉はしないようであった。ここで少し補足をしておくと、トチノミの売買は朽木に限ったことではない。地方の小規模なおみやげづくりの場だけでなく、全国のサービスエリアや観光地で販売される「煙突もの」商

八塚春名

品をつくるような、大きなお菓子工場にもトチノミが卸されている。

　購入したトチノミはそのままでは使えず、殻を剥き、灰を加えてアク抜きをしなければいけない。トチ餅は日本各地でつくられているが、アク抜きの方法や灰の質へのこだわりは地域あるいはつくり手によって異なり、その結果としてトチ餅の風味も異なる。つまり、朽木のトチ餅の味を決めるのはトチノミの産地ではなくアク抜きの方法であり、朽木の人々が自分たちの技術を使ってトチ餅をつくる以上、たとえトチノミが外部から購入されていても、トチ餅は立派な朽木の産物だといえる（八塚・藤岡 2015）。

　もちろん、地域の山で採集したトチノミを使うことができれば、支出も抑えられ、好都合に違いない。しかし、トチノミを採集し、それを担いで下山することは重労働であり、65歳以上人口の割合が2019年に40%を超えた朽木においては簡単なことではない。また、高齢化にともない後継者の問題も深刻だ。わたしが調査を始めた2012年にトチ餅をつくっていたのは、朽木のなかの1集落に暮らす6世帯だった。彼らは組合をつくりトチ餅づくりを担っていた。しかしそのうちの3世帯が、2020年までに餅づくりをやめた。かわって朽木にある2つの製菓業者が新たに参入し、2020年時点では5つの世帯・業者がトチ餅をつくっていた。さらにもう1つ、アク抜きに用いる灰に関する課題もある。以前は一括して仕入れていた灰が福島原子力災害以後に入手が難しくなり、薪ストーブを持つ知人たちから灰をかき集める状況が10年以上続いている。

　トチ餅には、地域の豊かな自然資源を使ってつくったという、おみやげへの「地域性」が期待される。しかし、地域の暮らしが変容していくなかで、おみやげに求められる「地域性」だけが変わらないということは現実的ではない。おみやげづくりには、地域の資源を利用する技術を維持しながらも、現代的な地域の課題に即して変化を加える柔軟性が必要である（八塚 2018）。地域を越えた資源や人的ネットワークを利用しながら、その時々の「ほんまもん」をつくっていくことこそ、末永くおみやげをつくり販売するための秘訣なのかもしれない。

参考文献　八塚春名（2018）「おみやげをつくる資源の越境——滋賀県高島市におけるトチ餅づくりを事例として」『観光学評論』6-2。

　　　　　八塚春名・藤岡悠一郎（2015）「山村の特産品づくりを支える資源利用ネットワーク——滋賀県高島市朽木におけるトチ餅生産とトチノミ利用」『BIOSTORY』24。

13 乗り物
旅の利便性／旅の真正性

寺岡伸悟

　旅先で乗り継ぎが予定どおりいかず、駅や空港で随分待つことになった自分を想像してみてほしい。あなたはそれを不愉快に感じるタイプだろうか。それとも、旅にハプニングはつきものだとワクワクするほうだろうか。この章では、乗り物が演出する移動経験のこうした二面性について考えてみたい。

1　移動という旅のリアル

　『水曜どうでしょう』（以下『どうでしょう』と略記）という旅番組がある。北海道の地方テレビ局（HTB）で1996年から放送開始、レギュラー放送終了後も各地で再放送され、番組のDVDは高い売上を記録する（図1）。タレント2人とディレクター2人による友達旅行のように番組は進行する。
　『どうでしょう』は2つの点で異色の旅番組である。

図1　乗り物と移動が魅力の人気番組『水曜どうでしょう』DVD版パッケージ。HTB

　第一は、移動中の様子を前面に押し出した番組づくりである。有名な観光スポットは番組にほとんど登場せず、移動中の様子や会話——列車内での席取り、雑談、乗り疲れて眠りこける姿——等が映しだされる。車窓の風景だけが延々と流れることも多い。ふつうの旅番組ではカットされそうなシーンばかりである。
　第二の特徴は、乗り物の乗り継ぎ・乗り換えシーンが頻繁に映ることである。例えば、行き先と乗り物をサイコロで決めて移動し、その町に着いたら再びすぐサイコロを振って次の行き先を決め、2泊3日以内に北海道に帰るという人気企画

（「サイコロの旅」）がある。その初回では、北海道〜（飛行機）〜東京〜（深夜バス）〜松山〜（フェリー）〜臼杵〜（JR在来線）〜小倉〜（新幹線）〜新大阪〜（JR夜行急行）〜新潟〜（フェリー）〜小樽とひたすら移動した。また北極圏にオーロラ観察に行くという企画では、札幌からアラスカまで飛行機を3本乗り継ぎ、アラスカ到着後は鉄道、船、キャンピングカー、観光バス、ハイヤーを乗り継いで北極圏に突入し、ようやくオーロラ観察に挑むが、雨でオーロラは見えず、結局徹夜でトランプをして帰国する。切符が取れずデッキで立ちっぱなし、乗り遅れそうになってホームを走る、レンタカーが小さすぎて苦しい、せっかく行っても雨、などなど、移動の苦労とハプニングが連続する。

　しかし、そうしたどうしようもない移動のさまが、まさに私たちの旅のリアルな経験に重なるのである。それは懐かしい思い出として私たちの旅行経験の一部と化す。旅が移動なしには成立しえないものである限り、乗り物は旅行経験の重要な要素なのだ。そうした移動時間の流れや、乗り物ごとの移動感覚の違いなど、身に覚えのある経験に光を当てていることが、『どうでしょう』を人気の旅番組にしている。

2　乗り物がつくる移動経験

　『どうでしょう』は、4人が鉄道、バス、フェリー、レンタカー、飛行機と乗り物を変えるごとに旅の空気感も変わり、視聴者を飽きさせない。列車内では、4人掛けシートに座って雑談が続くその背景で、ゴトンゴトンというレール音が聞こえ、ガラス窓の向こうに町や海、山の風景が流れていく。その風景はローカル線ではゆっくりと流れ、新幹線では轟音とともに飛び去っていく。こうした多様な音と風景によって移動の高揚感が伝わる。深夜バスでは、いくら乗っても時間が進まなく感じる辛さを「逆浦島現象」と呼び、狭い座席に座らされてひたすら目的地に運ばれる自分達を「護送」と自虐する。またオーストラリアまで飛んだ際には、南半球にたった8時間で着いてしまう空の旅の違和感を、深夜バスを引き合いに出し「ものたらない。できれば途中のインターで休憩ぐらいして、ねえ」と表現するのである。

　たしかに、わたしたちは、新しい乗り物が登場するごとに新しい移動経験を獲得してきた。それによってわたしたちの空間認識は破壊と再構築を繰り返してきたといえる。

　観光研究者たちも、これまでに乗り物と旅行経験の不可分の関係について着目してきた。例えば、アーリは鉄道史の研究を引用しながら、鉄道によって私たちが得た新しい移動経験を次のように記述している。

　　19世紀の鉄道の発達はこの動くまなざしにとってきわめて大きい意味
　　を持つ。枠どられたパノラマがさっと過ぎ去る、その連続として見られ
　　るようになった。〔中略〕もはやゆったり眺めたり、スケッチとか絵の
　　対象にしたり、あるいはいずれにしても捕捉できるようなものではなく
　　なった。(アーリ・ラーセン 2014：252)

　かつて何日も歩いてたどり着いた遠い場所が、鉄道の登場によって座して1日で行けるようになり、さらに航空機の登場によって、私たちは移動経験らしい経験もない、地点から地点への「瞬間移動」を手に入れたのである。

3　自動車と新しい移動経験

　こうした移動経験をさらに大きく変えたものが、自動車である。1908年T型フォードが登場し、アメリカを皮切りに自動車の大衆化が開始、それは徐々に世界を席巻していった。自動車は私たちの移動経験をいくつかの点であまりに大きく変えた。

　第一に、移動中の車窓風景の変化である。自動車の車窓風景の新しさは、鉄道のそれを一転「退屈なもの」へと変えてしまった。鉄道のそれとは異なり、自動車の車窓風景は「目の前に伸びる道路、その両側には並木が植えられていたり、畑が広がる。風景は横に流れるのではなく、放射状に流れ、自らが前に進んでいることを明確に知覚させてくれる」視覚経験をわたしたちにもたらした（赤松 2020：45）。

　第二に、移動空間の私化だ。鉄道やバス、フェリーなど公共交通は、多人

数の見知らぬ者が乗り合わせるいわば公共空間である。しかし自動車、特に自家用車は、自分ひとり、または家族や友人、恋人などと乗るプライベートな移動空間である。マスツーリズムにおいてこうした私的空間の「繭」にくるまれたまま移動が可能になったことは画期的であった。その後も技術の進展によって、一層の快適化、自動車の居住空間化が実現されてきた。

　さらに第三は、移動の操作可能化である。公共交通機関と異なり、自動車は気に入った風景が目に入ればいつでも停めることができる。また自宅から目的地まで、鉄道路線や時刻表の制約を超えて自在に移動できる。あたかも自分の旅を自分で操作しているような快感をともなう操作感・自在感の芽がここに生まれた。

　こうした3つの特徴が結びつくことによって、自動車は、運転者の身体と移動装置がまるで一体であるかのような感覚を育てていく。そしてこのことは、2000年代に入って盛んに議論されるようになった「オートモビリティ」という概念の重要な要素となってきたのである。

4　オートモビリティ

　前述のように、2000年代になって、自動車がもたらした社会のあり方をさまざまな視点から読み解く研究が盛んになった。その中心となった概念がオートモビリティ（ときに複数形でオートモビリティーズ Automobilities）である。『Automobilities（邦題『自動車と移動の社会学』）』という論集の訳者である近森高明は、この概念を次のよう説明している。

　　自律性（オートノミー）と移動性（モビリティ）の二つの語の組み合わせからなり、またオートは、人間の自律性と機械の自動性という二重の響きを含んでいる。なぜわざわざ car や automobile ではなく、とくにautomobility という言葉を用いるのか。それは、ここで問われているのが単体としての自動車ではなく、自動車と運転者がひとつの集合体を形成し、さらにそれが諸々の人間活動や技術、記号、イメージ、法令、建造物、等々の複合的文脈のうちに埋め込まれ、あるいはそれらの文脈を

逆に産出し方向づけてゆく。〔中略〕つまりそれは、問いの単位を機械体としての自動車から、より社会的なレベルに移行させること——そうして人間と機械とが独自の仕方で組み合わさる様態と、それをめぐって複合的な文脈が織りなす動態とを新たに問いの単位に仕立てることで、有効な社会分析へと繋げようとする努力のあらわれである。（近森 2010：451）

　前述のような運転者の自在な操作感や移動感は、自動車だけで可能となっているのではなく、自動車販売店網、道路網、車中心の都市計画、ガソリンスタンドなどの燃料供給網、交通法規、カーナビゲーションシステムのようなIT機能など、さまざまな業種の施設や技術、規則が組み合わさって構築された社会システムである。つまり、自在な運転操作という自律感も、他面からみれば、こうして構築されたシステムに従って「快適に運転させられている」ともいえるのだ。ミミ・シェラーは「自動車を感じること」という論考のなかで、運転者の感情や運動感覚すら、オートモビリティと不可分であることに注意を促した（シェラー 2010：347-379）。

　アーリは、オートモビリティが社会システムとして成り立つに至った要素を以下の6つにまとめている。

1）20世紀資本主義の中心的産業（自動車産業）による製造物であり、「フォーディズム」など重要な社会科学の概念を生み出してきた。
2）個人消費の重要な対象物であり、それ自体が社会的ステータスなどさまざまな記号的価値も有してきた。
3）多数の産業とつながり複合体を形成している。
4）他の乗り物による移動を従属させ、人々の仕事、家庭生活、余暇の機会やそれらの時間配分をコントロールする。
5）文学作品などに豊かさ等のシンボルとして登場する支配的文化である。
6）環境資源を最も多く利用する要因となっている。

（アーリ 2010：40-41：引用者が要約）

　これをみると、オートモビリティはたんなるシステムという域を超え、も
はや社会や文化、そして人々の行動をコントロールする力をも有していると
いえる。ボームらは、それがすでに「システムから統治体制へ(From systems
to regimes of automobility)」と発展しつつあることを懸念している（Bohm et
al. 2006：4)。たしかに、オートモビリティはわたしたちに大きな利便性を与
える一方で、混雑（密集・渋滞）、石油など化石燃料への依存による環境破
壊、交通事故の多発など、地球規模の大問題をいくつも生み出してきた（同
書：9-10)。

5　MaaS が描く旅

　むろんこうしたマイナス面がそのままにされてきたわけではない。IT 技
術を最大限活用した小型の電気自動車（パーソナルモビリティヴィークル：
PMV）や自動運転システムによる安全性の向上など、さまざまな改善努力
が行われてきた。しかし前節でも述べたように、たんに乗り物だけでなく、
それを支えるシステム全体（さまざまなセクターの布置連関）が変わらなけれ
ばそれは実現されない。そこで期待を集めているのが、MaaS という考え方
である。

　MaaS とは Mobility as a Service の略語で、鉄道、バス、タクシー、レン
タカーといった従来のサービス、さらに自動車や自転車のシェアリング、配
車サービスなどの新しいモビリティサービスをすべて統合し、1 つのスマー
トフォンアプリを通じてルート検索、予約、決済ができるようにする、マイ
カーと同等かそれ以上に魅力的なモビリティサービスである。これによって
マイカーが優越するオートモビリティの難点を解消し、持続可能な社会づく
りをめざすという（日高ほか 2020：12)。フィンランドで提唱されたこの考
え方は世界中に拡がり、日本でも MaaS の実験プロジェクトが多数立ち上が
り、その途中経過も出版されている（森田 2020)。

　これが実現すれば、公共交通機関を含めたすべての乗り物、さらに飲食店、

宿泊施設、観光スポットなどをめぐる旅の移動や乗り換えがスマートフォン上の操作で完結することになる。それは自動車の登場でわれわれが手にした移動の私化や自在な操作感がもたらす快感を、公共交通機関はもちろん、ホテルや観光スポットなど旅行経験全体に拡張させることになろう。こうして旅は完全に「予定どおり」のものとなり、『どうでしょう』が描いてきたような旅における移動の「リアル」は、消失するかもしれない。

6　旅の利便性／旅の真正性

しかし、ビジネス旅行はともかく、観光旅行はそれで良いのだろうかという疑問も浮かんでくる。わたしたちは、旅先でふと見つけた店に入って思わぬ買い物をしたり、予定の電車に乗り遅れ、なんとなく潰した時間に出会った人や風景があとあとまで印象に残ったりする。旅とはそうした人・場所・風景との偶然の出会い／発見が散りばめられた移動経験である。このような、別のものを探しているときに偶然素晴らしいものに出会うことを「セレンディピティ（serendipity）」と呼ぶ。オム・キャリーは、このセレンディピティこそが旅の真正性を「発明」するメカニズムの一部だと指摘した（Hom 2004：66）。

むろん、観光版 MaaS がさらに発展すれば、そうしたセレンディピティすらプログラム化しようという動きが出てくるかもしれない。利便性や「予定どおり」の快感と、自分だけの真正な経験という2つのベクトルを追求するのがわたしたちの旅であるなら、この2つのベクトルの交錯点には、これからも乗り物が位置し続けるに違いない。

──────────
参考文献
アーリ、J.（2010）「自動車移動（オートモビリティ）の「システム」」M. フェザーストン、　N. スリフト、J. アーリ編著（2010）所収、39-62。
アーリ、J. &J. ラーセン（2014）『観光のまなざし（増補改訂版）』加太宏邦訳、法政大学出版局。
赤松幹之（2020）「移動サービスの歴史」森川・山本共編著（2020）所収、20-47。
近森高明（2010）「訳者あとがき」M. フェザーストン、N. スリフト、J. アーリ編著（2010）所収、449-455。

シェラー、M.（2010）「自動車が動かす感情――自動車を感じること」M. フェザーストン、
　N. スリフト、J. アーリ編著（2010）所収、347-379。

日高洋祐・牧村和彦・井上岳一・井上佳三（2020）『Beyond MaaS　日本から始まる新モ
　ビリティ革命――移動と都市の未来』日経 BP 社。

フェザーストン、M.、N. スリフト、J. アーリ編著（2010）『自動車と移動の社会学』近森
　高明訳、法政大学出版局。

森川高行・山本俊行共編著（2020）『モビリティサービス（モビリティイノベーションシ
　リーズ）』コロナ社。

森田創（2020）『MaaS 戦記 伊豆に未来の街を創る』講談社。

Bohm, S., C. Jones, C. Land, and M. Paterson（2006）'Introduction : Impossibilities of
　automobility,' in S. Bohm, C. Jones, C. Land, and M. Paterson（eds.）*Against Automo-
　bility*, Blackwell Publishing, 3-16.

Hom, C.（2004）'The Tourist Moment', *Annals of Tourism Research*, 31-1, 61-77.

コラム⑬　ライドシェアサービスと観光

　近年の世界的な旅行形態の変化、選択肢の多様化を理解するうえで、シェアリングエコノミーの発展を無視することはできない。多種多様なサービスが次々と登場しており、統一的な定義はまだないが、内閣官房IT総合戦略室は「個人等が保有する活用可能な資産等（スキルや時間等の無形のものを含む）を、インターネット上のマッチングプラットフォームを介して他の個人等も利用可能とする経済活性化活動」と定義している。またそれらが提供するサービスを「空間」「モノ」「スキル」「移動」「お金」の5つに分類している（内閣官房IT総合戦略室 2016：1-2）。

　シェアリングエコノミーの発展により、旅行先での滞在方法や移動手段など旅行スタイルそのものに大きな変化が起きている。特に2008年にアメリカでサービスを開始した住居の空き部屋等（空間）を貸し出す宿泊のマッチングサービス「Airbnb」はシェアリングエコノミーの草分け的存在である。現地での「移動」の部分でも、ライドシェアと呼ばれるサービスが急速に普及している。これは主に自家用車の所有者（ドライバー）と利用者をマッチングするサービスで、アメリカで2009年にスタートした「Uber」を筆頭に、中国の「滴滴出行（DiDi）」、東南アジア各国で展開する「Grab」など世界各地で台頭している。近年世界的に普及しているライドシェアサービスではあるが、日本では自家用車を用いた営業型ライドシェアサービス（有償での旅客運送サービス）はいわゆる「白タク」行為とみなされ、道路運送法により一部の例外を除いて原則禁止されている。各国やプラットフォームごとにサービスの内容は異なるが、藤井直樹は諸外国のライドシェアサービスの典型的な特徴として、①スマートフォンのアプリで自家用車を呼ぶ、②料金は乗車前にスマートフォンに表示される、③あらかじめ登録してあるクレジットカードから決済されるという3点を挙げている（藤井 2016：34）。

　観光関連サービスは、オンライン予約システムの導入など、長年新たなテクノロジーを受け入れながら発展してきており、テクノロジーとの親和性が高いといわれている（Benckendorff et al. 2019）。ライドシェアサービスの多くは旅行者に限定したサービスではないが、テクノロジー（特にスマートフォン）の進化が旅行者の滞在先での移動手段の選択肢を広げた例であるといえる。例えば海外旅行の際、タクシー運転手と乗車前に直接価格交渉をしなければならない等運賃が不明瞭な場合や言葉の壁がある場合、スマートフォンの画面に目的地までの経路や所要時間、運賃が事前に表示され、登録したクレジットカードで支払いを完了できるなど利便性が高い。その他、複数の国でサービスを展開しているアプリを利用している場合、他の渡航先でも同じアプリを使うことができるなど、移動がよりスムーズに、そして利便性の高いものとなる。

　世界各国で急速に発展しているライドシェアサービスであるが、既存のタク

永井隼人

シーやハイヤーとの共存や、事故時の責任の所在等から各国でその在り方について さまざまな議論がされてきたのも事実である。各国で規制や法制度が整備される中、自家用車の利用を許可する場合でも営業許可の取得や保険への加入など、一定の規制のもとに制度化しているケースが多い。また、日本と同様にサービスを容認していない国もある（国土交通政策研究所 2018）。

　一般ドライバーがサービスを提供するライドシェアは日本では認められていないが、アプリを利用してタクシーを配車できるサービスは近年都市部を中心に普及しつつある。また海外で普及しているサービスの一部は日本国内のタクシー会社等と提携して配車サービスを提供している。これにより、例えばシンガポールから来日した旅行者はシンガポール国内で日常的に使用しているアプリを使いタクシーを呼ぶことができるため、これらのサービスの普及は訪日旅行者の利便性向上につながることが期待されている。

　前述のとおり、日本では自家用車を用いた営業型ライドシェアサービスは原則禁止されているが、規制緩和を求める声が経済界を中心に多いのも事実である。新経済連盟は 2018 年 5 月に国土交通大臣ほか関係大臣に対し「ライドシェア新法」の提案を提出しており、経済同友会も 2020 年 1 月にタクシー事業者が第一種運転免許保有者および自家用車を限定的に活用する「日本版ライドシェア」の実現を求める提言を発表している。しかし、規制緩和についてはタクシー業界からの反対も強く、また安全性に対する懸念などから反対する意見や慎重な議論を求める声も少なくない。一方で、タクシー運転手の高齢化や人材不足も指摘されており、訪日外国人旅行者の利便性の向上、特に地方部での二次交通の整備は重要な課題となっている。そのため、ライドシェアサービスを含む今後の交通のあり方について、議論の進展が注目される。

参考文献　Benckendorff, P., Z. Xiang, & P. J. Sheldon（2019）*Tourism information technology* (3rd ed.), CABI.

　国土交通政策研究所（2018）「運輸分野における個人の財・サービスの仲介ビジネスに係る国際的な動向・問題点等に関する調査研究」『国土交通政策研究』148。

　内閣官房 IT 総合戦略室（2016）『シェアリングエコノミー検討会議中間報告書』内閣官房 IT 総合戦略室。

　藤井直樹（2016）「自動車を巡る課題——コンプライアンスと技術革新」『運輸政策研究』19（3）、29-35。

14 都市

「社会を越える社会学」を越えて

遠藤英樹

　ニューヨーク、ロサンゼルス、ロンドン、パリ、東京、大阪。これら都市は、不思議さに満ち溢れている。例えば、夕暮れがせまる都市の交差点で信号待ちをしているとしよう。そんなとき、何となく寂しくて、孤独で、人恋しいと思った経験がないだろうか。都市にいるとき周りをみわたしてみると多くの人がいるのに、わたしたちは「孤独」を感じて、「人恋しい」と思ってしまう。多くの人が集まっているのに、孤独。孤独なのに、たくさんの人がいる。どうして都市では、そんなことがおこるのだろうか？

　都市の不思議さに魅せられるかのように、その理由を考えた社会学者がいる。ゲオルグ・ジンメルというドイツの社会学者である。ジンメルは、ドイツのベルリンという大都市やそこに生きる人々の人間関係を観察し、都市の匿名性こそが、その理由だと考える。

　都市にはたしかにたくさんの人がいるが、それは、お互いの名前も知らないような、見知らぬ者同士が集まっているだけである。すれ違った次の瞬間には、どのような顔だったのかさえ忘れているかもしれない。誰でもないし、誰でもいい人間関係だ。それを非人格的な人間関係というが、そうした人間関係のもとでは、いくら多く集っていようが人は孤独なのだとジンメルはいう。

　しかし、そのことは決して、お互いに無関心でいるということを意味しているわけではない。例えば、都市の交差点で誰かが刃物をちらつかせて歩いていたりしたら、わたしたちはすぐにそのことを察知する。それは、お互いがお互いを注視し合っているからだ。ただ、だからといって相手のことをじろじろ見たりしない。相手の動きを気にしてはいるけれど、でも非人格的な人間関係を維持できるよう、「何気なく気にしている」のである。

　つまりわたしたちは都市において、「他者に無関心」でいるのではなくて、「他者に無関心な関心をよせている」のだといえるだろう。アメリカの社会学者であるアーヴィング・ゴフマンは、このことを「儀礼的無関心」という表現で述べている。

　わたしたちは街なかで、相手が刃物をもって歩いていないかなど、いろいろと気にしてはいる。しかし「すぐに視線をそらし、相手に対して特別の好奇心や特別の意図がないことを示す」。そうすることで、お互いの人間関係が保たれているのが、都市という場所である。

1　「社会的実験室」としての都市

　こうしてみると、都市とは、たんに物理的な場所であるというにとどまらず、人が集まり日々さまざまな行為を繰り返し多くの「想い」をもちよっている場所なのである。つまり都市とは、人々の「行為」「想い」が凝縮された場所なのだ。そのため社会における人々の「人間関係」「行為」「想い」が、とてもわかりやすく観察できる場所なのだといえよう。

　ロバート・パークというアメリカの社会学者も、都市が「人間性と社会過程を、最も有効かつ有利に研究しうる実験室」のようだと述べる。彼は、都市を「社会の実験室」のようなものだと考え、都市社会学という領域をきりひらいていく。ロバート・パークをはじめとする数人の社会学者たちは、ジンメルの社会学に影響をうけながら、20世紀初頭のアメリカ合衆国シカゴという大都市を舞台に都市社会学を開花させ、「シカゴ学派」という都市研究の流れをつくりだしていったのである（大澤 2019）。

　この「シカゴ学派」においてアーネスト・バージェスという社会学者が考えた「同心円理論」は、都市の構造を考えたものとして、いまなお重要な理論である。バージェスは当時のシカゴを観察した結果、都市が①中心ビジネス地区（CBD：Central Business District）、②遷移地帯（都市発展の過程で取り残されたスラムなど低所得者の居住地帯）、③労働者住宅地帯、④一般住宅地帯、⑤通勤者住宅地帯へと同心円的に拡がっていくと考えた。またパークやバージェスはフィールドワークを主体とした研究方法を大学院生に推奨し、

図1　シカゴの風景
（2000年2月26日筆者撮影）

数々の「シカゴ・モノグラフ」の産出をうながしていった。「シカゴ・モノグラフ」では、都市の中のスラム街、貧民窟、繁華街などの場所を歩き、ホームレスや暴力団や不良少年などさまざまな人々と接し、都市の中で人々がどのような行為を行い、どのような思いを抱いているのかが調べられていった。

　では、どうして20世紀初頭のシカゴにおいて、これほどまでに都市社会学がさかんに行われるようになったのだろう。——それは、シカゴという都市が社会のあり方と密接に結びついていたからだ。19世紀後半から20世紀前半にかけて、東欧や南欧から多くの移民が当時のシカゴに流入してきた。当時、この移民の存在が、アメリカ社会に大きな衝撃をあたえていたのである。

　東欧や南欧からやってきた移民たちのなかには、生活がままならずギャングになったり、非行に走ったりする人がたくさんでて、貧富の格差も拡大した。これらの都市問題を明らかにし、移民という「人々の移動」がアメリカ社会にもたらしたインパクトを捉えようとしたのが、「シカゴ学派」だったのである。

2　シカゴ学派からロサンゼルス学派へ

　しかしながら20世紀後半になると、都市研究の中心は、シカゴからロサンゼルスへと移っていく。都市研究の拠点がシカゴからロサンゼルスへと、まさに「移動」したのである。なぜか？——ロサンゼルスという都市が、アメリカ社会に新たな経験をもたらし始めたからだ。

　ヒスパニック系の移民が多く移り住むだけではなく、自動車という交通移動手段を前提にして形成されたロサンゼルスでは、IT企業をはじめ多くの

多国籍企業がひしめき合い、人、モノ、資本、情報などの多種多様なモビリティが都市を大きく変容させていった。そのなかでシカゴ学派が考えたような都市理論では、ロサンゼルスにおける都市の経験をうまく説明できなくなってきたのだ。

図2　ロサンゼルスの風景
（2019年9月21日筆者撮影）

　例えばロサンゼルスでは、ゲーティッド・コミュニティもでき始め、それも新たな課題となっていた。ゲーティッド・コミュニティとは、周囲をゲートで囲い、住民以外の敷地内への出入りを制限した街のことである。ロサンゼルス市では富裕層たちが山の手に住み、このゲーティッド・コミュニティを形成していたりしていた。そしてヒスパニック系や「黒人」といわれるアフリカ系アメリカ人たちに多い貧困層の人たちから、同じ都市にいながら、自分たちを隔離させて暮らすようになり、防犯を徹底させようとしたのである。こうしてゲーティッド・コミュニティによって、人種間や階層間のセグリゲーションが起こっていったのだ。

　その結果、ロサンゼルスでは、富裕層の「白人」たちがゲーティッド・コミュニティ内部の高級住宅に暮らすようになるとともに、都市の中心部の地域がスラム化するインナーシティ現象も生じていったのである。その地域で貧困にあえぎながら暮らすアフリカ系アメリカ人の若者たちが、みずからの文化的表現として発展させていったものが、ヒップホップ・カルチャーである。N. W. Aというグループや、そのグループを脱退したDr. Dreなどは、ロサンゼルスの街で育ったミュージシャンたちだ。彼らは西海岸を中心に音楽活動を開始しており、その一部にはドラッグ、暴力、犯罪などを煽りたてるような過激な歌詞をもったものが目立ち「ギャングスタ・ラップ」と呼ばれている。

　ロサンゼルスという都市は、人、モノ、資本、情報などの多種多様なモビリティによって大きく変容し、シカゴにはなかった新たな都市の経験を人々にもたらし始めたのだといえよう。マイク・デイヴィスという都市社会学者も、『要塞都市LA』という本の中で、ロサンゼルスを事例としてゲーティッド・コミュニティが人々にもたらした社会の分断を論じている。その際デイヴィスは、ゲーティッド・コミュニティによって安心感は高まるどころか、逆にゲートを囲うことで、社会の分断がすすみ、自分たちと異なる民族・階層に属する他者に対する不安やおそれが増幅されるのだと主張する。それはまるで城壁に囲まれた中世都市のごとく、他者を侵略者のように扱うことになるとデイヴィスは考え、ロサンゼルスという「近代」的都市が「再封建化」しているのだと述べる。

　ほかにエドワード・ソジャという研究者も、ロサンゼルスを事例にしながら都市の地理学を展開している。こうしてシカゴからロサンゼルスへと研究の対象を移した社会学者や地理学者は、次第に「ロサンゼルス学派」という流れをつくりだしていくことになったのである。

　しかしながら、ロサンゼルスという都市が社会にもたらしたインパクトを考えようとするなら、それだけでは、不十分である。ロサンゼルス郊外には、アナハイムという街があるが、都市と社会の関わり合いから、この街を考えるとき、観光というモビリティを無視して考えることは決してできないだろう。

　ロサンゼルス郊外にあるアナハイムという街は、まさにディズニーランドというテーマパークによって大きくつくりかえられた場所である。社会学では、テーマパークを中心に、ショッピングモール、レストラン、シネマコンプレックス、ホテル、さまざまなアトラクション施設などを構成要素<ruby>構成要素<rt>モジュール</rt></ruby>として成り立っている都市のことを、「テーマパーク化する都市」というが、アナハイムはまさに「テーマパーク化する都市」なのである。

　アナハイムという街を捉えるためには、ディズニーランドというテーマパークがどのように都市の特徴を変えていくのかを考える必要がある。ジョン・ハニガンという都市社会学者は、テーマパークが大きく影響を与えるよ

うな都市のことを「ファンタジー・シティ」と呼ぶ。そうだとすれば、従来から堀野正人が示唆しているように、都市のあり方を考えるうえでツーリズム・モビリティを考察することは不可欠になっているのではないだろうか（堀野 2014）。

3　「モビリティ3.0」時代の都市と観光

　現在、都市を変容させてきた多種多様なモビリティは、さらに新たな段階に入りつつある。アンソニー・エリオットは、20世紀後半以降のモビリティを以下のように3段階に分けている。

　①モビリティ1.0：これは、人、モノ、資本、情報、観念、技術等が移動する状況が常態化したグローバル社会が生成するようになった時代である。

　②モビリティ2.0：人、モノ、資本、情報、観念、技術等が移動する状況が常態化するようになったグローバル社会によって、わたしたちの生のありようが大きく変容し始めるのが、この時代である。この時代では、わたしたちの自我形成もスマートフォンなどを用いた情報の移動等と切り離せないものとなる。また家族や人間関係、さらにライフスタイルも移動（モビリティ）に大きく規定されるようになる。

　③モビリティ3.0：それはAIやロボット工学など、デジタルテクノロジーがすすみ、それによってモビリティのありようが、これらの技術と深く絡み合いながら進化＝深化をとげていく段階である。

　イギリスの社会学者ジョン・アーリは、「社会的なもの」の在処がこれまでの（移動しないことを基本とする）「社会」から、「モビリティ」へ変化しつつあると主張し、「モビリティとしての社会」という概念を提唱している（Urry 2000：186）。アーリのひそみに倣うとするならば、現在「社会的なもの」は、モビリティ、特にツーリズム・モビリティにおいて明白にあらわれるようになっていると考えられないだろうか。

　特に「モビリティ3.0」の段階において、観光も大きな変容を遂げつつあり、デジタル情報技術などを用いながら都市のあり方を新たなかたちへと変容させている。例えばARのメディア技術が用いられ、現実世界と仮想世界

を融合させ、都市を観光する体験が創出されるに到っている。いまや都市の現在形は、ツーリズム・モビリティとデジタルテクノロジーを抜きに捉えることはできない。「モビリティ3.0」時代ともいうべきモバイル＝デジタルな時代にあって、AIやARなどをはじめとしたデジタルテクノロジーが観光に内在することで、都市、あるいは都市経験や都市体験のあり方を大きく変容させつつあるのではないか。

　例えば、いくつかの企業では、観光施設向け「多言語AIチャットボット」が開発されている。観光客は、スマートフォン・アプリにおいて話しかけたり、文字を打ち込んだりしながらAIとコミュニケーションを行う。そうすることでホテルがこのシステムを導入している場合には、観光客は、チャットボット（自動会話プログラム）を通じて、チェックインとチェックアウト時間、ホテルまでのアクセス情報、部屋内のネット環境、アメニティの内容等のホテル情報を得たり、宿泊を予約したり、モーニングコールを設定したり、宿泊している部屋の清掃を依頼したりできるのである。しかも、それは24時間休みなく、日本語だけではなく英語、中国語、韓国語等の多言語にも対応できるものとなっている。

　ほかにも、AIを搭載したヒューマノイドロボットが多言語で道案内をしてくれる観光施設、それらロボットが相席して会話に応じてくれるだけでなく占いやミニゲームで遊べたり（ときには踊ってくれたり）する喫茶店もあるし、それらロボットがフロント係やコンシェルジュとして働いているホテルもあり、そこに宿泊することによっても、1つの都市体験が形づくられている。

　このように考えるならば、「モビリティ3.0」時代における都市研究は、モビリティとデジタル革命が相互に絡まり合い同時に進展していく状況を射程におさめていく必要があるだろう。それは、アーリによる「社会を越える社会学」の議論をさらに越えていくようなものとなるに違いない。

参考文献

大澤真幸（2019）『社会学史』講談社。

加藤政洋・大城直樹編著（2006）『都市空間の地理学』ミネルヴァ書房。

佐藤俊樹（2011）『社会学の方法——その歴史と構造』ミネルヴァ書房。

中筋直哉・五十嵐泰正編著（2013）『よくわかる　都市社会学』ミネルヴァ書房。

堀野正人（2014）「アーバンツーリズム」大橋昭一・橋本和也・遠藤英樹・神田孝治『観光学ガイドブック——新しい知的領野への旅立ち』ナカニシヤ出版、196-199 頁。

Davis, M.（1990）*City of quartz : Excavating the future in Los Angeles*, London : Verso.（『（増補新版）要塞都市 LA』村山敏勝・日比野啓訳、青土社、2008 年）

Elliott, A. & J. Urry（2010）*Mobile lives*, Oxford : Routledge.（『モバイル・ライブズ——「移動」が社会を変える』遠藤英樹監訳、ミネルヴァ書房、2016 年）

Elliott, A.（2018）*The Culture of AI : Everyday life and the digital revolution*, London : Routledge.（『デジタル革命の社会学——AI がもたらす日常世界のユートピアとディストピア』遠藤英樹・須藤廣・高岡文章・濱野健訳、明石書店、2022 年）

Endo, H.（ed.）（2020）*Understanding tourism mobilities in Japan*, London : Routledge

Hannigan, J.（1998）*Fantasy city : Pleasure and profit in the postmodern metropolis*, London : Routledge.

Park R. E. & E. W. Burgess（1925）*The city : Suggestions for investigation of human behavior in the urban environment*, Chicago : The university of Chicago press.

Scott, A. J. & E. W. Soja（1996）*The city : Los Angeles and urban theory at the end of the twentieth century*, California : The university of California press.

Urry, J.（2000）*Sociology beyond societies : Mobilities for the twenty-first century*, London : Routledge.（『社会を越える社会学——移動・環境・シチズンシップ』吉原直樹監訳、法政大学出版局、2006 年）

Urry, J.（2000）Mobile sociology, *British Journal of Sociology*, 51-1.

コラム 14 「スラムツーリズム」とツアーガイド

　貧困・暴動・犯罪・薬物・疫病・失業・人口過密。都市の「苦難」が直截的に表現された場所として知られる「スラム」は救済・保護の対象としてみなされ、同じ国際社会を生きるわたしたちひとりひとりが目を向けることの必要性が叫ばれてきた。と同時に、「見せ物」にされることをめぐっては非難を呼んでいる。

　1990 年代初頭から発展途上国で「スラムツーリズム」が拡大している。スラムツーリズムとはスラムの民家や学校、酒場、NGO 事務所などの訪問を通してスラムの地域文化や生活環境に触れることを目的としたガイド付き観光の総称である。この新しい観光の登場には地域経済の活性化による貧困の削減や観光経験を通じた他者理解の促進の可能性が期待される一方で、倫理批判が絶えない。主な批判は先進国のツーリストによるスラムの「覗き見」や「貧困の商品化」をめぐるものである。もちろんツーリストたちの参加動機は多様であるが、ツーリストと観光地域住民の間の経済的格差や社会的不平等を直截的に指し示した観光として、観光の展開それ自体が問題視されてきた。ただすこし視野を広げてみると、世界中のどんなスラムでも多くのツーリストを集めているわけではないことに気がつく。観光化が進展する地域には多様なツーリストたちの興味・関心を惹きつけるような案内のできるツアーガイドたちが存在する。観光の倫理性を議論するために、地域の生活者であり観光の担い手であるツアーガイドたちがいかに「スラムツーリズム」をプロデュースするのかを考えることには意味があるかもしれない。

　東アフリカ・ケニア共和国の首都ナイロビは国際機関や多国籍企業、NGO の本部・支部が集う国際都市である。ナイロビ中心部からバスで 20、30 分ほどの距離に東アフリカ最大のスラムとして知られるキベラ地域がある。キベラ地域はバラク・オバマやパン・ギムン元国連事務総長、マドンナ、50 Cent などの著名人による訪問、さらにはアカデミー賞を獲得した映画『ナイロビの蜂（The Constant Gardener)』(2005 年) の上映や BBC の『Famous, Rich and in the Slums』(2011 年) の放送、数多の NGO 団体の活動・宣伝を通じて国際社会からの注目度を高めてきた。「世界社会フォーラム」のナイロビ開催 (2007 年) を契機に、キベラ地域を見てまわるツアーが急増した。ツアーガイドになったのは主にキベラ地域で生まれ育った地元の若者たちである。かれらはナイロビ中心部にあるツアー会社や NGO 団体からの下請けとして観光案内を始めた。次第に自ら「起業」するものたちもあらわれた。かれらはキベラツアー専用のウェブサイトをたちあげたり、「スラムツアー」と表記した名刺をつくりナイロビの宿泊施設などに配布したりし始めた。キベラ地域の若者たちはこうした「非公式」な働きによって観光ビジネスを導入し、ツアーガイドという仕事をみようみまねに創造したのである。

八木達祐

　では実際にツアーガイドたちはどのように観光案内を行うのか、一例をみてみよう。筆者がキベラ地域のツアーにツーリストとして初めて参加したときの出来事である。ツアーの開始直前、筆者は自身が持参したカメラをツアーガイドから手渡すようにいわれた。その理由は、ツーリストである筆者が撮影するよりも住民であるツアーガイドが撮影を行うほうが安全であるからというものだった。観光案内中、ガイドは自ら

図1　ツアーガイドが観光案内中に撮影したゴミの写真

の判断によってキベラ地域の各所を撮影した。ツアー終了後にカメラのデータを確認すると、ドブのゴミをクローズアップしただけのものやNGOの看板などキベラ地域の生活衛生上の「苦難」をつよく印象付けるような内容の写真がいくつも残されていた。こうした写真はおそらくツーリストにとって価値があるとツアーガイド自身が考えたものであると同時に、スラムをめぐる苦難のイメージ／救済・保護のアイデアにもとづいたものであったと考えることができる。つまり、キベラ地域のツアーガイドは地元にある「スラム」の素材を寄せ集め、スラムをめぐるグローバルな言説を観光案内のなかで再現しているのである。

　キベラ地域で生まれ育ったツアーガイドたちは幼少のころから、NGO関係者たちとの交流や海外の著名人・メディアとの出会いの機会を得てきた。そこで自分たちが暮らす場所がいま・どのように認識され、語られ表現されるのかを学んできた。かれらはこうした人生の経験をもとにグローバルに飛び交うスラムイメージを流用している。スラムをめぐる多様な「移動」とツアーガイドたちの実践のなかで「スラムツーリズム」は築かれている。

参考文献　須永和博（2016）「他者化に抗する観光実践——釜ヶ崎のまちスタディ・ツアーを事例として」『観光学評論』57-70。

　　　　　内藤順子（2015）「スラム観光をめぐる感情的葛藤のフィールドノート——チリ・サンチャゴ市の事例から」『実践と感情——開発人類学の新展開』春風社、195-218。

　　　　　Frenzel, F.（2016）*Slumming It : The Tourist Valorization of Urban Poverty*, Zed Books.

　　　　　Frenzel, F., K. Koens,, & M. Steinbrink（eds.）,（2012）*Slum Tourism Poverty, Power and Ethics*, Routledge.

15 テーマパーク

位置情報ゲームによる「テーマパーク的空間」の拡張

松本健太郎

　2019年6月13日発行の『WIREDVOL』33における「MIRROR WORLD──#デジタルツインへようこそ」特集では、「ミラーワールド／デジタルツイン」という概念について以下のように解説されている。

> ミラーワールド──それはこの世界のデジタルツインであり、物理的なリアルワールドにぴったりと重なるもうひとつのレイヤーだ。それはルイス・キャロルが描いた鏡の国であり、人類がこれまで幾度となく夢想してきた共同主観としてのパラレルワールドだ。唯一、時代の想像力を凌駕しているとすれば、それが、いまや現実に実装されつつあることだろう。インターネットがすべての情報をデジタル化し、SNSがすべての人々のつながりをデジタル化したように、ミラーワールドはその他すべてをデジタル化する。(WIRED編集部 2019：25)

　むろん現時点では、完全なるミラーワールドが実現される段階には至っていないが、しかしわたしたちはその萌芽をGoogleストリートビューやPokémon GOのなかに認めることができるかもしれない。デジタル地図と連携したそれらのサービス／ゲームは、わたしたちが生きる世界にもう1つのレイヤーを付け加えるだけでなく、もともとある場所に付随していた意味空間、およびそれを受容する人々の行動図式を組み替える可能性をもちうる。本章ではそのことを念頭においたうえで、リアルとバーチャルの間隙で人々の行動を誘導する位置情報ゲームを取り上げ、それを「テーマパーク的空間の拡張」という観点から考察していくことになる。

1　PR 動画から考える「ポケモン GO」と「ドラゴンクエストウォーク」

　本章では位置情報ゲームを取り上げるにあたって、2016 年 7 月にリリースされた Pokémon GO（以下、「ポケモン GO」と表記）、および 2019 年 9 月にリリースされたドラゴンクエストウォーク（以下「ドラクエウォーク」と略記）の PR 動画に着眼してみたい。

　このうち前者、ポケモン GO の PR 動画は、ゲームそのもののリリースに先立つ 2015 年 9 月 10 日に公開されている。この動画はまず、宇宙空間に地球が浮かぶシーンから始まる。その後、東京タワー、つづいてエッフェル塔など、各国の大都市を象徴するランドマークがうつしだされ、それらのシーンに挟み込まれるかたちで、国内の下町の路地、そして国外の自然豊かな大地で、プレイヤーたちがスマートフォンを片手にピカチュウを捕まえようとする姿が表象される（図 1）。そしてさらに、人々がニューヨークのタイムズスクエアに出現したミュウツーをめがけて集まり、そのバトルに熱狂する様子がうつしだされる。そして再び、地球が宇宙空間に浮かぶシーンへと戻り、その映像に「Pokémon GO」のロゴが重ねられて動画は終わる。周知のとおり、ポケモン関連コンテンツは全世界的な人気を誇るが、まさにこれはポケモン GO による「地球規模の熱狂」を描出するものといえよう。

図 1　ポケモン GO の PR 動画（『Pokémon GO』初公開映像）
出典：https://www.youtube.com/watch?v=lKUwVYUKii4 [最終閲覧
日：2021 年 1 月 23 日]

図2　ドラクエウォークの PR 動画（「ドラゴンクエストウォー
ク」発表 PV）
出典：https://www.youtube.com/watch?v=tbp9V_uA6_U［最終閲覧
日：2021 年 1 月 23 日］

　これに対して後者、ドラクエウォークの PR 動画は、ゲームそのもののリ
リースに先立つ 2019 年 6 月 3 日に公開されている。こちらの動画はまず、
日本を代表する観光スポット——渋谷のスクランブル交差点にはじまり、横
浜赤レンガ倉庫、東京スカイツリー、鳥取砂丘、道頓堀など——が立て続け
に登場する。そしてさらに、訪日外国人が関心を抱くと考えられるさまざま
な要素、例えば魚市場、相撲部屋、回転寿司、ねぶた祭などのシーンが登場
する。ただし、それらすべての「日本的」なシーンに、ドラゴンクエストの
モンスターたちが登場するのである。例えば、渋谷のスクランブル交差点で
は、通行人たちの足もとをスライムたちが埋め尽くす。赤レンガ倉庫では、
その界隈をゴーレムが襲撃する（図2）。相撲部屋では、力士とボストロール
が稽古をしている。つまり PR 動画によって描かれているのは、ドラクエ
ウォークが日本の観光名所のイメージを書き換えていく様子なのである。
　ともあれ双方の PR 動画に関して象徴的なのは、ある物理的な場所が位置
情報ゲームによって、ポケモン／モンスターたちが出現する空間へと変換さ
れる、という点である。それは、さながら「テーマパーク」のようでもある。
というのもそれらのゲームアプリ、およびそれを駆動するためのスマート
フォンは、わたしたちが生きる世界にもう 1 つのレイヤーを重畳することに
よって、それを架空のキャラクターたちが出現する「テーマパーク的空間」

として再構成するからである。「ポケモン」であればそのテーマや世界観、「ド
ラゴンクエスト」であればそのテーマや世界観に依拠して、換言すれば、既
存のコンテンツとの関係性のなかで、位置情報ゲームはユーザーに対して現
前する意味空間を転換するのである。

2　スマートフォンによる「テーマパーク的空間」の拡張

　現代社会において「テーマパーク」は空間画定的な概念としてではなく、
より柔軟性をおびたものとして語られる傾向にある。例えば鈴木涼太郎は
「「小江戸」というテーマのもとに空間が統一され、〔中略〕江戸時代にタイ
ムスリップしたかのような体験ができる場所」として川越の街を取り上げ、
「テーマパーク小江戸」が成立する仕掛けについて分析を展開している（鈴
木 2019：74）。もともとディズニーランドの場合、「園内からは外の風景が見
えず、全体が周囲から切り離された世界を構成している」という点において
「その空間的な閉鎖性・自己完結性」を特徴としている（吉見 2007：77）が、
他方の川越の場合、鈴木が指摘するように「いくらテーマパーク的な場所で
あっても、一般住民の出入りは自由」（鈴木 2019：78）であり、空間的な閉
鎖性はない。
　別の例をあげるならば、東浩紀はさらに大きな規模で「地球そのもの」の
テーマパーク化に論及している。すなわち彼によると、「現代世界はかつて
なくフラットになりつつある。世界のどこでも同じ仕事ができ、同じ生活が
できる、そのようなインフラが整いつつある。〔中略〕ぼくたちはいまや、
つい数十年前までは命を落とす覚悟でしか赴けなかったような場所に、ある
ていどの金さえ出せばいともたやすく行ける時代に生きている。ツーリズム
のフラットな視線が引き起こすその変化を、地球のテーマパーク化とでも呼
んでみよう。そう、ぼくたちはいま、地球全体がテーマパーク化しつつある
時代に生きているのだ」と述べられるのである（東 2019：26-27）。
　ここで東が論及するインフラ──「世界のどこでも同じ仕事ができ、同じ
生活ができる、そのようなインフラが整いつつある」──を考えるにあたっ
て、それをアンソニー・エリオットとジョン・アーリが語る「ネットワーク

資本」と結びつけて理解することもできるだろう（エリオット＆アーリ 2016：
14-15）。彼らによると、この概念とはモビリティ領域の拡大と洗練から派生
したものであり、文化資本や経済資本とは異なる形態で新たな権力を生みだ
しつつある、とされる。ネットワーク資本とは「かなりの程度、主体なき、
コミュニケーションによって駆動された、情報を基盤としたもの」だと位置
づけうる。そしてこれを高い水準で保有する人びとは、地理的なモビリティ
を経験しつつも、他方では「さまざまな状況にいながら、緊密に社会的なコ
ンタクトをとり、「家にいるかのようにくつろぐ」こともできる」という。
わたしたちの（旅を含む）社会的経験は、携帯電話、Ｅメール、インターネッ
ト、アクセス・ポイントなどの要素、およびそれらの集合が織りなす動的な
ネットワークをつうじて実現される。そしてそのネットワークの帰結として、
人びとが自己／他者の経験を意味づけるための「文脈＝コンテクスト」がそ
のつど形成されていくのである。

　そう考えてみると、東のいう「地球のテーマパーク化」の前提には、エリ
オットらが提起する「ネットワーク資本」、とりわけその重要な構成要素と
してのスマートフォンが介在していると考えられる。ともあれ、インター
ネットと紐づけられたスマートフォン（「ネットワーク資本」の構成要素）、お
よび、そのなかで作動するゲームアプリ（「テーマパーク的空間」の構成要素）
によって、位置情報ゲームは「ポケモン世界」や「ドラクエ世界」といった
かたちで、人々が依拠する新たなコンテクストをもたらす。そしてそれらの
ゲーム的なコンテクストが生成するものを「テーマパーク的な空間」として
把捉してみることもできよう。つまるところ位置情報ゲームの技術的なセッ
ティングによって、また、それらが包含するテーマ性に依拠して、個々人が
生きる意味世界がソーティングされるのである。それは、かつてジョシュア・
メイロウィッツが触れた「状況地理学」の変容（メイロウィッツ 2003：32）
の延長線上に位置づけうる事態だといえるだろう。

3　ドラクエウォークのなかの「広告都市」

　「ミラーワールド／デジタルツイン」を指向するかのようにもみえる位置

図3　LAWSON×ドラゴンクエストウォーク・コラボク
エスト（筆者撮影）

　情報ゲーム——ポケモンGO／ドラクエウォーク——は、現実の社会におけ
る「資本の論理」と無関係ではありえない。以下でドラクエウォークの事例
として、2020年10月27日から11月30日まで当該ゲーム内で開催された
イベント、「LAWSON×ドラゴンクエストウォーク・コラボクエスト」を
取り上げてみたい。

　図3にあるように、当該イベントではリアル店舗の位置情報に即して、ゲー
ム内のフィールド、すなわちデジタル地図上にローソンの看板が出現する。
そしてそれをタップすると、1日に1回「コラボくじ」をひくことができ、
それによってローソンの実店舗で使える無料券や割引券があたる仕組みに
なっている。これはいわゆる「プロダクトプレイスメント広告」、すなわち
映画やテレビドラマにおいて、役者の小道具もしくは背景として、実在する
企業名・商品名（商標）を表示させる手法の進化形ともいえるだろう。

　「LAWSON×ドラゴンクエストウォーク・コラボクエスト」は、虚構空
間の内部に散りばめられた企業名や商品名によって、ゲーム世界を広告化す
る役割をそなえている。かつて北田暁大は『広告都市・東京』のなかで、ピー
ター・ウィアー監督による『トゥルーマン・ショー』（1998年）——本作品
は、トゥルーマンを主人公とするリアリティ番組『トゥルーマン・ショー』
を題材とするメタフィクショナルな映画である——を取り上げながら、
「ちょうどディズニーランドという夢の空間が、その外部にある巨大な資本

によって、夢の空間たりえているように、〔番組トゥルーマン・ショーの舞台＝巨大なセットである〕シーヘブンという閉ざされた記号世界も、完璧な閉鎖性、つまり不自然でない日常性を維持するためには、資本という外的ファクターを導入しなくてはならない」（北田 2011：19）と解説しながら、外部にある「資本」が広告をつうじて番組内部のコンテンツ世界へと流入する事態に目を向けている。これと比較するならば、やはりドラクエウォークの場合にも、リアルとバーチャルが重畳されたコンテンツ世界に対して、スポンサー企業による「資本」の力が外部から流入してくるという点で、同様の構図が認められるのである。

　なお、北田は映画『トゥルーマン・ショー』について、「一九七〇年代以降上梓されたいかなる広告研究書よりもはるかに深く、広告なるものの「歴史的本質」を解き明かしてくれている」（同書：10）と主張しつつ、1980 年代における渋谷を取り上げながら、それを「都市のシーヘブン化」という観点から分析している――「直接的な広告ではなく、消費者の生活空間のなかにひっそりと入り込んでいくような広告戦略、ちょうど私が「幽霊化」「スーパー・ソフト・セル」と呼んだ広告の方法論を、西武‐セゾン・グループは多様な形で実践していたのである。〔中略〕いわば、シーヘブンとしての渋谷の構築だ。幽霊化の極点としての「都市のシーヘブン化」――それは夢物語ではなく、八〇年代の都市空間においてたしかに現実化していたのである」（北田 2011：45-46）。

　他方その時代と比べるならば、ドラクエウォークの場合、そのゲームを介した都市の現実／虚構の関係はより錯綜したものになりつつあると考えられる。これに関しては、既述の「LAWSON×ドラゴンクエストウォーク・コラボクエスト」に際して同時期に企画された「コラボ装飾店舗」を事例として考えることもできよう（実施期間は 2020 年 10 月 27 日～11 月 30 日[1]）。本企画においては、実在する店舗のいくつかがそれに指定され、店舗がドラクエウォークのイラストによってラッピングされるとともに、関連グッズが販売されたのである。

　ちなみにマーク・スタインバーグはコンビニエンスストアを分析したその

論考のなかで、「物流は、モノと人の動きを管理する技術であり、科学である。一方のメディアミックスは、物事を循環させ、特定のキャラクターや物語、フランチャイズを適切に配置することで、人々を、この循環に反応させたり、参加させたりする技術だ。〔中略〕つまり、「物流」と「メディアミックス」は、モノと人の循環の相補的な包囲という点で共通しており、コンビニは、この循環ネットワークの結節点なのである」（スタインバーグ 2018：40-41）と指摘しているが、ドラクエウォークではまさにコンビニエンスストアを拠点としながら、現実と虚構の境界を越境するかたちで、人々の欲望や行為を誘導する仕掛けが用意されているのである。

注

1 ）https://game8.jp/dqwalk/357680［最終閲覧日：2021 年 1 月 23 日］

参考文献

東浩紀（2019）『テーマパーク化する地球』株式会社ゲンロン。

エリオット、A. & ジョン・アーリ（2016）『モバイル・ライブズ──「移動」が社会を変える』遠藤英樹監訳、ミネルヴァ書房。

北田暁大（2011）『増補 広告都市・東京』筑摩書房。

鈴木涼太郎（2019）「舞台としての観光地──「小江戸川越」を創造する空間とパフォーマンス」西川克之・岡本亮輔・奈良雅史編『フィールドから読み解く観光文化学──「体験」を「研究」にする 16 章』ミネルヴァ書房。

スタインバーグ、M.（2018）「物流するメディア──メディアミックス・ハブとしてのコンビニエンスストア」岡本健・松井広志編『ポスト情報メディア論』ナカニシヤ出版。

メイロウィッツ、J.（2003）『場所感の喪失──電子メディアが社会的行動に及ぼす影響』安川一ほか訳、新曜社。

吉見俊哉（2007）「メディア環境のなかの子ども文化」北田暁大・大多和直樹編『子どもとニューメディア』日本図書センター。

WIRED 編集部（2019）『WIRED（ワイアード）VOL.33「MIRROR WORLD──＃デジタルツインへようこそ」』プレジデント社。

コラム15　オタク化するディズニーランドとピューロランド

　アメリカ（アナハイム）と日本のディズニーランドの開園には30年の開きがある。能登路雅子は、時代の背景には相違はあるものの、次のような類似点があるという。すなわち、経済的繁栄のなかで中産階級が台頭し、若者の好みが市場のエネルギー源となり、国民が価値観の多様性を支持するといったものである（能登路 1990：231）。より正確には、1955年のアメリカは朝鮮戦争後、黄金の60年代を迎える前の経済急成長の勃興期であり、1983年の日本は、経済的繁栄の爛熟期にあったといったほうがよい。1980年代の日本には、大澤真幸がいうように、経済成長の「夢の時代」をとおり抜けたあとの「虚構の時代」が待っていた。この「虚構の時代」こそ、東京ディズニーランドを迎えるのにふさわしいものであった。東京ディズニーランドは開園後約1年で、アナハイムのディズニーランドの初年度入場者数約400万人の2倍を上回る約1000万人の入場者数を記録した（アトラクションの数が全く違うので比較にならないともいえるが）。1950年代のアメリカ人にとって、ディズニーランドは幾分、国家主義的でリアルな顔をした共通の聖地であるが、一方で1980年代の日本においては、国家的共通の理想は、この頃すでにバラバラな「趣味」へと分解しており、日本のディズニーランドは個別の趣味の確認の場として機能し、そのエネルギーに乗って入場者数を増やしていった。

　かつて思想家U. エーコは、ディズニーランドの表象を、単なる現実の再現ではなく、虚構を現実よりも現実らしく再現していると評したが（Eco 1986）、現実の再現が「科学」の共同体といった基準にもとづくものであるなら、虚構の再現に必要なのは「趣味」の共同体である。ディズニーランドにおける細分化された趣味の共同体は、Dオタ（ディズニーオタク）と呼ばれるが、2001年にディズニーシー開園後、ディズニー側が用意した遊び方や場所の解釈から幾分逸脱した楽しみ方をする集団の文化に、次第に東京ディズニーリゾート（以下TDR）自体が染められていった。特にディズニーシーは、各ストリート、アトラクション、またはエリア、さらにパーク全体にバックストーリーが秘められており、ゲストにストーリー探しへの参加を促すようにつくられている。また、「制服ディズニー」等のおそろいコーデでやってくる若い女性が目立ち始めたのも2000年代後半からである（「制服ディズニー」という用語は2008年からのものである）。2000年から先、TDRのオタク的楽しみ方は、お揃いコーデばかりではなく、ダンサーファン、一定のキャラクターファン（例えば顔出しキャラクター「フェイス」ファン）など細分化を極め、それぞれがSNSに溢れる情報を集め、さまざまなコミュニティーを形成している。こうして、ディズニーリゾートの楽しみ方、パーク文化の多様化が進む。オリエンタルランド社側も、CMでミニーに「制服」を着せ、2015年の「ヴィランズワールド」のショー以降は、キャラクターよりもダンサー

須藤 廣

に会いに来るファンも受容していった。新井克也はこうした変化によって生まれたTDR独自の傾向を「パークのごった煮化、ドンキホーテ化、アキバ化」と呼ぶ（新井 2016）。「ディズニーランド原理主義」からの逸脱はゲストの下からの文化創造のエネルギーでもあり、集客上オリエンタルランド社側も拒絶できないのが実情であろう。

　こういった、ゲスト側からの文化創造エネルギーを意識的、戦略的に使っているのがサンリオピューロランドである。1990年に開園したサンリオピューロランド（キティは74年に生まれているが）は、初年度入場者数約195万人を迎え、その後一時は低迷し、2009年度には約109万人まで落としているものの、その後2014年度から2018年度までの4年間に約126万人から約219万人へと、入場者数をほぼ倍増させている。これは、2014年に小巻亜矢氏（現サンリオエンターテインメント社長）が顧問として同社に就任し、子ども中心だったターゲットを大人（主に若い女性）に変えたことによるものである。「かわいい」「なかよく」「思いやり」といった、屈託のない倫理世界は単純でわかりやすく、その世界をゲストも交えて参与しながら構築し盛り上がるということが、ピューロランドの楽しみ方であり、「参与する観客」といった対象を大人にまで広げるのに、時代がぴたりと適合していた。ピューロランドのショーやパレードの多くでは始まる前に、観客が応援しながらショーを盛り上げるための練習に加わる。この施設での屈託のない「参与」のエネルギーは、こうした訓練のたまものなのであるが、これは観客がすでにTDRで学習済みのものだ。また、ピューロランドはTDRに比べ、はるかに狭い屋内型テーマパークであることを、施設のSNS映えや、キャラクターの高頻度のグリーティングで補っている。COVID-19禍中、あるいは以降、これまでに培われたテーマパーク自体をメディア化する技術は、ZOOMを使ったバーチャルグリーティングや数々のバーチャルショーに生かされている。

（参考文献）　新井克也（2016）『ディズニーランドの社会学』青弓社。
　　　　　長浜淳之介（2019）「「サンリオピューロランド」の来場者数が5年で約2倍　現地で見えてきた"勝因"とは」『IT media ビジネス online』2019年8月20日 https://www.itmedia.co.jp/business/articles/1908/20/news050.html［2021年2月20日最終閲覧］
　　　　　能登路雅子（1990）『ディズニーランドという聖地』岩波書店。
　　　　　Eco, U.（William Weaver trans.）（1986）*Travels in Hyper Reality*, San Diego: Harcourt.

16 まちづくり

観光まちづくりのモビリティ

堀野正人

　まちづくりという言葉からは、どのようなイメージが浮かぶだろうか。例えば、暮らしやすい地域社会をつくるために、住民が主体となって協働しながら、商工業、教育、文化芸術、福祉、景観などのさまざまな領域における課題を解決する活動といったところだろうか。

　20世紀の最後の30年間で、社会は高度経済成長から低成長の時代に移行し、さらに、経済のグローバル化が進行した。企業の経営活動は国際的な視点を見据えて展開されるようになり、地方ではそれまでの企業誘致による産業や雇用の創出という経済活性化の方策は現実的ではなくなる。また、少子高齢化や過疎化、中心市街地の空洞化、地方自治体の財政悪化などもあいまって、多くの地域が困難をかかえるようになった。このような状況の変化によって、まちづくりは地域の定住人口とその活動だけにたよって社会や環境を維持、向上させるという内向的なものから、観光の推進と外部からの交流人口を前提にした外向的なものへと転換がはかられるようになる。

　地域の観光への接近は、1980年代後半に、バブル経済を背景にしたリゾート開発ブームという形であらわれた。リゾート法や外部資本に依存した大型施設開発という手法は、さまざまな問題を露呈し、多くは失敗に終わった。しかし、ほぼ時期を同じくして、こうした動きとは異なり、地域が主体となり固有の資源を活かしてまちづくりを進めることで、観光による人、モノ、カネ、情報などの流れ＝モビリティを創出してきた地域も存在する。例えば、小樽、小布施、三州足助、飛騨古川、長浜、近江八幡、内子、由布院などが、成功のモデルとして全国に知られるようになる。その結果、多くの地域が観光まちづくりに関心を寄せ、その取り組みが広がっていった。いまや、まちづくりを観光に接近させ、両者を結びつける発想や実践を抜きにして現代の

地域は語れないといっても過言ではないだろう。

　では、1990年代以降のまちづくりと観光が結びつく過程は、さまざまな
ものが移動を続けることで社会が構成される状況＝モビリティとどのように
かかわっているのだろうか。その様相を、いくつかの視点から考えてみたい。

1　「観光まちづくり」と人・カネ・情報の移動

　観光まちづくりは、地域が主体となって地元固有の資源を活かして住民の
豊かな暮らしを実現し、その魅力を外部へ発信して交流する観光客を増加さ
せることで経済的な活性化をも実現しようとする活動とされる。そこでの人
の移動には観光客だけでなく、まちづくりを担うアクターとしての人の移動
も含まれている。まちづくりには「よそ者」の存在が必要といわれるように、
外部から地域を客観的に観察し、地域に欠ける専門的な知識やノウハウを活
かせる人材が重要な働きをする。

　観光まちづくりの先進地域としてよく知られる由布院を例にとると、その
プロセスの随所に外部の人間が参加することで、まちづくりが前進してきた。
例えば、「由布院観光総合事務所」の事務局長として全国からの公募で採用
された米田誠司や「ゆふいん料理研究会」を牽引してきた料理人の新江憲一
をはじめ、木工製品の職人、交響楽団の演奏家、旅館やミュージアムを開業
する人など、多様な人材が移住してまちづくりに参画してきた（木谷2004）。
こうしたまちづくりのリーダーやサポーターの役割を果たす人の移動は、や
がて由布院を有名観光地へと発展させるのだが、それは観光客という人の移
動を飛躍的に拡大させることでもあった。

　知名度の向上とともに観光客数は増加し、地域は賑わいをみせ、収益をあ
げる機会は増加する。飲食、宿泊、物販などの店舗を開業する企業は、地元
に限らず外部から参入するようになる。それまでのまちづくりのコンセプト
や商法の暗黙のルールなどが守られず、街並み景観の乱れや商業主義があら
わになっていく。

　由布院でも、こうした変化をみることができる。1962年に38万人だった
湯布院町の観光客は、1990年を過ぎると400万人前後の人数で推移するよ

うになる。観光客の大量移動は、外部資本の流入と観光地の俗化をも引き寄せてしまう。これまでの街並みとは調和のとれない看板や建物が増加し、それに対応するための「潤いのあるまちづくり条例」にはじまるルールづくりによって開発の調整がはかられることになる。だがその後も、県外からの団体客や日帰り客を当て込んだ商品を売る店や施設は、湯の坪街道とその周辺に林立していった。さらに、高速道路の整備によるアクセスの改善や地域内でのコンビニやファミレスの開設は、夜間の観光客の増加による静けさの喪失につながった（木谷 2004）。

　由布院の静かな雰囲気や情緒の喪失には、近年のメディアの変化が関係していると思われる。須藤廣によれば、由布院温泉のまちづくり運動は、観光客のノスタルジックな「ロマン主義的まなざし」によって成立してきたという。それは、由布岳の自然美、静かでのどかな田園風景、ホスト・ゲストの親戚のような人間関係、手づくりのイベントといったイメージによって構成される（須藤・遠藤 2018）。こうしたイメージの伝達には、ガイドブックや雑誌による情報の発信が寄与したであろうことは容易に推測できる。それだけではなく、NHK の『プロジェクト X』などのドキュメンタリー番組に登場することによって、こうしたイメージを支えてきた由布院のまちづくりの隠された「物語」が提供されてきた。

　しかし一方で、まるで原宿のような喧噪の湯の坪街道には、大衆化や俗化によるカーニバル的雰囲気を好む「集合的まなざし」が注がれ強化されていったのである。近年ではマスメディアによる一方通行の情報伝達よりも、インターネットを介した SNS による情報の拡散が影響力をもつようになっている。由布院に進出したキッチュな店や商品について、観光客が膨大な情報を SNS 上にアップし、それらを参照してまた人が来訪するという循環のなかで、由布院というまとまりをもった観光地のイメージではなく、話題を呼ぶ消費対象としての断片的な空間や商品へとまなざしがシフトしていったのではなかろうか。

2　「観光まちづくり」の経営戦略への転移

　さきに述べたように、観光まちづくりは、20世紀末に現れた歴史的な事実から抽出された概念であるといってよい。しかしながら、観光まちづくりをどう捉え、実践に結びつけるのかという問題関心は、時間の経過とともに移り変わり、その概念の実質的な意味や作用にも変化が生じる。以下では、この「観光まちづくり」の概念が転移していくプロセスを追ってみたい。

　1990年代以降、研究者を中心に展開された当初の議論の大枠は、外部の資本に依拠せず、地元の企業、行政、NPO、住民などが連携しつつ、主体的、内発的にまちづくりを進めることが観光の推進に結びついていくというものだった。そこでいう観光は、一過性の消費志向のものではなく、共感や交流をともない、リピーターとなる観光客を前提としていた。いわば、草の根的に発生、進展をとげた観光まちづくりをモデルとする理念型であり、あくまで地域に重心を置く思想であった。

　西村幸夫は、この点を端的に示している。すなわち、観光は目的ではなく、まちづくりの手段であるし、さらにいえば結果にすぎないことを強調していた。重要な点は最終的なねらいが生き甲斐のある拠点をつくることなのである（西村 2002）。

　その後2000年代に入り、容易にまちづくりの成果があがらないという地域の現実に対して、議論の関心がより課題解決的なものへとシフトし、経営的視点の導入がはかられる。敷田麻実は、肝心の観光客が来訪しない観光まちづくりは、「人」重視の「流儀」や魅力となる資源磨きにこだわり、地域外のニーズや情勢が目に入らない、自己中心的な内向きなものになっていると指摘した（敷田ほか編 2009）。

　かくして、観光まちづくりにとって実践的に応用しうる経営戦略的な理論が展開されていく。まず、観光まちづくりの実現のためには、地域に潜在する観光資源を選定、アレンジして商品として造成し、その販売のための流通チャネルを構築し、プロモーションをはかっていくことが求められる。そして、地域がバラバラではこれらが連動して機能しないため、観光まちづくり

と外部を仲介する推進組織ないしプラットフォームの形成が必須となる。この組織が地域商品のブランド化をはかって統一的なイメージを形成し、また、資源を提供する地域活動主体間の調整を行い、外部への情報発信やプロモーションを実践していくという構図が描かれる（同書 2009）。

3　「観光まちづくり」の政策・マニュアルへの転移

2010 年を過ぎると、政府、観光産業、観光関係機関などで、観光まちづくりの推進は、いわば当然のこととして取り上げられるようになる。観光まちづくりの取り組みを、経営的な視点や手法を用いて計画的・戦略的に進めるための政策提言が次々と行われていく。

観光庁は、すでに 2002 年以降「観光カリスマ」の選定を開始し、観光まちづくりにおけるリーダーや人材の育成に関与してきた。2014 年に作成された「観光地域づくり人材育成実践マニュアル」は、人材育成全体の推進過程から具体的なプログラムの実施方法まで、非常に細かい実践的手法を提示している。

また、観光庁は観光地域づくりを政策の柱の1つとして位置づけ、その眼目として、訪日外国人旅行者の訪問を促進するとともに、満足度を高め、リピーターの増加をはかることをあげている。具体的な施策として、各地域でその中核的な役割を担う「観光地域づくりプラットフォーム」の支援を掲げた。これは、地域内の着地型観光商品の提供者と市場（旅行会社、旅行者）を仲介するワンストップ窓口としての機能を担う事業体であり、同商品の企画・販売、人材育成等を行う取り組みを支援するものである。なお、「着地型観光」とは旅行者を受け入れる地域（着地）側が、その地域ならではの観光資源をもとにしたガイドツアーや体験プログラムなどを企画・提供する観光形態をいう。その後、同事業を引き継ぐ形で、2015 年には日本版 DMO（Destination Marketing / Management Organization）の育成支援に乗り出している（堀野 2019）。

一方、観光庁の政策展開と歩調を合わせて、観光産業も積極的に地域の観光に関与するようになる。なかでも旅行業界は観光まちづくりを前提とした

商品造成や、人材育成に力を入れるようになってきた。例えばJTBは、観光まちづくりをトータルサポートするための地域交流プロジェクトを推進している。「地域の発展と成長を望むからこそできる、未来に繋がる地域活性化」を目指し、そのために、エリア・プロモーション・マネジメントによって「地域の宝を再発見し、磨きをかけ、地域への誘客の為に培った数多くのノウハウやグループ内のリソース等を活用し、地域それぞれの現状や課題に合った解決を行う」という。最終的な目的は、地域への協力によって、交流人口の増大が地域経済の活性化に結びつくことである（堀野 2019）。

　以上から浮かんでくるのは、観光まちづくり推進組織（プラットフォーム）が着地型商品と市場とを仲介し、観光地域のマーケティング／マネジメントの機能を果たすことによって、訪日外国人旅行者らリピーターとその観光消費支出を増大させることを通して、最終的には国家レベルでの経済活性化や外貨獲得につなげようという政策的意図であろう。

　この間のおおまかな動きからいえることは、地域の人々の豊かさや持続可能性がうたわれながら、その実質的な目的がシフトしていることだ。「観光まちづくり」概念を提唱する主体が、研究者から行政・業界へと転移しただけでなく、基本となる理念が、豊かな生活を実現するまちづくりの結果としての観光ではなく、実利的な経済的成果を上げるための観光の推進へと変移してきたのである。

4　流動する観光資源としてのコンテンツ

　「観光まちづくり」の議論では、観光の資源は、地元固有の自然、歴史、文化、産業、人物などから発掘し、その魅力を磨きあげていくものとされ、その地域にしかない個性を提示することが重視される。たしかに、歴史的な町並みや、工芸、祭りなどの伝統文化を再評価することで観光の魅力を生み出している例もある。しかしながら、実際のまちづくりをみてみると、むしろ、まちづくりの過程で、新たに創出された文化が前面に押し出され、外部の関心や評価につながることが少なくない。

　再び由布院の例を取り上げると、大分県中部地震をきっかけに生まれた

「辻馬車」や、その後の「ゆふいん音楽祭」「牛喰い絶叫大会」「湯布院映画祭」などの手作りのアトラクションは、伝統として引き継がれたものではない。すでに、他の地域で展開されていた文化やアイディアを移入して加工、発展させていったものである。

　2000 年代に入って注目されるのは、観光の資源となる地域のコンテンツが、ますます流動的な性格を帯びて広まったことであろう。例えば、B 級ご当地グルメは、全国的なイベントの盛り上がりによって、社会的に認知されるようになった。寺岡伸悟によれば、ご当地に美味しい料理が伝統的に引き継がれてきただけでは、B 級グルメは存在しえないという。各地域の料理が、メディアの発信する B 級グルメというコンテクストのなかに位置づけられることで、はじめて B 級グルメになるのである。すると、今度はモノ自体が一種の記号としてコンテクストを体現していくのであり、実体（モノ）と記号（情報・意味）の境界はあいまいなものとなる（寺岡 2014）。そこではメディアを介したモノと記号の循環的な連鎖によって、「ご当地もの」という観光資源が形成されているのである。

　メディアが地域の観光資源に関与するということでいえば、最も注目されるのは、いわゆる「聖地巡礼」であろう。アニメ、映画等のメディアのコンテンツが、人々の見るべき場所を生みだし、現実に観光行動となってあらわれ、その場所が（往々にして突然に）人気の観光スポットとなる。メディアが制作した作品というコンテンツは、メディアから視聴者へ、そして一部の熱心なファンから舞台である場所へと移り行き、その場所に対してコンテンツに即した新たな意味を与えることになる。ここでも、地域がアニメのストーリーや登場キャラクターなどによって表象され、今度は実在の地域が記号化されて作品のイメージを伝えるという関係を見いだすことができよう。

　そして、聖地巡礼の影響は、地域の新たな表象の付与という次元にはとどまらない。『らき☆すた』をはじめとして、アニメの聖地巡礼がホスト・ゲストの交流やまちづくりにも連接され、地域を構築していく可能性を有することが指摘されてきた（岡本 2018）。実際、いくつもの地域がアニメ作品を活用した観光客誘致や経済活性化を模索するようになっている。メディアか

ら発信されたコンテンツの地域への転移は、観光というシステムを経由して、新たな人・モノ・カネ・情報の移動へと結びついているのである。

　以上では、断片的ではあるが、まちづくりと観光が結びつく過程にモビリティという社会状況が関与する様相について考察を試みた。人・モノ・カネ・情報だけでなく、概念やイメージが転移（変移）することで、現在の観光まちづくりの新たな局面が生み出されている。観光まちづくりの資源についても、地域の歴史、文化、伝統といった実定性があると考えられてきたモノやコトから、メディアを介してつくりあげられるコンテクストやコンテンツへとその重心が移行してきている。われわれは、こうした転変し続ける観光まちづくりという現象を、さらに注視していく必要があるだろう。

参考文献---

岡本健（2018）『アニメ聖地巡礼の観光社会学——コンテンツツーリズムのメディア・コミュニケーション分析』法律文化社。

木谷文弘（2004）『由布院の小さな奇跡』新潮新書。

敷田麻実・内田純一・森重昌之編著（2009）『観光の地域ブランディング——交流によるまちづくりのしくみ』学芸出版社。

須藤廣・遠藤英樹（2018）『観光社会学 2.0——拡がりゆくツーリズム研究』福村出版。

寺岡伸悟（2014）「「ご当地」はどこにあるのか——ゆるキャラとB級グルメのコンテクスト」遠藤英樹・寺岡伸悟・堀野正人編著『観光メディア論』ナカニシヤ出版。

西村幸夫（2002）「まちの個性を活かした観光まちづくり」観光まちづくり研究会編『新たな観光まちづくりの挑戦』ぎょうせい。

野口智弘（2013）『由布院ものがたり——「玉の湯」溝口薫平に聞く』中公文庫。

韓準祐（2016）「由布院の事例分析を通した観光まちづくり研究の再考察の試み」『観光学評論』Vol.4-2。

堀野正人（2019）「観光まちづくり論の変遷における人材育成の位置づけ」橋本和也編著『人をつなげる観光戦略——ひとづくり・地域づくりの理論と実践』ナカニシヤ出版。

コラム 16　　ライフスタイル・ツーリズムとまちづくり

　埼玉県・西武池袋線入間市駅から徒歩20分ほどの住宅街の一角に、緑の芝生と白い板張りの米軍ハウスが建ちならぶ。喫茶店やレストラン、雑貨屋などが開かれ、庭先でBBQをする人、路地やポーチテラスには写真を撮る人々の姿も散見される。「埼玉のアメリカ」として週末には観光客で賑わうこの街は、ジョンソンタウンと呼ばれている。

　街の名前は、戦後、この地域一帯が米軍のジョンソン基地に占領されていたことに由来する。2000年代頃からハウスの改築が進み、日本人向けに貸し出されるようになると、デザイナーやクリエイター、写真家など生活拠点を選ばない人々が次々と移り住んだ。その後移住者のなかに店を開く人が増え、来訪者用の駐車場も整備された。いまではハウスの6割以上が店を構えるこの街に、入間市の相場を1.5〜2倍ほど上回る賃貸料を払いながら130世帯約210人が暮らしている。米軍の跡地に自ら移住し、観光地化の担い手となったこの街の奇妙な「ホスト」は、従来の観光まちづくりの議論に対して新たな視座をもたらしてくれる。

　ホストたちに移住の理由をたずねると、割高な賃貸料にもかかわらず、経済的利益ではなく異口同音に「一度でいいからやってみたかった」と夢を口にした。例えばカフェを開くAさんは憧れの米軍ハウスでの暮らしを実現するために、雑貨屋のBさんは自身の子育ての経験から子どもを一緒に育てるコミュニティのために移住した。このような私生活の充実を求めた移住は、近年、先進国の中間層を中心に増加している。「ライフスタイル移住」とも呼ばれるこの新たな移住現象は、生きるための最低限というよりも、よりよい「本当の生活」を求め、生活それ自体に対して理想的なイメージを抱く人びとによって行われている（O'Reilly & Benson 2009）。

　ジョンソンタウンは賃貸でありながらもハウス内の改装は移住者たちに任されているため、そうした欲望を持つ人々の目には、好きな空間を演出できる、自分たちだけの舞台のように映る。ここに住めばハウスを改築・増築しながら沖縄や台湾のカフェを開くことも、暮らしながら雑貨屋を営むこともできる。すでに生活している住民の姿に、自身が夢みた「本当の生活」を重ねて移り住み、今度は自分が生活を見せながらホストになっていく。

　しかし、興味深いことに、そうしたジョンソンタウンでの生活はあくまで一時的なものである。タウン歴6年は古株と称され、半年ほどで出ていく人もいる。なかには隣の狭山市や飯能市に引っ越し、また新たな場所で「夢」を叶え続ける人もいる。そうして空いたハウスにまた新しい人が入っていくのである。つまりジョンソンタウンの住民となる移住者は、第一にライフスタイルに対する理想的なイメージをもち、第二に自ら演出しながらそのイメージを追体験し、第三に他の場所へと移動していく「一時的なホスト」だといえるだろう。

中植 渚

　ここで注目したいのは、このようなライフスタイルを求める移動が、海外の観光地マーケティングの分野やロングステイツーリズム、退職者の海外移住 (International Retirement Migration) 研究のなかで、「ライフスタイル・ツーリズム」とも呼ばれていることである（小野 2019 など）。経済的・政治的移住と対置するようにうまれた、余暇としてのライフスタイル移住研究においても、よりよい「本当の生活」を求める人々はツーリストのように移動を繰り返すことが指摘されている（O'Reilly & Benson 2009）。であればジョンソンタウンの「一時的なホスト」は、従来の観光研究が基盤としてきた「ホスト＝地域に根ざす住民／ゲスト＝移動する主体としてのツーリスト」という枠組みをくずす存在として位置づけられるだろう。

　これまで観光まちづくりに関しては、歴史的な地域文化の保護や過疎地域の経済活性化など、既存の地域をいかに存続するかが議論されてきた（堀野 2016）。そのときホストとなる地域住民の存在は前提視される。そして出ていく一時的な人々は、あくまで地域住民に気付きを与える存在として位置づけられてきた。

　しかしジョンソンタウンでは、根付く住民というよりもむしろ、一時的で去っていく住民がホストとなり、街の観光地化を進める動きが生まれている。そしてライフスタイル移住の研究をみれば、人の移動がより活発になった現代には、よりよい「本当の生活」の実現を原動力に移動を繰り返し、自らホストを演じる人々が、世界各地であらわれ始めていることもわかってきた。

　ライフスタイル・ツーリズムという新たな動きをみれば、その先には「一時的なホスト」が中心となる、つまり「本当の生活」を求めるライフスタイル・ツーリストがツーリストを呼び込む、新たな観光まちづくりの可能性がみえてくる。これからの観光研究は、従来のような「ホスト／ゲスト」の枠組みには当てはまらない、この新たなツーリズムにもまなざしを向ける必要があるのかもしれない。

参考文献　堀野正人 (2016)「観光まちづくり論の変遷に関する一考察——人材育成にかかわらせて」『奈良県立大学研究季報』27 (2)。

小野真由美 (2019)「ライフスタイルツーリズム」白坂蕃・稲垣勉・小沢健市・山下晋司編『観光学事典』朝倉書店。

O'Reilly, K. & M. Benson (2009) "Lifestyle Migration : Escaping to the Good Life ?," M. Benson & K. O'Reilly (eds.), *Lifestyle Migration : Expectations, Aspirations and Experiences,* Aldershot : Ashgate.

17 アート

さまざまな「移動」を促す地域芸術祭

橋本和也

　本章では、近年、過疎地で開催されている「地域芸術祭」と「移動」について考える。対象とする地域芸術祭の大きな特徴は、アーティストが地域に一定期間滞在して感じ取った地域の特徴を作品に活かして制作する「アーティスト・イン・レジデンス」といわれる制作方法を採用し、鑑賞者が広範囲に点在するアート作品を巡るための「移動」を促されることにある。鑑賞者の「大いなる空間的移動」を誘発する地域芸術祭は、この鑑賞者を移動が当然と考える「観光者」に変換させ、地域を移動する観光者をアート作品の「鑑賞者」に変換させるという「双方向の社会的移動」を促す。すなわち、このプロジェクトはたんに「空間的移動」（spatial mobility）を促進するだけではなく、地域にあるモノを「芸術作品」に変換し、「観光者」を「鑑賞者」に、そして「鑑賞者」を「観光者」に変換するという、人とモノの「社会的移動」（social mobility）を促すものとなっているのである。

　地域の人々の記憶や景色など（モノ）と遭遇した「アーティスト」は、モノからの働きを受けて「イメージ」を構成し、古民家などで「アート作品」制作を行う。その制作過程を見学していた地域住民や鑑賞者が取り込まれて、人とモノによる混淆的なネットワークが形成される。地域芸術祭を契機に住み込んだ作家の世話をしたのは、保守的な地域でこれまで「ものを言うことのなかった」女性たちであった。彼女たちは、作家や「鑑賞者・観光者」というゲストを迎える活動のなかで、古民家でレストランを開設し、都心のシェフと協働で地元の産物を使った料理を提供し、思いもよらぬ多くの収入を得て自信をつけ、保守的な男性たちからも一目置かれる「ものを言う」女性へと「社会的移動」を経験していたのであった（橋本 2022：181）。

　本章では「アートネクサスと観光ネクサスの往還」の視点から、まず

「アート的なるもの」をめぐってアートネクサスが形成される過程を検証する。そして、「地域芸術祭」が地域振興や「観光まちづくり」の過程に組み込まれることによる「アートネクサス」から「観光ネクサス」への「移動」と、観光者がアート作品の鑑賞者になるという逆方向の「移動」が、同時にかつ往還的に行われていることを明らかにする。

1　アートネクサスから観光ネクサスへ

　地域芸術祭の創作過程は、アクターネットワーク理論（ANT）にもとづいたアートネクサスという概念から明らかになる。ANT はラトゥールやカロンらが提唱する理論で、人とモノ(技術、機械、自然物など)というアクターが相互に媒介し合いながら形成する異種混淆的なネットワークの生成過程に着目する。それを受けて、アートネクサスは「人と事物の社会的関係や事物を介した人間同士の社会的関係によって、アート的なるものが人々と結び付けられている領域」（Gell 1998：12；久保 2011：44）として立ちあらわれる。

　ジェルはイメージの受容・考案・工夫と、それが受け手に与える影響、そして受け手がエージェント（行為主体）となりエージェンシー（行為主体性）を発揮する存在となるという関係性に焦点をあてる。A（エージェント）がB（作品・レシピアント）に対して働きかけ、さらにB（作品・エージェント）がC（鑑賞者・レシピアント）に働きかけるとき、Bを通じてAがCに働きかけるという事態が生じる。この過程で重要なのは、「アート的なるもの」である作品Bが鑑賞者Cに何らかのエージェンシーを発揮する点である。モノを単なる受け身の存在と措定するのではなく、B（モノ・作品）はCに対してのAの「エージェンシーのアブダクション（仮説的推論）を促す指標（インデックス）として働く」（久保 2011：44-45）と考える点にこの理論の特徴がある。作品 (B) を媒介にして人間と非・人間の間でエージェンシーが連鎖する場が「アートネクサス」である（橋本 2022：182）。

　このアートネクサスの視点は、観光の現場を「ホスト」と「ゲスト」の二項対立的関係で捉えていたパースペクティヴを見直す契機を与える。先のアートネクサスにおける「アート的なるもの」（作品 B）が、ここではマ

キァーネルが『ザ・ツーリスト』でいう「観光的なるもの（the touristic）」（マキァーネル 2012：240-244）に置き換えられる。現代では、その「観光的なるもの」の受け手であったゲストが、観光地に滞在・移住してホストとなり与え手側になるという、境界融解・脱分化などを特徴とするポストモダン的現象が起きている。そのような連鎖的関係をジェルに倣い「観光ネクサス」と名付けようと思う。これまで、「ホスト・ゲスト関係」は固定化して考えられてきた。しかし地域の人々は、「観光的なるもの」の到来・借入や地域での発見・創造が契機となって、はじめて「ホスト」となり、その与え手（エージェント）になるのである。「観光ネクサス」と名付けたネットワークにおいて、個々のアクター間のエージェンシーの授受のあり方、またはそれらのつながりや相互関係を詳細に検討することを可能にするのが ANT 的な観光研究である。「ホスト・ゲスト関係」は、観光化の「過程」が介入して、はじめて立ちあらわれることに注意すべきである。

2　モバイルな社会におけるモバイルなアクターたち

　「ホスト・ゲスト」の境界融解にともない、ゲストがホストとなり、ホストがゲストになる「社会的移動」が頻出している。世界を動かす裕福なグローバルズたちの頻繁な移動（エリオット＆アーリ 2016）の一方で、観光地へ移住してささやかな観光業に携わり、豊かとはいえないが、しかし、その地にいることへの満足感を語る人々も多く存在する。'The Touristic Society'は「観光的なるもの」が「日常化」した社会である。マキァーネルは「私たちはみなツーリストである」という隠喩を使って、「観光的なるもの」にあふれた現代社会を解明しようとした（マキァーネル 2012：ii）。しかし、つねに「ホーム的なるもの」を離れ移動を続ける「グローバルズたち」は、もはやみずからを「ツーリスト」として自覚することがなくなると想像される。

　モバイルな人的アクターとしては、①現代社会のエリート「グローバルズ」、②移動をともなう生業を営む遊牧民や行商人たち、③「逸脱者」とみなされた旅芸人やサーカス一座の人々、そして④社会的劣位におかれる外国人移住労働者や難民などが考えられる。いまやこの「モバイルな人的アク

ターたち」と「観光ネクサス」との関係を考察すべき状況にある。異種混淆的に形成される「観光ネクサス」において、ホストとゲストの境界を往還する人的アクターはみずからが「観光をしている」と自覚するのであろうか。そのような人的アクターをどう名付けるか、観光学には求められている。

3　移動を促す「地域芸術祭」

　以上の点を考慮したうえで、地域芸術祭の考察をする必要がある。地域の人々にとって現代アート作品は、当初、異質で非日常的なモノであったが、時間とともに「なじみのもの」となり、日常的な光景となった。一方、「観光者・鑑賞者」にとっては、過疎地域という「異質な空間」において、非日常であるはずの現代アートを日常として扱う地域の人々は「異質な存在」となる。彼らは、単なる作品観賞ではなく、社会的コンテキストの中に位置づけられた「過疎地域の現代アート」を観て感じるために移動するのである。

(1)「大地の芸術祭」

　「越後妻有 大地の芸術祭」は2000年から3年ごとに新潟県十日町市と津南町にある約200の集落を対象に開催されている。参加集落は最初28集落だったが、2012年からは102集落となった。人口は7万4000人ほどである。その地域を初年度は16万人が、2015年には51万人が移動した（宮本2018：33-35）。主な移動手段は約6割が自家用車で1割がレンタカー、ほかに電車とバスなどの公共機関の併用があり、リピーター率は4割だという。

　地域の提示方法は年度によって異なり、2015年は代表的な作品を前面に出し、「うぶすな・下条飛渡エリア」「キナーレ・十日町市街地周辺エリア」「絵本と木の実・十日町南エリア」などと提示していた。2018年には地勢によって7エリアを2つのパートに分けていた。第1パートは「信濃川・河岸段丘編」の4エリア（十日町北、川西、十日町南、津南）を「古くから人びとが生活に利用した大河と、力強い地形に示された大自然のある地域である」（2018公式ガイドブック）と紹介する。第2パートは「里山・土木編」で、「中里エリア、松之山エリア、松代エリアの3つを結ぶ道筋は、……」と説明する。この広大な中山間地域を、ガイドブックを頼りに道ばたに立てられた水

色の「芸術祭」の幟を目安にして探りながら、迷いながら、車と徒歩で移動するのが「大地の芸術祭」である。

(2)「瀬戸内国際芸術祭」

「海の復権」をテーマに開催される「瀬戸内国際芸術祭」は 2010 年から 3 年ごとに瀬戸内海の 12 の島と高松港・宇野港を拠点として春・夏・秋の 3 期にわたって開催され、毎回 100 万人を越える鑑賞者・観光者を集めている。直島／豊島／女木島／男木島／小豆島／大島／犬島と高松・宇野港周辺、沙弥島（・瀬居島）、そして本島／高見島／粟島／伊吹島を、フェリーや海上タクシーまたはチャーター船を使って移動するのが「瀬戸内国際芸術祭」である。バスの使用も可能な島があるが、ほとんどの島では徒歩移動のみである。2019 年からは「大地の芸術祭」にならってガイド付きオフィシャルツアー（昼食付、9800 円～1 万 4800 円）が始まり、チャーター船とチャーターバスでの移動が可能になった。

(3) いかに移動させ、歩かせるか

移動を目的にした「地域芸術祭」には移動手段の確保が必須である。越後妻有では自家用車・レンタカーの利用が 7 割を占め、バスによるオフィシャルツアーの利用者も多い。瀬戸内国際芸術祭においては船が必須となる。「宇野港・犬島」オフィシャルツアー（2019 年度）では、2 名のオフィシャルガイドが 40 人定員の高速船で参加者を案内する。高松港を 10 時に出発し宇野港周辺の作品を見て、「化学調味料・保存料を使わない地元の食材をたっぷり詰め込んだ」弁当を食べ、14 時前に犬島に到着した。1 つの班が先に精

図 1　六地蔵（筆者撮影）

錬所美術館にいき、別の班は家プロジェクトを巡る。それぞれの作品までの距離は徒歩で 5 分と、ほどよい距離に作品が点在しており、徒歩移動で 3 時間もあれば 9 つの作品すべてを回ることができる。地域芸術祭の魅力は作品をめぐる移動の途中にもある。人のすれ違いが難しい細い路地や神社、道ばたの六地蔵の姿（図

1) などが記憶に残る。作品番号は付
けられてはいないが、思わず道にまで
はみ出た作品（図2）に出会うことも
ある。地域芸術祭では、都市部のよう
な画一的な道路ではなく、先が見通せ
ぬ曲がりくねった道に魅力を感じ、棚
田や水車、港、屋号看板などに地域性
を発見する。

図2　道にあふれた作品（筆者撮影）

　案内板（図3）はすぐ近くの作品の
場所を示す。鑑賞者・観光者にはそこ
に示された場所が次の目的地となり、
周囲を見回して道を探る。作品紹介板
や芸術祭の幟を見つけるとほっとする。
この地域芸術祭は、地図を頼りに道を
見つけ、目的地をめざすというゲーム
的な様相も呈する。迷いながらも、経

図3　案内板（筆者撮影）

路途中の風景を堪能している姿をよく見かける。

4　記憶から景観への移動

　瀬戸内海の直島では、1997年から現代アート作品を媒介とした地域景観
保全プロジェクトとしての「家プロジェクト」が開始された。本村集落の
200年前に建てられた「角屋」と呼ばれる古民家で、宮島達男による作品が
制作された。作家は島の歴史的建造物にまつわる生活文化の収集を行ったが、
その聞き取りの過程で本村の住民たちは、「自らの思い出を語ることを通じ
て、単なる作品の受け手としての立場から脱却し」、「現代アートを媒介とし
て地域の景観保全」を模索するようになったという。2001年開催の「スタ
ンダード展」では、家々の歴史や生業をモチーフとしたのれんを掲げる「の
れんの路地」という作品が制作された。島では名字とは別に、商号・初代の
人物名・持ち船などの名にちなんだ屋号を用いる家が多く残っていた。屋号

図4　屋号計画（筆者撮影）

を書いた表札を各家に設置した「屋号計画」は、これまで「口頭のコミュニケーションの中だけにあった屋号を可視化する試み」となった（宮本 2018：101-104）という。企画展終了後、こののれんは家々に寄贈され、続けて掲示された。2004年に「本村のれんプロジェクト実行委員会」が設立され、町の助成を受けながら、のれんの数を増やし、新たな景観が作り出された。

　宮本結佳は、歴史を取り込んだ作品の制作によって思い出が可視化され、それを契機に住民たちの地域の景観保全への関わりが変容したと指摘する。現代アート作品を媒介として歴史的経験や記憶の可視化が、景観を作り出す動きの端緒となり、その後、作品をめぐって住民間、及び住民と来訪者との間でコミュニケーションが生成した。この活動を通じて「語られた景観」が作り出されると同時に、住民自身が担い手となる新たな物理的景観が作り出されたという（宮本 2018：207）。

　以上の過程では、まず「アートネクサス」におけるエージェンシーの連鎖的移動がみられた。作品制作を機会に住民の記憶が作家へ、作家から作品へ、作品から住民へとエージェンシーが移動し、さらに芸術祭開催を機会に作品とその解説者となった住民から鑑賞者・観光者へ、鑑賞者・観光者が作品を介して彼らの知り合いへと連鎖的にエージェンシーが移動しているのである。一方、住民は作品から再帰的にエージェンシーを受け取り、「芸術祭」活動だけではなく、むしろ「観光まちづくり・景観創造」に力点を置いた活動へと移行していった。「アートネクサス」が「観光ネクサス」へと変換・移動していることが指摘される事例である。

5　ネクサスの変換・移動と新たな鑑賞者・観光者の生成

　移動は観光の同義語ともなる。観光は人々に空間的移動を促す。その移動が繰り返され蓄積されると、さまざまなアクターの「社会的移動」が促され

る。それが「観光的なるもの」をめぐるアクターたちの「移動」である。アーティストは地域のモノと人が形成する混淆的ネットワーク内の景観、歴史、記憶などからエージェンシーを受け、「アート的なるもの」（作品）を制作する。そのレシピアントとなった地域の人々と鑑賞者は、同時に「観光的なるもの」をめぐる「ホスト・ゲスト関係」に編入され、「観光まちづくり」のネットワークにも取り込まれる。アーティストは地域の一時的「移住者」となり、鑑賞者は「観光者」になり、「アート的なるもの」が「観光的なるもの」になるという社会的移動が生起する。「観光的なるもの」が異種混淆的なネットワークの中で立ち現れると、そこにさまざまなアクターたちが誘い込まれ、観光ネクサスが形成される。アート作品はアートネクサスの関係性の中ではじめて「アート的なるもの」として生成し、そして観光ネクサスの関係性の中で「観光的なるもの」となって立ちあらわれるのである。

　地域芸術祭は、もはや単なる「アート的なるもの」をめぐる文脈だけには収まりきらず、「観光まちづくり」の文脈にも編入されている。地域芸術祭活動には社会的意味が付与され、その社会的意味を担う主体が生成される。そこではアートネクサスの文脈と観光ネクサスの文脈が重層的にみられ、「アート的なるもの」の「観光的なるもの」への変換と、「観光的なるもの」の「アート的なるもの」への変換が同時に往還的に生起しているのである。

参考文献

エリオット、A. & J. アーリ（2016）『モバイル・ライブズ——「移動」が社会を変える』遠藤英樹監訳、ミネルヴァ書房。

久保明教（2011）「世界を制作＝認識する——ブルーノ・ラトゥール×アルフレッド・ジェル」春日直樹編『現実批判の人類学——新世代のエスノグラフィへ』世界思想社。

橋本和也（2022）『旅と観光の人類学——「歩くこと」をめぐって』新曜社。

マキァーネル、D.（2012）『ザ・ツーリスト——高度近代社会の構造分析』安村克己ほか訳、学文社。

宮本結佳（2018）『アートと地域づくりの社会学——直島・大島・越後妻有にみる記憶と創造』昭和堂。

Gell, A.（1998）*Art and Agency An Anthropological Theory*, Clarendon Press Oxford.

コラム17　ジョージタウンのアート

　ジョージタウンは、マラッカ海峡北端のマレーシア・ペナン島に位置する旧英領植民地都市であり、1786 年以降、中継貿易港として繁栄し、海峡域のマレー系に加えてインド系や華人系などの移民により多民族社会が形成された。その過程において建造されたさまざまな宗教施設をはじめとする歴史的建造物や街並み、そしていまに生きる東洋と西洋とが融合した固有の生活文化が評価され、ジョージタウンはマラッカとともに 2008 年 7 月、「マラッカ海峡の歴史的都市群」として UNESCO 世界遺産に登録された。

　ペナンは 1980 年代から島嶼リゾートとして知られるようになっていたが、遺産観光ブームのなかで、ジョージタウンの旧市街地にも〈観光（者）のまなざし〉が向けられ、戦前期からの老朽化した空き家同然の 2 階建てのショップハウス（店舗付き棟割り住宅）は、ゲストハウスやブティックホテル、カフェ、土産物店などへ改修、転用されるようになった。そして 2010 年代半ば以降、ジョージタウンは一大大衆観光地へと変貌をとげたが、それは、政府観光局やさまざまな観光メディアのみならず SNS を通じて、ジョージタウンが「コミカル＆情緒豊かなウォールアートの街」・「インスタ映えするフォトジェニックな街」などと喧伝されるようになってからであろう。

　〈ウォールアート〉の出現は、2010 年より「芸術の島ペナン」を謳ってきた州政府のプロジェクトを契機とする。ここでいう〈ウォールアート〉とは、ショップハウスの壁面を活用して制作された作品を指す。例えば、マレーシアのデザイン会社による鋼を使った〈ワイヤーアート〉があり、50 以上の作品が街角の各所に展示されている。それらは、地元民の日常生活のひとコマや裏通りの生きられた歴史や物語をモチーフにしたものである。また、州政府から制作を依頼されたリトアニア人のアーネスト・ザカレビッチによる子どもたちの何気ない動作な

図1　ワイヤーアート（2019 年 2 月 22 日筆者撮影）

藤巻正己

図2　壁画「Kids on Bicycle」
（2019 年 2 月 23 日筆者撮影）

どを描いた 9 作品や、マレーシア人アーティストによる猫をテーマにした〈壁画〉
もある。なかでもザカレビッチの "Kid on Bicycle" や "Boy on Motorbike" は〈壁
画巡礼者〉たちの〈聖画〉として崇められてきた。

　こうした州政府公認の〈公式的壁画〉のほかに、壁画ブームに便乗するかのよ
うに、遺産地区の各所に〈落書き〉が氾濫するようになった。長年、ジョージタ
ウンの歴史的建造物や街並みの保全、遺産地区の生活文化の存続やジョージタウ
ンの世界遺産登録に尽力してきた NGO（Penang Heritage Trust）のクレメント・
リャンは、壁画の氾濫は街路景観を破壊している、と批判している（Liang 2017）。
他方、鍋倉は、作品の価値や意味（芸術性）とは関わりなく、ツーリストは
〈アートツーリズム〉を愉しんでいる、と解釈している（鍋倉 2018）。いいかえれ
ば、〈ウォールアートの巡礼者〉たちの多くはそれらの作品性そのものよりも、〈話
題〉になっているウォールアートとの出会い、確認、作品との情動的同一化（パ
フォーマンス）を愉しんでいる、ということであろうか。こうして、ジョージタ
ウン旧市街地は、地元民の日常的生活空間／世界遺産地区／話題のウォールアー
ト街がせめぎあう〈オーバーツーリズム〉の空間と化している、といえよう。

参考文献　鍋倉咲希（2018）「観光によるアート概念の再編成——マレーシア・ジョージタウ
　　　ンのストリートアート観光を事例に」『観光学評論』6-1。
　　藤巻正己（2016）「世界遺産都市ジョージタウンの変容するツーリズムスケープ
　　　——歴史遺産地区の観光化をめぐるせめぎあい」『立命館文学』645。
　　Liang Clement, C. M.（2017）"George Town's Street Mural Art and Tourism Im-
　　　pact," *Asian Journal of Tourism Research*, 2（3）.

18

宗教
移動によって作られる宗教と観光の関わり

森　正人

　宗教とは特定の神に対する帰依と信仰が、一定の集団で共有され、かつ制度化されているものを指す。キリスト教、イスラーム教、仏教の世界三大宗教と呼ばれるもののほかに、ヒンドゥー教、ユダヤ教、道教といったものがそれに含まれる。

　宗教はさまざまな場所に移動する。宗教の移動を理解するためには、①宗教を移動させる社会的文脈と力、②宗教の移動の表象、③宗教の移動の経験を捉える必要がある。この３つを概説しながら、宗教の移動性と観光の関わりについて考えたい。

1　移動する宗教

　宗教は特定の場所で制度化され、さまざまな場所に広まった。例えば、キリスト教はイエスの弟子たちの宣教によって地中海に広がり、ローマ帝国で国教となった。イスラーム教はイスラームの諸王朝の領土拡大によって東南アジアに広がり、仏教はスリランカや東南アジアに広がり、さらに仏僧が経典を取りに行ったことで、日本にまで広がった。

　こうした宗教の移動を考える場合、それがどのような社会的文脈におけるものなのかを検討する必要がある。例えば、キリスト教は 15 世紀末からスペインとポルトガルによって先鞭が付けられた大航海時代以降、南北アメリカに広まった。それを示す一例は、「聖（サン）」の後ろにイエスの弟子たちの名前が付された、アメリカ合衆国のサン・フランシスコ、サン・ディエゴ、ブラジルのサン・パウロといった都市の名前である。キリスト教はその後の欧米による植民地主義をとおしても、世界各地に広まった。また、日本の国家神道も 19 世紀末からの植民地主義をとおして、沖縄県や朝鮮半島、台湾、

さらにはアジア・太平洋戦争期には東南アジアにまで広まった。このように、宗教は特定の社会的文脈のなかで移動するものなのである。

こうした宗教の移動は特定の風景を形成する。フィリピンに建つカトリックの大聖堂や教会は、スペインによるキリスト教布教の歴史、シンガポールにあるヒンドゥー教の寺院はインド系移民の歴史、横浜や神戸にある関帝廟などの道教の廟は中華系移民の歴史の記録なのである。そして、こうした宗教的な風景は観光客を惹きつける。

宗教と移動の関係は巡礼という現象にもあらわれる。巡礼とは、特定の宗教において特別な意味を持つ聖地をめぐる行為である。聖地は特定の宗教において特別な意味を与えられた場所であり、仏教ではブッダの誕生地のルンビニや悟りを開いたブッダガヤ、キリスト教ではイエスの誕生したベツレヘムや十字架に付けられたエルサレム、イスラーム教では預言者ムハンマドの誕生地のメッカなどがある。

一生に一度行うもの、一年の特別な時期に行うもの、特定の年齢や性別だけ行うもの、ひとりで行うものや集団で行うものというように、巡礼にはさまざまな形式がある。また、かつては徒歩で行っていた巡礼が、交通機関の発達や多様化によって、列車や飛行機を用いるようになることもある。

速く、快適で、安全な近代的な交通機関が発達すると、観光と巡礼が交差する。宗教的な聖地に信仰心だけでなく、観光的な関心を持って訪問する人たちがあらわれる。日本の西国33ヶ所巡礼は、鉄道会社が沿線の寺院を広告して乗客を呼び込んだ。四国の88の寺院を巡る四国88ヶ所巡礼では、公共交通機関を用いて安全で快適な巡礼スタイルが1930年代に「モダン遍路」と呼ばれた（森2014）。

巡礼と観光の境界線は曖昧ではあるが、いくつかの違いが依然として存在する。その1つが教義による移動手段の規制である。チベット仏教の聖地ラサとカイラス山を目指し、信者は五体投地という礼拝法で巡礼を行う。五体投地とは両手・両膝・額の身体の5ヶ所を地面に投げ伏して立ち上がる運動を続けることで、絶対的な神や僧への完全な帰依を示す行為である。2015年に制作された映画『ラサへの歩き方　祈りの2400km』では五体投地を続

けるチベットの村人たちの横を、トラックや観光客を乗せたバスが通過する。チベット仏教の巡礼は移動の手段と速度が、日常生活のそれらと対照的になるように宗教的に規定されているのである。

2　宗教と移動と権力

　巡礼者の移動の様式や速度を規定する宗教は、すなわち人間の動きを一定の方法で制御する力を持っている。こうした力を権力と呼ぶ。しかし、巡礼者はしばしば宗教的な価値観や世界観へ絶対的に帰依するために、それが権力であるとは感じない。

　巡礼だけでなく、宗教の移動もまた権力と関係している。先に記したように、宗教の移動には王朝の領土拡大や、大航海時代のキリスト教布教、さらに植民地主義というさまざまな権力が深く関わっている。

　観光という産業は資本主義の権力によって形作られており、同様に現代の宗教の移動もそれに影響を受けている。ドイツでは、かつての西ドイツが第二次世界大戦後の労働力不足を補うために、最初はイタリア（1955年）、スペインとギリシャ（1960年）、トルコ（1961年）と二国間協定を締結して、ガストアルバイターを受け入れてきた。ガストとは「客」、アルバイターは「労働者」の意味であり、彼らは労働契約満了後に帰国すると考えられてきた。しかし1970年代の協定停止後、現実には多くの者が西ドイツに残留し、定住した。当初はイタリア人が多くを占めたが、最終的にはトルコ人が最多となる。ガストアルバイターは一定の地区に集住する。この移動によって、宗教の風景が形成される。トルコ人は集住地区を中心に大小さまざまなモスクを作った。アパートの一室を改造したもの、自宅の裏庭の物置のようなものを改造したもの、そして2017年にケルンに開設されたヨーロッパ最大級のモスクもある。

　日本においても、資本主義によって引き起こされる移動によって、宗教的な風景があらわれている。その一例として、ムスリムの移動とイスラーム教のモスクを挙げよう。この風景はグローバル資本だけでなく、日本政府による実質的な低賃金労働者の受け入れ政策とも関わりながら作られている。

2018年6月の日本国内のムスリム人口推計は約15万7000人で、そのなかで最も多くを占めるのはインドネシア出身のムスリムである。もちろん、ムスリム全体をみればそのなかに高度の専門的知識等を有する人々ももちろん含まれる。しかしインドネシア人の多くは留学生や外国人技能実習生として来日している。1980年代はじめには4カ所だったモスクは100を超えている（店田2019）。例えば、大阪市西淀川区の工場地帯にある西日本最大のモスク、大阪マスジドは、この地域で中古車ビジネス業に携わるムスリムによって2010年に設立された。彼らもまた、低賃金労働者を求める資本主義の力と、それを後押しする政策によって移動してきた。

　観光は余暇における娯楽活動であり、ドイツのトルコ人集住地区に並ぶケバブ屋や中東料理店は、トルコ出身者だけでなく、ドイツ人に食事の娯楽を提供している。大阪マスジドの周辺には、ムスリムのためにハラール認証を受けた食材を提供する店舗やレストランが現れている。宗教にもとづいた食事が作り出す風景は、その周辺と大きく異なり、日本人による国内のエスニック・ツーリズムの可能性を秘めている。

　キリスト教においても同様のことがいえる。例えば、香港やシンガポール、台湾などへのフィリピン人女性の移動は、香港などでの夫婦共働きによる家事と子育てのハウスメイドの外注という資本主義の権力と、1974年以降の外貨獲得のために積極的にフィリピン人女性の海外での家政婦としての就労に力を入れるフィリピン政府の政策によって引き起こされてきた。彼女らは移動した場所で信徒が教会に通ったり、集会後に集まったりというようなカトリックの風景を作り出してきた。そこでは、フィリピンの雑貨や食品が販売され、余暇と娯楽の機会を提供している。宗教の移動とツーリズムはこのようにつながっている。

3　移動する宗教の表象

　宗教が移動すれば、新たな場所で別の宗教や信仰を持たない人たちと接触することになる。移動する人々の特定の場所での滞在が短期間であればもてなしの対象になる。客人や見知らぬ人のもてなしや歓待を意味する「ホスピ

タリティ」という英語は、客人の保護という意味のラテン語に由来し、ここから病院やホテル、ホスピスなどの言葉が派生した。そしてこの語は昨今のツーリズム産業において重要になっている。

　例えば、スペインのスペイン北西部のサンティアゴ・デ・コンポステーラに眠る聖ヤコブの遺骸を訪れる巡礼では、巡礼のルート上に救護施設が点在し、巡礼手帳を持つ巡礼者に宿を安価な値段で提供している。それはたんに巡礼者にとって益となるだけでなく、もてなす側も宗教的な価値を獲得する契機である。キリスト教では、隣人、見知らぬ人、弱者のもてなしは、イエスの教えの体現とみなされるからである。

　日本の四国にある 88 の寺院をめぐる四国遍路でも、もてなしがみられる。それは四国遍路の根幹にある弘法大師信仰と関わっている。すなわち弘法大師空海は現在も四国を修行のために巡礼しており、四国遍路の巡礼者に施し、もてなすことは弘法大師をもてなすことであり、功徳を積む行為だと考えられているからである。この考えでは巡礼者は村を訪れる「聖なる存在」とみなされる。そして、巡礼地およびその周辺の人びとは善根宿や接待として、宿や金銭、食物を巡礼者に提供する。

　巡礼は観光と深く関わる。ある地点から聖地への移動は、巡礼者や旅人だけでなく、信仰心はなくとも聖なるものに関心を寄せる観光客によっても行われてきた。サンティアゴ・デ・コンポステーラの巡礼路には、フランスから聖地を目指す旅行客がいるし、四国遍路も同様である。こうした観光客に対する表象は両義的である。一方で、サンティアゴ巡礼ではこうした人々にも宿や食事が提供され、四国遍路でも観光客が宿坊に泊まることが可能で、巡礼者と観光客を分け隔てることなくもてなされる。他方で、信仰心を持たない観光客は「偽物」と、とくに巡礼や聖地の宗教的価値を保守的に主張する人たちから表象される。四国遍路では、1928 年に設立された遍路同行会が、旅行を兼ねて公共交通機関を利用し、朱印を集める人たちを激しく批判した（森 2014）。

　ただし、「本物」の巡礼者が等しくもてなされるわけでもない。四国遍路では村落共同体にさまざまな理由で住むことができなくなったため、行乞を

しながら巡礼を続ける人々も旅していた。こうした巡礼者は「乞食遍路」とも呼ばれ、差別や排除の対象とされた。すなわち、聖なる存在は一定の速度で特定の場所を通過し、過度の負担をその場所にかけない限りにおいてもてなされるのである（森 2014）。

　類似することは宗教の移動においても該当する。例えばキリスト教布教やイスラーム帝国の拡張のように、移動する宗教集団が新しい土地の人々よりも多数であったり強力であったりすればそれほど問題は生じない。しかし、ドイツのトルコ人のように、当初は一時的な滞在であったものが永住になるというように、別の集団が新しい土地に長期にわたって住み着き、その人口が当初は少数であったものの次第に増加するとき、彼らは宗教を理由に差別の対象となったり、脅威に感じられたりすることがある。

　ヨーロッパにおいて古くから差別の対象とされたのはユダヤ人である。彼らはゲットーと呼ばれる強制居住地区に押しとどめられた。ドイツのフランクフルトでは、大聖堂に隣接してユダヤ人が居住区を形成していることがキリスト教徒の信仰生活を妨げるという主張をもとにして、市民から嫌悪されていた地域で 1460 年にゲットーの建設を開始した（大澤 1996）。このゲットーのなかにユダヤ教のシナゴーグが建設され、市内の他のシナゴーグは取り壊された。また、市内に住むユダヤ人の男性には上衣の胸のところに黄色のリングをつけさせ、女性には青縞入りのヴェールをまとわせるというように一定の服装を強制した。

　ゲットーのような強制居住地区は現在、ほとんどみることができないが、ドイツにおけるトルコ出身者の例で示したように集住地区は存在する。ドイツにおけるトルコ人人口の増加はドイツにおけるトルコ人、そしてイスラーム教組織への脅威と差別を引き起こした（山本 1997）。むろん、ドイツ人のすべてがイスラーム教組織やムスリムに敵対感情を持ってきたわけではない。しかし、他方で、2015 年からのシリア、イラク、アフガニスタンなどからの難民危機において、難民がムスリムと同一視され、さらにそのムスリムがドイツの社会と治安を乱す者、さらには原理主義者やテロリストと同一視され、差別される傾向が強くなっている。先に記した 2017 年にケルンでのモ

スク開設に際しては、極右団体もこの議論を外国人批判の材料として使ったほか、ユダヤ人作家もモスクをイスラーム教徒の力を誇示しようとするもので、ドイツ社会との融和を阻害すると批判した。この作家はムスリム女性の着用するヴェールについても差別的発言をした。ドイツに先に移動し、差別の対象になったユダヤ教徒が、新たに移動してきたイスラーム教を同じく差別するという複雑さがみてとれる。

　より重要なことは、「宗教」が相手を対象化する指標として用いられることである。すなわち、実際にどのような信仰や教義に基づいているかという宗教の内実よりも、特定の集団を「宗教」でひとくくりにしてレッテルを貼る。例えば現在のヨーロッパにおいては中東出身者をムスリム、原理主義者とみなす傾向がある。このようなレッテルにもとづいて、特定の宗教を信仰する人々の観光の移動が制限される。

4　変容する宗教

　宗教は移動するなかで、その有り様を変容させている。移動前に行っていた宗教儀礼が移動後に同じように行われているわけでは必ずしもないし、信仰もまた同じではない。

　イギリスのスコットランドにおけるムスリムの若い女性や男性は、その国、都市において、出自、性別、貧困などとともに宗教によって社会的に周辺化される。そのような条件において彼らは民族的なバックグランドに関係なく宗教、すなわちイスラーム教を自身のアイデンティティの基礎に据える（Dwyer 1999）。どの宗教を選ぶのか、保守的宗派を選ぶのか自由主義的なそれを選ぶのかはそれぞれの人々が置かれた社会的、地理的文脈に依る。彼らの宗教の選択は戦略的であり、両親と同一の宗教や宗派を選ぶわけではない。

　移住した若者のすべてが、移住前から厳格な信者であったわけではない。しかし移住したドイツやフランスで自らが周辺化されるなかでヴェールを被ったり、原理主義的思想に傾倒したりするのである。移動する人々は宗教施設に新たな役割を求めていく。すなわち、その場所を単なる礼拝の場所としてではなく、故郷とのつながりを確認する場所、移住先において直面する

さまざまな困難に対処する知識を得る場所としてみなす。日本においても日系二世以降の人々にとって、教会は日本語を、あるいは母国語を学ぶ場であり、派遣切りのような一方的な解雇に対応する場所である。あるいは、宗教施設を観光の対象とすることもあるだろう。

宗教は、国家政策や経済的理由などさまざまな要因で移動してきた。移動はさまざまに表象され、移動する人々の宗教の経験を作り出した。さらに、移動が宗教への信仰を形成し、宗教施設の意味を作り出した。

宗教は移動性を持つ。それはすなわち、宗教の移動が何かの原因の結果であるわけではなく、それこそが「宗教」を作り上げるという意味である。宗教は確固とした不変、普遍的、個人的信仰なのではない。それは歴史的かつ社会的な、そして複雑な現象でもある。

そして、移動する宗教は観光を再編成している。移動の結果にあらわれる宗教施設やその教義が、娯楽の場を提供し、エスニック・ツーリズムを促進する。聖地へ移動する旅人の表象が、宗教と観光をあるときには結びつけ、あるいは区分する。そして移動の経験が宗教施設を観光の対象として捉えることもあるのだろう。

参考文献

大澤武男（1996）『ユダヤ人ゲットー』講談社現代新書、講談社。
内藤正典（2020）『イスラームからヨーロッパをみる』岩波新書、岩波書店。
庭田廣文（2019）「世界と日本のムスリム人口2018年」『人間科学研究』32(2)、253-262。
森　正人（2014）『四国遍路』中公新書、中央公論新社。
山本健兒（1997）「在独トルコ人への「差別」とイスラム組織」『地理学評論』70A(3)、131-155。
Dwyer, Claire（1999）"Veiled meanings : British Muslim women and the negotiation of differences," *Gender, Place and Culture*, 6, 5-26.
Shoji, Rafael（2008）"Religioes entre Brasileiros no Japao : Conversao ao Pentecostalismo e Redefinicao Etnica," *REVER*, 8, 46-85.

コラム 18　宗教巡礼へのアクセスにみるモビリティの多様な編制

　「巡礼」という言葉は、おもに寺社仏閣をはじめとする宗教的な土地や建造物を巡る行為を指すと一般的に理解されてきた。だが今日、この言葉が喚起するイメージはより多岐にわたっており、歴史上の重要人物ゆかりの地を訪問することや、自身の運気を高めるためのパワースポット巡り、さらにはテレビアニメ・ドラマの舞台となった場所を巡り歩くこともまた「巡礼」あるいは「聖地巡礼」と称されている。逆説的だが、「聖地巡礼」の今日的な展開において、「宗教巡礼」という呼称は1つの倒錯を示しているともいえる。すなわち、巡礼がもともと有していた宗教的意味合いがいったん脱色されたうえで、並置された他の多様な「聖地巡礼」と弁別するために「宗教」巡礼とあえて呼ばれるという倒錯である。

　元来、巡礼の多くは、目的地までの起伏に満ちた長き道のりを徒歩で踏破しなければならず、危険をともなう行為であった。日本を例にみても、全国的な治安の改善と交通網の整備がなされる江戸期以前では、巡礼はごく一部の僧侶による修行としての側面が強く、また江戸期にあってもそれは経済的に余裕のある一定の知識人・文人に限定された実践であった（碧海 2018）。

　こうした状況を変えたのが、幹線鉄道網やバスをはじめとする近代交通の整備である。これらの移動・交通インフラストラクチャーは中長距離移動をとりまく身体的・社会経済的なハードルを大きく縮減し、一般大衆による巡礼への参加を容易にした。同時に、旅行会社やバス会社、タクシー会社といった観光セクターもまた同様のインフラを基盤に観光商品としての巡礼を展開したことで、今日における「聖地巡礼」の多様化の素地が用意されたといえる。

　人々が物理的な移動の障壁を乗り越え、それぞれの動機や目的にもとづいて巡礼に参加できるようになった過程は、巡礼移動への「アクセス」の拡大として理解することができる。このアクセスという言葉は、今日の「モバイルな社会」がはらむ移動の格差や不平等の問題を可視化するための概念道具として議論されるものである（アーリ 2015：282-288）。ジョン・アーリは、移動にアクセスするために必要な要件を、①移動のための経済的資源を持つこと、②移動に必要な身体的能力があること、③移動システムが組織化されていること、④移動する時間があること、という4つに区分している。本コラムでこれまで述べた宗教巡礼の例は、特に③の移動システムの組織化に着目したものである。

　そして、このアクセスの概念をもとに宗教巡礼におけるモビリティを捉えた際に興味深いのは、アクセスの向上とモビリティの質や速度との間には単純ではない関係が存在するということである。巡礼は移動・交通機関の拡充や旅行会社による商品化の流れを受けて組織化されたことで、たしかに体力に不安のある者でも、あるいは宗教に関する知識や技量に乏しい者でもアクセスできるようになってきた。例えば四国遍路の巡礼ツアーを分析した門田岳久によれば、高齢者の割

石野隆美

合が高いバス巡礼ツアーは、道中で参加者が経験しうる身体的な疲労や痛み、礼拝所での混雑によるストレスといった負担を最小化するよう合理的・効率的に設計されているという（門田 2013）。

　反対に、巡礼の道中で感じる痛みや不自由さに価値が置かれる場合もある。例えばスペインのサンティアゴ・デ・コンポステラ巡礼路では、目的地である大聖堂への到達よりもむしろその「途上」における身体的疲労や苦痛を積極的に引き受けるプロセスが巡礼者に重視され、それゆえバスや自転車ではなくあえて徒歩での巡礼が選択されることがままある。しかも、そうした徒歩巡礼者の多くは信仰や宗教的な目的よりも、傷心旅行や自分探しなどの多様な動機にもとづいて巡礼している場合が多いという（土井 2015）。そうしたことからは、合理的かつ効率的な巡礼の完遂とは迂遠な、移動の「遅さ」を希求する意志を看取することができる。

　巡礼へのアクセスの高まりは、同時に、巡礼者たちの多様な欲求を実現するために最適化された個々の移動の様式を、重層的かつ複数的なかたちで現出させつつある。それはリスクの排除や行程の合理化による「速い／早い」モビリティの場合もあれば、反対に移動者が効率の悪さや疲労を身体に引き受けることを可能にするような「遅さ」に特徴づけられたモビリティでもありうる。信仰を持たない者や身体的な不安がある者でも一定の欲求を満たしつつ「宗教的」と呼びうる経験を享受することが可能となってきた背景の1つには、宗教巡礼における人びとの移動と体験に関わるモビリティの多様化が挙げられるだろう。

　アクセスの拡大はモビリティの加速を必ずしも意味しない。宗教巡礼の例が示すように、現代のモビリティはその移動の目的と様式に合わせて客体化され、質的に選びとられながら望ましいモビリティへと編制されていくのである。アクセス概念を補助線とすることで、観光産業や宗教組織の論理、移動する人々の欲求、さらにはメディア技術やインフラの展開などといった多様な文脈が交錯しながら進行する、今日のモビリティの編制過程を捉えることができるだろう。

参考文献　アーリ、J. (2015)『モビリティーズ――移動の社会学』吉原直樹・伊藤嘉高訳、作品社。
　碧海寿宏 (2018)『仏像と日本人――宗教と美の近現代』中公新書、中央公論新社。
　門田岳久 (2013)『巡礼ツーリズムの民族誌――消費される宗教経験』森話社。
　土井清美 (2015)『途上と目的地――スペイン・サンティアゴ徒歩巡礼路 旅の民族誌』春風社。

19 ダークネス
構築する・出会う・混じり合う

間中　光

　大量虐殺の現場となったポーランドのアウシュヴィッツ・ビルケナウ収容所や世界中を震撼させた事故の発生場所であるウクライナのチェルノブイリ原子力発電所、大規模な自然災害に見舞われた地に建つ中国の四川大地震博物館。これらの施設には国内外から多数の訪問者があり、その歴史や教訓について触れる機会を提供している。

　観光研究では、こうした観光のあり方を「死や苦しみと結びついた場所を旅する行為」（Shapley 2009：10）などと定義されるダークツーリズムとして捉え、観光客の動機や目的、観光地における提示や管理など、死や苦しみというダークネスがいかに求められ・提示され・消費されるのかという点について検討が重ねられている。

　このダークツーリズムという概念は欧州で提唱されたものであるが、こうした観光のあり方自体は日本国内でも一般的である。広島や長崎の原爆関連施設や沖縄のひめゆりの塔、兵庫の人と防災未来センターなどは修学旅行の定番であり、学生時代にこれらの施設を訪問し、語り部の方々からお話を伺った経験を持つ人も多いであろう。しかし、このダークツーリズムという名称が国内において公的に使用されることは少なく、東北の地方自治体や関連機関は、東日本大震災の被災地をめぐる観光について、復興ツーリズム・ホープツーリズム・防災観光などの名称を用いている。

　こうしたダークツーリズムという名称の回避については、"ダーク"という用語自体が持つネガティブなイメージに対する拒否感や、復興に向けた前向きな取り組みにも目を向けてほしいという被災地の想いなどが言及される一方で、復興・ホープなどの「明るい（光）」言葉を使うことによって、悲劇の発生要因などの「暗さ（闇）」に焦点が当たりにくくなるのではないか

との危惧を示す者もいる（井出 2015）。しかし、こうした被災地におけるダークツーリズムをめぐる議論も、ツーリズム・モビリティという視点から考えると、少し異なる風景が見えてくる。

1　物語化する「死や苦しみと結びついた場所」

　インドネシアは、日本と並ぶ災害常襲国としても知られている。2004 年に発生したインド洋大津波では 17 万人を超える死者・行方不明者を出し、以降も毎年のように大規模な自然災害に見舞われているが、一方で、近年はこうした被災地における観光活動もみられる。

　2010 年に発生したムラピ山噴火災害は、死者 386 名・倒壊家屋 2856 棟という直接的な被害に加え、降灰による農作物への影響や最大 40 万人にものぼる避難者の出現など社会経済に大きな影響を与えた災害である。同年 10 月に本格化した火山活動は 12 月に入るとおさまりをみせたが、火砕流によって自宅や生計手段であった家畜・田畑を焼失した被災者たちは、避難所・仮設住宅・復興住宅と居住地を移転しつつ、復興への道を歩んでいくこととなった。こうしたなかで、被災地となったムラピ山山麓では、さまざまな観光が誕生している。

　被災直後、同地では、倒壊した家屋や噴出物の片づけ・植林などを行うボランティアツーリストたちの姿が見られた。彼らは、大学や宗教団体、町内会などの募集に応じて被災地に赴き、被災者とともに汗を流した。しかし、同時期に彼ら以上に大きな存在感を示したのは、被災地の状況を見て周る観光客の姿であった。この背景にはマリジャン翁という 1 人の男性の存在がある。

　マリジャン翁は、ムラピ山山麓に居を構える 83 歳の男性であり、かつ山守（Juru Kunci）として王宮に仕える廷臣であった。マリジャン翁は 55 歳の時に山守を父から継承して以降、ムラピ山に住まう精霊やその支配者たちに対する奉献儀礼である王宮儀礼ラブハン（Labuhan）を取り仕切るほか、特別な霊力と知識を持つ人として広く住民から尊敬を集めていたが、同氏が全国的な注目を集めたのは 2006 年噴火の時であった。マリジャン翁の居住集落は政府から避難指示を受けていたが、当人は廷臣としての責任と職務への忠

図1　CMに登場するマリジャン翁
出典：Kuku Bima Ener-G! 2018

図2　被災直後のキナレジョ集落
(2010年12月25日筆者撮影)

誠から下山を拒否し、アッラーと精霊への祈りを続けた。こうした彼の勇敢さはテレビ・新聞等のマスメディアで大きく取り上げられ、「勇敢な男性」としてエネルギードリンクのテレビコマーシャルへ起用されるまでに至った。

　同CMでは、噴煙をあげるムラピ山を見上げるマリジャン翁と、WBA世界フェザー級王座の連続防衛を続ける国民的ヒーローのクリス・ジョン選手が映し出され、2人がムラピ山に向かって会話をするシーンが流れる。続いて女性が子どもたちに向かって「彼らこそが勇敢な男たちだよ！」と語りかけ、最後に両者がドリンクの飲用を勧めるというものである。

　こうして「勇敢な人」「職務に忠実な人」として全国的な知名度を得た同氏であったが、2010年の噴火の際も、避難指示に反して自宅に留まり、彼に付き従った隣人など34名とともに火砕流にのまれ亡くなった。マリジャン翁死亡のニュースは今回もその勇敢さ・忠実さとともに連日テレビや新聞で報道され、噴火活動が沈静化した12月以降、著名なマリジャン翁の死の現場を一目見ようと、多くの観光客が自家用車やバイクを用いて同氏が住んでいたキナレジョ集落へ向かったのである。このように、当初の被災地観光は「マリジャン翁の勇敢さ・誠実さゆえの死」という物語に彩られた「死や苦しみと結びついた場所」にて誕生した。

2　「死や苦しみと結びついた場所」の多様化

　2011年に入ると、観光客たちはマリジャン翁の集落を訪問したあと、住

図3　被災地のジープツアー　図4　被災地の私営博物館
（2017年8月13日筆者撮影）　　（2014年9月4日筆者撮影）

民たちが所有するバイクやジープに乗り込み、より広範囲に被災地を見て周るようになる。その過程において、運転手としてその案内を担った住民たちは、「私営博物館」「奇岩」「退避壕跡」などの案内先を次々と開拓していった。例えば、被災家屋を再利用して作られた「私営博物館」は、被災当時の写真や熱によって変形した遺物などを展示している施設であるが、これは被災経験を子や孫に語り継ぐためにさまざまな遺物を収集していた家屋の所有者に、ジープの運転手が博物館化を提案して設立されたものである。また奇岩も、被災集落に落下した噴出岩がエイリアンの顔に似ているとのうわさを聞きつけたバイクの運転手たちが、観光客を案内したことではじめて有名となったものであり、2006年の噴火時に逃げ込んだ2人が亡くなった退避壕跡も、2010年以前は訪れる人がまばらであった場所である。

　運転手たちは、こうして開拓した場所をめぐるツアーを"LavaTour"と名付けて売り出したが、その中でも噴出物や火山灰が残る被災地を颯爽と駆け抜けるジープツアーは高い人気を博し、年間20万人以上の観光客を迎える人気ツアーへと成長していった。その結果、2011年には4団体10台が稼働する程度であったジープツアーも2014年には13団体208台まで膨れ上がり、運営団体間の競争も激しくなっていった。こうした競争の激化は、差別化のための新たな訪問先の開拓と他団体による模倣というサイクルを生み出し、

ジープツアー向けの観光地はその数を増加させた。このなかには、川の浅瀬に猛スピードのジープを進入させることで生まれる水しぶきとスリルを楽しむ場所や、牛舎など地域の生業が学べる場所も含まれている。

　このように、ジープツアーの誕生と成功によって被災地の観光は多様化が進んだが、この多様化とは、単に観光客が訪れる「死や悲しみの場所」が増えたということだけではない。私営博物館や退避壕跡など噴火被害を直接的に示すような場所に加え、奇岩のように噴火が生み出したものに焦点があてられた場所、川の浅瀬や牛舎など噴火と関連しない場所など、被災地の観光における表象もまた多様化した（間中 2017）。

3　「死や苦しみと結びついた場所」とフォトジェニック

　災害発生時のインドネシアでは、Facebook ユーザー数が世界第 2 位の 3500 万人となるなど、すでに SNS の利用が盛んになり始めていたが、利用者の大半は都市部の若年層であり、全人口における使用率は 14% 程度にとどまっていた。しかし、同国の SNS 市場はその後急速な拡大を遂げ、Facebook のユーザー数は 2015 年には 8200 万人、2020 年には 1 億 3000 万人を突破、また YouTube・WhatsApp・Instagram も Facebook と同程度の使用率を誇るようになるなど、SNS の普及が進んだ。

　こうしたなかで、国内各地には他国と同様に SNS 映えを意識した観光地が次々と登場している。この傾向はムラピ山麓でも同様であり、被災地にはムラピ山が形成した岩石を用いて、イギリスの本家を模した「ストーンヘンジ・ムラピ」や、雄大な火山の風景を背景に、恐竜の模型をはじめさまざまな異空間を演出したゾーンが並ぶ「ザ・ロストワールド・キャッスル」が、同地観光の活況に目を付けた外部資本家の投資により建設され、2017 年ごろから観光客を迎えている。またジープツアーにおいても、観光客はジープやムラピ山を背景にいかに SNS 映えする写真を撮るかに苦心し、運営団体や運転手もおすすめの構図をアドバイスする。そして、彼らが立ち寄る「奇岩」や「退避壕跡」でも、管理を担う住民組織の手によってムラピ山を背景とした有料の撮影スポットが新設された。

　これらの観光実践は「死や苦しみと結びついた場所」という文脈（物語）よりも、ストーンヘンジ・模型・ジープ・ムラピ山という物質(マテリアル)と観光客の相互行為によるものである。

4　「死や苦しみと結びついた場所」とツーリズム・モビリティ

　ここまでインドネシア・ムラピ山噴火災害を事例に、被災地という「死や苦しみと結びついた場所」での観光の諸相についてその一部をみてきた。同災害が発生して10年ほどであるが、そのなかで、じつに多様な観光の実践が行われてきたことが確認できる。しかし、より重要なことは、こうしたさまざまな観光も決して所与のものではなく、構築されたものであるということである。観光研究において、観光空間は「日常と対比される他所のイメージが投影された場所であると同時に、様々な旅する他所のイメージが出会うハイブリッドな空間」（神田 2013：149）であると理解されているが、こうした他性（otherness）と出会い（encounter）という特徴は「死や苦しみと結びついた場所」とされる被災地でも同様である。ムラピ山山麓では、被災当初から、ボランティアツーリストたちに加えて、マリジャン翁の集落を目指すダークツーリストたちの姿が見られた。彼らはまさに、ムラピ山地域に死や苦しみという他性を見いだし、それに惹かれて同地を訪問したわけであるが、その背景にはテレビや新聞のニュース、テレビ CM によって形成された「マリジャン翁の勇敢さ・誠実さゆえの死」という物語の存在があった。世界各地には、数多くの被災地や戦跡があるが、そのすべてがダークツーリズムの対象となっているわけではない。ムラピ山山麓に限ってみても、噴火の被害を受けた地域は広域に及ぶが、被災地全域で行われたボランティアツーリズムに対し、当初のダークツーリズムはキナレジョ集落という限られた地域から始まっている。このことは、ダークツーリズムとして提示され、消費されるダークネスは「観光されるべきダークネス」（遠藤 2018：164）として構築されるものであるということを示している。キナレジョ集落の事例は、メディアによって構築された「観光されるべきダークネス」が前面に出たものとして理解することができるが、こうした構築は、国や地方自治体、専門家など

に加え、地域住民自身の手によって行われる場合もある（間中 2019）。そして、「死や苦しみと結びついた場所」における観光空間の多くは、様々な主体が構築した「観光されるべきダークネス」が「出会うハイブリッドな空間」として存在している。

　一方で、「死や苦しみと結びついた場所」における観光空間において構築される他性は、ダークネスだけにとどまらない。ムラピ山では、ジープツアーの成功とそれに伴う競争の激化により観光表象が多様化した。近年の観光研究では、ゲストの動機やホストの志向などによってダークネスの濃淡を示し、現代社会におけるダークツーリズムの多様化を捉えようとする研究がある（Stone 2006）。ムラピ山の災害関連施設でも「私営博物館」と「奇岩」ではそのダークネスに濃淡があるなどこうしたダークツーリズムの多様化がみられたが、同地における観光はスリルや地域の暮らしなどダークネスを必ずしも帯びていないものに焦点を当てた観光も同時に行われていた。アーリは、グローバルな競争は場所のストラクチャリングとリストラクチャリングを生み出し、全世界のほとんどすべての場所はこうした訪客のフローの中でその立ち位置を目まぐるしく変えていくと指摘している（アーリ 2015：388-389）。「死や苦しみと結びついた場所」といえども、こうしたグローバルな競争の中にあることには変わりなく、その結果、つねにその上演内容を再構成していくことが求められる。ムラピ山でみられた観光表象の多様化・変容も、こうした地域内・外の場所との競争にともなう「場所の再帰性」（同書：390-391）として捉えることができる。また、SNS に代表されるデジタルテクノロジーの浸透は、この「場所の再帰性」による再構築における物質（マテリアル）の重要性をさらに高めていくかもしれない。

　最後に、これまで明らかにしてきた点をふまえ、冒頭に記した被災地の観光の名称に関する議論に戻ろう。"ダークツーリズム"という名称を求めるという行為、"復興ツーリズム""ホープツーリズム"を使用するという行為、これらはすべて「観光されるべきダークネス」を構築しようとするものであり、名称をめぐる対立は、その出会いと理解することができる。しかし、本章で述べてきたように、「死や苦しみと結びついた場所」も「場所の再帰性」

による再構築の過程にあり、決して静止した場所ではない。それゆえ、どこか特定の場所を観光することが、久しく「死や苦しみと結びついた場所を旅する行為」というダークツーリズムであり続けることはほとんどなく、その観光実践やそこに込められる意味はつねに移動し続けているのである。

　こうしたことを踏まえるならば、被災地や戦跡、事故現場などの観光はダークツーリズムなのか・そうでないかという静的な問いではなく、「観光されるべきダークネス」をめぐる対立（出会い）の変化や、ダークネスとその他の他性との混合の変容を問う動的な問いこそが、現代のダークツーリズムを読み解くために必要であるといえよう。

参考文献

アーリ、J.（2015）『モビリティーズ——移動の社会学』吉原直樹・伊藤嘉高訳、作品社。

遠藤英樹（2018）「パフォーマティヴなダークツーリズムの可能性——「パフォーマティヴィティ」概念に関する批判的な検討を通じて」須藤廣・遠藤英樹『観光社会学2.0——拡がりゆくツーリズム研究』福村出版、157-178。

井出明（2015）「ダークツーリズムの真価と復興過程“復興”のさらに先にあるもの」『日本災害復興学会誌「復興」』13(7)：49-56。

神田孝治（2013）「文化／空間論的転回と観光学」『観光学評論』1(2)：145-157。

間中光（2017）「災害復興における観光の役割と課題——インドネシア・ムラピ山噴火災害を事例としたダークツーリズムの再定位」『観光学評論』5(2)：215-230。

間中光（2019）「観光をめぐるブリコラージュ実践とダークネス——インドネシア・ドーム型復興住宅群における観光活動を事例に」『立命館大学人文科学研究所紀要』121：103-127。

Kuku Bima Ener-G!（2018）*Iklan Kuku Bima Energi versi Mbah Marijan dan Chris John 30sec*, Retrieved 2021, March 14, from https：//www.youtube.com/watc h?v=5LCw qhq0MWY.

Sharpley, R.（2009）"Shedding light on dark tourism：an introduction," in R. Sharpley & P. Stone（eds.）*The Darker Side of Travel：The Theory and Practice of Dark Tourism*, Bristol：Channel View Publications, 3-22.

Stone, P.（2006）"A dark tourism spectrum：Toward a typology of death and macabre related tourist sites, attractions and exhibitions," *Tourism：An Interdisciplinary International Journal*, 54(2)：145-160.

コラム 19　移動とダークツーリズム

　ダークツーリズムは、「実在する商品化された死や災害の場に関する（来訪者による）表象と消費を包含する現象」（Foley & Lennon 1996）であるとか、「死、苦しみ、そして死を連想させる恐ろしそうなものと関係した場への旅という行為」（Stone 2006）であるとする定義がなされている。ダークツーリズムとは、死、災害、苦しみ、恐怖といったものが関係する場所への移動であるといえる。こうした移動は、観光客が特定の場所をまなざす理由として挙げられる「強烈な楽しみの期待」（アーリ 1995）によるものとは異なるものである。ダークツーリズムは、既存の観光に対する認識を問い直す移動現象であるといえるだろう。

　移動という観点では、ダークツーリズムの対象となる場所の移動も興味深い。この点について、沖縄の墓地観光を例に挙げたい。第二次世界大戦以前、日本本土から沖縄への観光パンフレットや紀行文では、中国南部起源とされる亀甲墓が奇観などとして注目を集めていた。とりわけ那覇市北西沿岸部の辻原墓地がその焦点となっており、同地は南沖縄八景にも選ばれていた。しかしながら当時の沖縄において、衛生上、土地利用上、経済上の問題から都市域での墓地の取り壊しを望む声も強く、また那覇市の観光地化に墓地の存在が不適切であるという指摘もなされていた。そして、第二次世界大戦後、1951 年には那覇市の都市計画事業として辻原墓地の整理がなされ、1953 年に同市の都市計画を構想した石川栄耀は市内の墓地の郊外移転を求め、識名霊園が新たにつくられることになる。死と関連した場所である墓地は、観光と必ずしも親和的でなく、その存在の如何には他の文脈が大きな影響を与えていた。こうしたなかで、都市にある観光資源の墓地が破壊され、そのかわりに観光と切り離された墓地が郊外に誕生したのである。

　第二次大戦後の沖縄では、新たに観光資源化される墓地が創造されている。第二次世界大戦により沖縄で多くの戦没者が生じ、その遺骨は激戦地となった沖縄本島南部地域を中心に建立された慰霊塔に納骨された。こうした慰霊塔に、1949 年に発表された小説『ひめゆりの塔』の影響も受けるなかで、1950 年頃から遺族以外の人々も訪れるようになり、1956 年からは、沖縄バスによって同地への定期観光バスも運行された。沖縄における墓地観光の焦点は、第二次世界大戦後に那覇市から沖縄本島南部に移動したのである。なお、このバス会社が発行した「南部戦跡めぐり」と題されたパンフレットを見ると、「週末の楽しい観光プランに」というキャッチフレーズが書かれていることが認められる。また、当時の沖縄観光では、戦火に散った人々を悼むためにまずは南部戦跡を訪れるが、その後、中北部地域に移動してショッピングなどを楽しむことが定番化していた。南部戦跡観光には、ダークツーリズムで強調される死に関連するものばかりでなく、楽しみの要素も結びついていたのである。

神田孝治

　この沖縄南部の戦跡地域一帯は、「戦争の悲惨さをすべての人々に体得させ平和の尊さを認識させるとともに祖国のために散華した英霊を慰める」とされた沖縄戦跡政府立公園に 1965 年に指定されている。南部戦跡の社会的な位置づけは、国家にとっての英霊を慰める聖地だったのである。こうした同地のあり方について、1970 年代中頃から疑義が呈され、沖縄県民の戦争体験を伝えることが重視されるようになる。そして、南部戦跡をめぐる観光コースの焦点が軍人の死の象徴的な場所である摩文仁の丘となっていることが問題視され、住民の戦争体験を伝えるものとして、ガマをはじめとする慰霊碑以外の場所も注目されるようになっていく。同じ戦争の死に関係していても、立ち位置によってダークツーリズムの対象とされる場所は異なっていたのである。

　ダークツーリズムと移動の関係性としては、その概念自体の移動も重要である。日本では、2015 年に『DARKtourism JAPAN』と題した雑誌が創刊されており、そのキャッチフレーズは「新たな旅の潮流――出かけよう。悲しみの記憶をめぐる旅へ。」となっている。同雑誌に掲載された論考で、「ダークツーリズムとは、戦争や災害をはじめとする人類の悲しみの記憶をめぐる旅である」（井出 2015）とされるように、本コラム冒頭で紹介した英語圏の研究を前提としつつも、日本では新たな定義でダークツーリズムが論じられるようになったのである。そしてこうしたダークツーリズムの観点からは、教育観光の一環として計画されることが多いひめゆりの塔への訪問は、「悲しみの共有や悼みを主要な目的としているとは言いがたいものであり、ダークツーリズムの本義からは若干外れてしまっている」とされる（井出 2013）。移動し変化する概念のあり方によって、ダークツーリズムとして理解する対象やその意義も変容しているのである（神田 2017）。

参考文献 アーリ、J.（1995）『観光のまなざし――現代社会におけるレジャーと旅行』加太宏邦訳、法政大学出版局。

井出明（2013）「ダークツーリズム入門　#1 ダークツーリズムとは何か」『genron etc.』7。

井出明（2015）「ダークツーリズムとは何か？」『ダークツーリズム・ジャパン』1。

神田孝治（2017）「沖縄本島における墓地を対象とした観光の生産とその変容――移動に注目したダークツーリズムの考察」『観光学評論』5-1。

Foley, M. & J. J. Lennon（1996）"JFK and Dark Tourism : Heart of Darkness," *Journal of International Heritage Studies*, 2-4.

Stone, P. R.（2006）"A Dark Tourism Spectrum : Towards a Typology of Death and Macabre Related Tourist Sites, Attractions and Exhibitions," *Tourism*, 54-2.

20　リスク

リスクの贈与から歓 待の贈与への弁証を目指して

ギフト　ホスピタリティ　ギフト

遠藤英樹

　現代社会は、人、モノ、資本、情報、データ、イメージ、観念、技術等がたえず移動する世界を現出させた。それらが移動する形態、方向、意味、強度は多様かつ重層的であるが、ピーター・エイディーは、「世界が移動し続けているということを私たちはもはや無視することはできない」と主張する（Adey 2017：1）。彼はいう。

> 　これまでにないほど、いま世界は移動し続けている。モビリティは遍在していると言っても良いのかもしれない。すなわち、私たちはほとんどいつでもモビリティを経験しているのである。ナイジェル・スリフト（2006）によると空間でさえ、こうしたモビリティに特徴づけられている。『あらゆる空間はつねにモビリティのもとにある』と彼は書いている。もちろんアンソニー・ギデンズ（2000：1）が語っているように、モビリティそのものはとくに『新しい』ことではない。しかし、確実に『新しい』ことが世界で生起しつつあるのだ。[1]

　ジョン・アーリは、こうしたモビリティの特徴を「モビリティ・パラダイム」として整理している（Urry 2007＝2015）。このようなグローバルなモビリティは現代におけるわたしたちの生（life）を変容させ、それらがいとなまれる舞台（settings）となる社会に対しても大きな影響を与えるようになっている。

1　モビリティの風景

スケープ

　アンソニー・エリオットとジョン・アーリはその著『モバイル・ライブズ

――「移動」が社会を変える』において、そのことを以下のように表現する
（Elliott & Urry 2010 = 2016：ii）。

　　人びとが今日みずからの生を営むあり方は、グローバルなモビリティ・
　　プロセスのより広い変動に影響され、それを映し出しているのである。
　　さらに言えば、世界をさらに移動するようになること――炭素をエネル
　　ギー源とする、人、品物、サービス、観念、情報の移動が加速していく
　　こと――は、生が営まれ経験され理解されるあり方に影響をあたえるの
　　だ。〔中略〕われわれが思うに、モビリティーズに関する新たなグロー
　　バルな語りにおいて、生は再形成され変容しつつある。

　ではモビリティは、いま、どのようなかたちであらわれるようになってい
るのだろうか。以下では、アルジュン・アパデュライ『さまよえる近代――
グローバル化の文化研究』の議論に変更をくわえつつ、モビリティがあらわ
れる際の風景として、「エスノスケープ」「マテリアルスケープ」「ファイナ
ンススケープ」「ガバナンススケープ」「イマジナリースケープ」という５つ
の次元を示しておきたい（Appadurai 1996 = 2004）（アパデュライの場合には、
「マテリアルスケープ」を「テクノスケープ」と呼んでいる。また「ガバナンスス
ケープ」がなく、さらに「イマジナリースケープ」を「メディアスケープ」「イデ
オスケープ」の２つに分けている。これについては Appadurai 1996 = 2004 を参照
してもらいたい）。
　まず「エスノスケープ」とは、外国人労働者、観光客、移民、難民など、
人の移動から見えてくるグローバル社会のあらわれ方である。次に「マテリ
アルスケープ」とは、商品、工業原材料、生産機械、貨物など物質的なもの
が多様な境界を越えて移動している事態を指している。
　また「ファイナンススケープ」とは、グローバル資本が国境を越えて移動
し続けている事態を指す。さらに「ガバナンススケープ」とは、地域や国家
などの制度的な権力・主権が国境を越えモバイルなものとなることで揺らい
でいく事態を指している。最後に「イマジナリースケープ」とは、情報、イ

メージ、観念、思考の移動によって見えてくるグローバル社会のあらわれ方を意味している。

　これら5つのモビリティの風景〔スケープ〕は、ときに相互に乖離し、ときに相互に融合し合いながら、複層的なモビリティの潮流〔フロー〕をつくりだしていく。その例として、2015年以降に多くの難民がヨーロッパ諸国に押し寄せた「欧州難民危機」を思い浮かべてみよう。シリア、イラクをはじめとする中東諸国、リビア、スーダン、ソマリアをはじめとするアフリカ諸国、アフガニスタン、パキスタンなどをはじめとする南アジア諸国、コソボ、アルバニアをはじめとするバルカン半島西部の国々で起きた内戦、戦争、宗派対立、テロ、紛争のために、120万人を超える人々が難民となった。このような事態を前にして、国家の主権や制度が脅かされるのではないかと感じた人々によって、移民や難民の移動を規制・排除するべきだとするイデオロギー（考え方）が、国を越えてネガティブなかたちであらわれるようになっている。まさに反グローバリズム的なイデオロギーが、アイロニカルなことに、グローバルな形態で流通するようになっているのである。すなわち、ここには「エスノスケープ」と乖離しつつも、「ガバナンススケープ」と「イマジナリースケープ」が相互に融合するかたちで、モビリティが現れるようになっているといえるだろう。

2　パンデミックな新型コロナウイルス感染症

　だが、新型コロナウイルス感染症（COVID-19）の感染拡大の状況では、国境を越えていくようなモビリティなどなくなったではないか――そんな風に思う人がいるかもしれない。そのとおりである。

　だからこそ、現代はモビリティの時代だといえるのである。一体、どういう意味か。

　現在のように観光をはじめ人のモビリティがとまってしまっているのは、ウイルスが世界中を移動し、新型コロナウイルス感染症（COVID-19）がパンデミックに流行してしまったためではないか。そして、そのように新型コロナウイルス感染症（COVID-19）がグローバルなかたちでパンデミックに

流行したのは、人やモノのモビリティを介してであろう。

　実際、新型コロナウイルス感染症（COVID-19）は、「新しい原因不明の肺炎」として 2019 年 12 月 31 日に中国・武漢で正式に発見されて以降、武漢を訪れた観光客や、武漢など中国各地から世界に渡った観光客といった、まさに人のモビリティが、広めた可能性が高い。かつての社会においても、人々の生存を脅かす感染症はもちろん存在していた。しかし、それはモビリティ以上に、不衛生な環境によってもたらされるものであった。コレラといった伝染病が、そうである。いまも、こうした感染症は猛威をふるっているが、主にそれは飲料水も含めて清潔な環境を確保できない地域においてである。

　しかし新型コロナウイルス感染症（COVID-19）は違う。不衛生な環境であろうが、衛生的な環境であろうが、それは、区別なく＝境界を越えて_{beyond boarders}猛威をふるう。人やモノが国境を越え、世界中を移動していくからこそ、それはパンデミックに流行していくのである。

　人、モノ、資本、情報、データ、イメージ、観念、技術等とならんで、ウイルスもグローバルに移動するからこそ、逆説的なことに、人のモビリティがとまってしまっているのが、アフター＝ウィズ COVID-19 の状況なのである。ウイルスのモビリティはツーリズム・モビリティによって一部もたらされ、それがツーリズム・モビリティをとめてしまったのだ。ドイツの社会学者ウルリッヒ・ベックは、『世界リスク社会論』という本の中で、現代においては、ウイルス、テロ、気候変動などによるリスクは、このように国境を越えたグローバルなものとなっているという（Beck 2002＝2010）。

　しかし国境を越え、世界中に拡散するのは、感染症だけではない。真偽不明の情報やデマ、フェイクニュースなども「パンデミック」なものとなる。新型コロナウイルス感染症（COVID-19）の場合にも、こうした現象が散見された。

　例えば『毎日新聞』2020 年 2 月 9 日記事には、新型コロナウイルスの感染者が欧州で最初に確認されたフランスで、アジアの人々がウイルスをまき散らしているのだというデマが流れ、直後からアジア人への差別や嫌がらせ

が広がったことが述べられている。「「中国人同士で地下鉄に乗り込むと、乗客が口と鼻をスカーフで覆って眉をひそめた」「車内では絶対にせきができない」などと、アジア系住民の怒りや困惑の書き込み」がSNS上であふれていたと書かれている。

　また感染の拡大をくいとめるためにロックダウン（都市封鎖）を実施する国々も増えるなかで、食料品、トイレットペーパー、ティッシュペーパー等が輸入できずに不足するといったうわさが流れ、これらを買い占める行動があちらこちらで生じ、結果としてトイレットペーパーやティッシュペーパーが実際に不足するといった現象もみられた。このようにデマやフェイクニュースも、感染症とともにパンデミックに国境を越え、世界中に拡散し、社会に動揺をもたらすようになっている。いわゆる「インフォデミック」といわれる現象である。

　新型コロナウイルス感染症（COVID-19）は、モビリティによって境界を越えて誰でもが感染する可能性をもつがゆえに、それとともにデマ情報、差別感情、恐怖も社会的に構築され、世界中に拡散されていく。そのプロセスにおいて、「夜の街関連／そうでないもの」「ローカル／ビジター」等の新たな境界も境界を越えて生みだされていく。

3　歓待を贈与する観光

　そのなかで観光は、今まで以上に重要な意義を担うようになる。それは何か。——それは、歓待の贈与をもたらすという意義である。

　観光において、地域住民が、観光客をもてなす。これは、これまでも行われてきたし、これからもあるだろう。ただ観光客が楽しめればそれで満足するというのではもはやなくなる。観光客もまた、その地域の文化を大切にしなければならなくなるのである。それは観光客から、地域の文化に向けた歓待である。

　それだけではない。

　地域の文化が大切にされることで、その文化を背景として自然も大切に育まれていく。文化が自然に歓待を贈与するのである。自然が大切に育まれ

ることで、観光産業もより豊かになる。そうすると観光産業は、ローカルな地域社会の暮らしを経済的に豊かにすることができる。自然が産業に、産業が地域社会の暮らしに対して歓待（ホスピタリティ）を贈与（ギフト）するのである。

そして観光によって地域社会が経済的に豊かになれば、地域住民は、さらに一層、観光客をもてなすことになる。観光客、地域住民、文化、自然、産業、メディアなどが相互に歓待するネットワークをつくっていくことが、もとめられるようになるだろう。わたしはこれを、「歓待（ホスピタリティ）の贈与（ギフト）のネットワーク」と呼んでいる。観光というモビリティには、このように、世界にリスクを贈与（ギフト）するだけでなく、歓待（ホスピタリティ）を贈与（ギフト）する役割が今後もとめられなくてはならない。

その場合、贈与（ギフト）を行うのは、観光客や地域住民といった人間たちだけではない。人間も含め、文化、自然、産業、資本、メディアのすべてが、贈与（ギフト）を行う主体＝エージェントとなる。いや、それはまだ正確な表現ではないかもしれない。人間、文化、自然、産業、資本、メディアが最初にあって、それらが「歓待（ホスピタリティ）の贈与（ギフト）のネットワーク」を織りなしているのではなく、「歓待（ホスピタリティ）の贈与（ギフト）のネットワーク」が最初にあって、それを織りなす構成要素として、人間も、文化も、自然も、産業もときに渾然一体となり、ときに明確に区別されながら形成されてくるのである（Latour 2005＝2019）。観光はそうしたネットワークを発動させる装置としての役割が今後もとめられていくのだといえよう。

ただし、それを実現するためには、わたしたちは、移動の公正さ、すなわちモビリティ・ジャスティスを考慮に入れていかなければならないのではないだろうか（Sheller 2018）。つまり、「ローカルな地域の暮らし、文化、自然などを破壊せず、逆に活性化（アクティベート）できるグローバルなモビリティとは何か？」をつねに問うことが必要なのである。観光とメディアの相互作用の中で、ローカルとグローバルの間の適正バランスを模索し続けることが必要となる。

フランスの社会学者・人類学者であるマルセル・モースが示唆しているように、社会とは実は「贈与（ギフト）のネットワーク」の別名であるのだとすれば（Mauss 1925＝2014）、わたしたちが社会的存在であり続けるためには、その

ネットワークを発動させるべく自由に移動すること、自由に集まること、そこで自由に遊ぶことといった、「移動の自由」「集まることの自由」「遊ぶ自由」を簡単に手放すべきではない。

　その一方、モースもポトラッチを例にあげながら贈与（ギフト）の破壊的側面について指摘したように（Mauss 1925＝2014：118）、贈与（ギフト）には、つねに歓待（ホスピタリティ）とリスクの両面があることをつねに念頭におく必要がある。だからこそ、リスクの贈与（ギフト）をコントロールし、歓待（ホスピタリティ）の贈与（ギフト）へと弁証していくことがわたしたちには求められていくのである。

　新型コロナウイルス感染症（COVID-19）によって既存の形における観光の終焉はもたらされるかもしれない。だがそれは、新たな形での観光の始まりを告げるものとなるはずだ。

注

1）この引用文で示されているナイジェル・スリフトやアンソニー・ギデンズの文献は、次のものである。

Thrift, N.（2006）"Space," *Theory, Culture and Society*, 23, pp. 139-146.

Giddens, A.（ed.）（2000）*Global Capitalism*, London：New Press.

参考文献

Adey, P.（2017）*Mobility*（*second edition*）, Oxford：Routledge.

Appadurai, A.（1996）*Modernity at large*, Minnesota：University of Minnesota.（『さまよえる近代』門田健一訳、平凡社、2004 年）

Beck, U.（2002）. *Das Schweigen der Woerter：Ueber Terror und Krieg*, Frankfurt am Main：Suhrkamp Verlag.（『世界リスク社会論──テロ、戦争、自然破壊』島村賢一訳、筑摩書房、2010 年）

Elliott, A. & J. Urry（2010）. *Mobile lives*, Oxford：Routledge.（『モバイル・ライブズ──「移動」が社会を変える』遠藤英樹監訳、ミネルヴァ書房、2016 年）

Hannam, K., & D. Knox（2010）*Understanding tourism：A critical introduction*, London：Sage

Latour, B.（2005）*Reassembling the social：An introduction to actor-network-theory*, Oxford：Oxford University Press.（『社会的なものを組み直す──アクターネットワーク理論入門』伊藤嘉高訳、法政大学出版局、2019 年）

Mauss, M.（1925）"Essai sur le don：Forme et raison de l'échange dans les sociétiés archaïques," *l'Année Sociologique*, seconde série, tome 1, 1923-1924：30-186.（『贈与論 他二編』森山工訳、岩波書店、2014 年）

Sheller, M. (2018) *Mobility justice : The politics of movement in an age of extremes*, London : Verso

Sheller, M., & J. Urry (2004) *Tourism mobilities : Places to play, places in play*, London : Routledge

Urry, J. (2007) *Mobilities,* Cambridge : Polity Press. (『モビリティーズ——移動の社会学』吉原直樹・伊藤嘉高訳、作品社、2015 年)

コラム⑳　COVID-19への感染リスクと観光移動

> 「まさかこの島で起こるとは」「自分を含め、誰を見ても疑って見るしかない」「道を歩くのでさえ怖い」——。与論島で新たに11人の新型コロナウイルスの感染者が確認された24日、住民らは不安を募らせた。人口約5000人、互いに支え合って暮らす生活。目に見えないウイルスが島民の生活を脅かしている。〔中略〕「与論に来たら開放的になってマスクを外す観光客がたくさんいる」と店員が説明する。〔中略〕ある商店の店員は「与論は観光で成り立つ島。これほど多くの観光客が戻り、いつかはこうなると思っていた。ウィズコロナの時代。正しく怖がることが島民、観光客、両者のためになる」と話し、「アルコールで消毒しすぎた手をいたわるため」と手袋を着け、接客していた。（『南海日日新聞』2020年7月25日）

　2020年7月22日、奄美群島の南端に位置する与論島において、COVID-19（新型コロナウイルス感染症）の感染者がはじめて確認された。ここで取り上げた新聞記事は、その2日後の現地の様子を報じたものである。7月24日段階で計23人の感染者が確認された同島において、COVID-19に感染するリスクに島民が不安を覚えており、またこうした問題を生じさせた要因として観光の関与が想定されている。観光客を含む人の移動と病気は密接に関係しており、特定の場所は病気の移入、とりわけその恐れに対して脆弱である（アーリ 2014：339）。COVID-19の感染者が確認された与論島は、同島への主要な移動者である観光客が注目されるなかで、感染リスクへの不安が喚起される場所となっていたのである。
　COVID-19への感染リスクを低減させるために行われてきた主たる対応は、移動の制限である。日本国内における状況に注目すると、2020年4月7日に東京などの7都府県を対象に緊急事態宣言がなされて外出自粛が要請され、4月16日にはその対象が全国に拡大されると共に都道府県をまたいだ不要不急の移動自粛が求められ、6月18日まではこうした移動制限の施策が続くことになった。与論島においても、日本政府の動向に対応しつつ、4月13日には与論町のウェブサイト上の緊急情報として「与論町への来島につきましては、当面は極力、自粛又は延期していただくようお願い致します」とのメッセージが示され、緊急事態宣言期間中は来島自粛の要請が継続されていた。そして、7月22日に日本政府の観光支援策である「Go To トラベル」キャンペーンがスタートしたばかりであったが、先述の与論島内でのCOVID-19感染者の発生を受けて、7月24日には観光客の来島自粛と島民を含む不要不急の外出自粛を求める与論町長の緊急メッセージが発表されている。
　また、6月の緊急事態宣言解除後に、ヨロン島観光協会のウェブサイト上で、

神田孝治

「旅行の出発前には検温」、「宿泊滞在期間中は手洗い・うがい及び手指消毒」、そして「公共機関・スーパー・観光施設などでの「マスク着用」」が求められていたように、来島自粛時以外でも、COVID-19への感染リスク低減のため、観光移動のあり方には条件が付けられていた。そして「マスクを外す観光客がたくさんいる」ことが冒頭の記事で指摘され、こうした要請に応えていない、感染リスクが視覚的に認識されるマスク非着用の観光客が現地で問題視されることになった。また、冒頭の記事で、「これほど多くの観光客が戻り、いつかはこうなると思っていた」という声が紹介されているように、感染対策の有無にかかわらず、観光客の存在自体が不安を掻き立てていた。実は、当時の与論島におけるCOVID-19患者の発生に、観光客が関与したかどうかは明らかになっていなかった。「目に見えないウイルス」の移動が、観光客の移動と想像上で結びつけられ、観光客が感染リスクをもたらすものとして注目されたのである。

ただし、ある商店の店員が「ウィズコロナの時代。正しく怖がることが島民、観光客、両者のためになる」と述べていることが紹介されているように、観光客の受け入れが単純に忌避されていたわけでない。与論島への来島自粛要請は8月23日に解除されたが、その際に与論町長は「観光で成り立っている島でもあり、ずっとこの（来島自粛を要請した）ままとはいかない。自身の健康、島民の安心のためにも感染症対策を万全にして来島していただきたい」（『南海日日新聞』2020年8月24日）と述べている。観光が重要な産業である与論島においては、感染リスクを低減させることを条件にするなかで、観光客の受入を追求したのである。こうした状況のなかで、2020年11月3日にCOVID-19の感染者が同島で再度発生したが、与論献奉と呼ばれる当地の回し飲みの飲酒儀礼が原因とされて問題視される一方で、観光客の来島自粛は要請されず、感染症対策で対応することになった。COVID-19が与論島に入ってきた移動経路が不明であることは7月と同様であるが、観光地としての同島の状況や感染の経緯などが影響するなかで、観光客の移動がもたらすリスクへの認識やそれへの対応は変化したのである（神田 2021）。

参考文献　アーリ、J. & J. ラースン（2014）『観光のまなざし［増補改訂版］』加太宏邦訳、法政大学出版局。

神田孝治（2021）「COVID-19時代のツーリズム・モビリティーズと場所——2020年における与論島の状況に注目した一考察」『立命館大学人文科学研究所紀要』125。

あ と が き

　2012 年に設立された観光学術学会では、本書で紹介した移動に焦点をあ
てた観光学についての研究発表が幾度も行われてきた。2012 年 7 月に開催
された第 1 回大会のシンポジウムの 1 つは「観光研究と文化論的転回」をテー
マにしていたが、そのうち遠藤英樹「文化論的転回（Cultural Turn）から観
光論的転回（Touristic Turn）へ──観光を軸とした社会的想像力」と神田
孝治「文化／空間論的転回と観光研究」は、移動論的転回に関する議論をそ
の内容に含んだものであった。その後、2016 年 7 月開催の第 5 回シンポジ
ウムでは「ツーリズム・モビリティ」をテーマとし、J. アーリとともに *The
Tourist Gaze3.0*（2011）を著した J. ラースンに加え、須藤廣、寺岡伸悟、
山口誠、神田孝治による研究発表が行われている。こうした成果は、同学会
の機関誌『観光学評論』でも発表されており、日本においても移動に注目し
た観光研究が着実に進展していたといえる。

　その後、私（神田）は科学研究費補助金・基盤研究（B）（2017–2019 年度）
「現代社会におけるツーリズム・モビリティの新展開と地域」（研究課題番号
17H02251）の研究代表者となり、移動に注目した観光研究のさらなる発展に
つとめることになった。先の観光学術学会学会のシンポジウムとしては、2017
年開催の第 6 回大会「ツーリズム・モビリティ・セキュリティ」と、2018
年開催の第 7 回大会「デジタルデバイスがツーリズムにもたらすものを展望
する」および第 5 回研究集会「おみやげは越えていく──オーセンティシ
ティ・ローカリティ・コモディティ」を共催で実施した。2019 年の第 8 回
大会では、同科研と連動して「モビリティからツーリズムを問う」と題した
テーマセッションを企画している。さらに、その後継となる科学研究費補助
金・基盤研究（B）（2021–2023 年度）「観光学 3.0 へ向けたツーリズム・モ
ビリティの再考」の研究代表者もつとめ、観光学術学会のシンポジウムとし
ては、2021 年開催の第 10 回大会「ライティング・ツーリズム──COVID-

19 以降の観光研究とは」、2022 年開催の第 9 回研究集会「観光とエシックス——様々な探究の可能性」および第 11 回大会「COVID-19 とツーリズムへの問い」を共催で実施している。こうした企画をふくめ、科学研究費補助金の資金も活用しつつ、ツーリズム・モビリティに関連する研究の振興を研究仲間とともに行ってきたのである。

　本書は、自身を含む上述の観光研究の流れのなかで出版されるものであり、先に言及した 2 つの科学研究費補助金によってなされた研究成果の一部を含むものである。企画そのものは最初の科研との連動が強いが、その内容は続く 2021 年 4 月からの科研による研究成果で補強されている。また執筆者には科研メンバー以外の研究者も含んでいる。特定の資金にもとづく研究成果という境界を越えて、関連する研究者の方々のご協力も仰いだのであり、そうしたなかで広く日本の観光研究の振興に資する書籍であることを目指したのである。

　また、本書は当初、『現代のツーリズム・モビリティーズ』というタイトルのものとして構想されていた。ただし、多くの執筆者からなる原稿には、アーリらが *Tourism Mobilities* として提起した考え方とは距離があるものも含まれていた。しかしながら観光を移動に注目して考えるうえではすべての原稿が興味深く、さらに *Tourism Mobilities* として提起された思考の枠組みを固定的なものとして捉え、そこで線を引くことは、移動に注目した観点からすると疑問がある。むしろ、英語圏の観光研究由来の枠組みを単に輸入するのでなく、動的な観光学の姿を示すことができるのであれば、より本書が意義深いものになると思われた。こうしたなかで、移動時代の観光について考える、動きゆく観光学の姿を示すものとして本書を位置づけたのである。

　このように、さまざまな原稿との対話のなかで、本書の編集自体も動きの中にあったといえる。そして、本書の内容にとどまることなく、執筆者の方々はさらに新しい研究を今後も続けていくと思われるし、自身も観光学のさらなる進展にこれからも寄与していきたいと考えている。本書は、未来の新しい観光学のあり方にもつながっているのである。序章で記したように、本書

あ と が き

『移動時代のツーリズム——動きゆく観光学』を契機として、読者の皆様にもさらに新しい観光学を探究いただけるのであれば、編者としてそれに勝る喜びはない。

　最後に、本書の出版にご協力いただいた皆様に、お詫びと御礼を述べることにしたい。本書の発行は、当初の予定から大幅に遅れてしまった。その責はすべて私にあり、他の編者や執筆者の方々に大きなご迷惑をおかけする事態になった。こうした点、心からお詫びするとともに、快くお待ちいただいたことについて御礼申し上げたい。そして、いつも観光学に関わる書籍を発行してくださっている株式会社ナカニシヤ出版にも、原稿の遅れをお詫びするとともに、出版事情が厳しい折にもかかわらず本書を刊行いただけることに御礼を申し上げたい。特に同社編集部の酒井敏行氏には、これまでにない大幅な遅れにもかかわらず、私の作業を適切にサポートすることで、本書の発行に向けてご尽力いただいた。こうした、本書の出版にご協力いただいた皆様に対して、重ねて深甚なるお詫びと御礼を申し上げたい。

　2023 年 10 月吉日

神 田 孝 治

索　　引

執筆者紹介（五十音順、◎は編者）

石野隆美（いしの　たかよし）
立教大学大学院観光学研究科　博士課程
後期課程
文化人類学・観光学

◎遠藤英樹（えんどう　ひでき）
立命館大学文学部　教授
観光社会学・現代文化論

岡本　健（おかもと　たけし）
近畿大学総合社会学部／情報学研究所
准教授
観光学・観光社会学・コンテンツツーリ
ズム学

◎神田孝治（かんだ　こうじ）
立命館大学文学部　教授
文化地理学・観光地理学・観光学

木村至聖（きむら　しせい）
甲南女子大学人間科学部　准教授
文化社会学・地域社会学

間中　光（けんちゅう　ひかる）
追手門学院大学地域創造学部　講師
観光社会学・災害復興論・インドネシア
地域研究

◎鈴木涼太郎（すずき　りょうたろう）
獨協大学外国語学部　教授
観光研究・観光文化論・観光人類学

須藤　廣（すどう　ひろし）
北九州市立大学文学部　名誉教授
法政大学地域研究センター　研究員
観光社会学・文化社会学

須永和博（すなが　かずひろ）
獨協大学外国語学部　教授
文化人類学・観光研究

◎高岡文章（たかおか　ふみあき）
立教大学観光学部　教授
観光社会学

寺岡伸悟（てらおか　しんご）
奈良女子大学文学部　教授
観光社会学・地域社会学

永井隼人（ながい　はやと）
和歌山大学観光学部　准教授
観光学・経営学・商学

中植　渚（なかうえ　なぎさ）
立教大学大学院観光学研究科　博士課程
後期課程
観光社会学

中村香子（なかむら　きょうこ）
東洋大学国際学部　教授
アフリカ地域研究・文化人類学

鍋倉咲希（なべくら　さき）
立教大学観光学部　助教
観光社会学・モビリティ研究

橋本和也（はしもと　かずや）
京都文教大学　名誉教授
観光学・観光人類学

濱田琢司（はまだ　たくじ）
関西学院大学文学部　教授
文化地理学・地域文化・工芸研究

藤巻正己（ふじまき　まさみ）
立命館大学文学部　名誉教授
エリアスタディ（マレーシア・台湾）・
社会地理学

堀野正人（ほりの　まさと）
二松学舎大学文学部　教授
観光社会学

◎**松本健太郎**（まつもと　けんたろう）
二松学舎大学文学部　教授
記号論・メディア論・映像論

森　正人（もり　まさと）
三重大学人文学部　教授
文化地理学

八木達祐（やぎ　とおすけ）
立命館大学大学院先端総合学術研究科
一貫制博士課程
観光学・人類学

薬師寺浩之（やくしじ　ひろゆき）
奈良県立大学地域創造学部　准教授
地理学・観光学・東南アジア地域研究

安田　慎（やすだ　しん）
高崎経済大学地域政策学部　准教授
中東地域研究・イスラーム地域研究・観
光人類学

八塚春名（やつか　はるな）
津田塾大学学芸学部　准教授
生態人類学

山口　誠（やまぐち　まこと）
獨協大学外国語学部　教授
観光研究・メディア研究・歴史社会学

山本理佳（やまもと　りか）
立命館大学文学部　教授
文化地理学・文化遺産研究

吉田道代（よしだ　みちよ）
和歌山大学観光学部　教授
オーストラリア研究・社会地理学・観光
学

移動時代のツーリズム
動きゆく観光学

2023 年 12 月 15 日　初版第 1 刷発行

編　者　神田孝治　遠藤英樹　高岡文章
　　　　鈴木涼太郎　松本健太郎
発行者　中西　良
発行所　株式会社ナカニシヤ出版
　　　　〒 606-8161 京都市左京区一乗寺木ノ本町 15 番地
　　　　　　TEL 075-723-0111　FAX 075-723-0095
　　　　　　http://www.nakanishiya.co.jp/

装幀＝白沢　正
印刷・製本＝亜細亜印刷
ⓒK. Kanda, H. Endo, F. Takaoka, R. Suzuki,
K. Matsumoto, et al. 2023　Printed in Japan
＊落丁・乱丁本はお取替え致します。
ISBN978-4-7795-1768-6　C1036

ここからはじめる観光学
―楽しさから知的好奇心へ―

大橋昭一・山田良治・神田孝治　編

観光学の初歩の初歩を、「観光の経営」「観光による地域再生」「観光と文化」の三つの観点から30のキーワードを集めてわかりやすく紹介。観光に関心を持つすべての人のための最初の一冊。　二六〇〇円＋税

観光学ガイドブック
―新しい知的領野への旅立ち―

大橋昭一・橋本和也・遠藤英樹・神田孝治　編

「観光学ってどんな学問？」「どういう視点をもって研究すべき？」――そんな迷いを解決する観光学の案内書！研究の視点と方法や、観光の歴史・最新の状況がわかる、学びの羅針盤となる一冊。　二八〇〇円＋税

現代観光地理学への誘い
―観光地を読み解く視座と実践―

神田孝治・森本泉・山本理佳　編

リゾート、自然、聖地、ヘリテージ、オーバーツーリズム……。グローバル化の進展とともに激変する観光、そして観光地のあり方を、現代観光地理学の最新の知見をもとに20のキーワードから読み解く。　二四〇〇円＋税

阪神都市圏の研究

川野英二　編

日本の近代化を牽引した阪神都市圏は様々な都市問題の舞台となり、独自の都市文化を育んできた。大阪、神戸、阪神間の近代化の過程を明らかにし、現代におけるその変容を学際的に解明する初の総合的研究。　四二〇〇円＋税